企业债定价中流动性与信用风险

基于风险交互作用视角

吴子建 著

中国社会科学出版社

图书在版编目（CIP）数据

企业债定价中流动性与信用风险：基于风险交互作用视角/吴子建著.—北京：中国社会科学出版社，2024.7
ISBN 978-7-5227-3652-5

Ⅰ.①企⋯ Ⅱ.①吴⋯ Ⅲ.①企业债务—定价—研究 Ⅳ.①F275

中国国家版本馆CIP数据核字（2024）第110719号

出 版 人	赵剑英
责任编辑	戴玉龙
责任校对	周晓东
责任印制	王 超

出　　版	中国社会科学出版社
社　　址	北京鼓楼西大街甲158号
邮　　编	100720
网　　址	http：//www.csspw.cn
发 行 部	010-84083685
门 市 部	010-84029450
经　　销	新华书店及其他书店
印刷装订	三河市华骏印务包装有限公司
版　　次	2024年7月第1版
印　　次	2024年7月第1次印刷
开　　本	710×1000　1/16
印　　张	14
字　　数	230千字
定　　价	118.00元

凡购买中国社会科学出版社图书，如有质量问题请与本社营销中心联系调换
电话：010-84083683
版权所有　侵权必究

目　录

第一章　绪论 ·· 1

　　第一节　研究背景和意义 ·· 1
　　第二节　流动性与流动性风险 ·· 9
　　第三节　信用风险 ·· 16
　　第四节　金融危机 ·· 23
　　第五节　企业债和公司债发展概述 ·· 31
　　第六节　企业债和公司债违约潮 ·· 48
　　第七节　硅谷银行流动性危机 ·· 57
　　第八节　本章小结 ·· 67

第二章　文献综述 ·· 68

　　第一节　流动性定义、测度及溢价 ·· 68
　　第二节　企业债信用风险测度及定价 ······································ 83
　　第三节　企业债利差决定因素及流动性风险与信用风险
　　　　　　交互作用溢价 ·· 85
　　第四节　债券市场与股票市场联动效应 ···································· 86
　　第五节　本章小结 ·· 87

第三章　流动性风险与信用风险交互作用定价机制 ································ 89

　　第一节　研究基础 ·· 89
　　第二节　基于随机折现因子理论的流动性风险与信用风险
　　　　　　交互作用定价模型 ·· 90
　　第三节　基于 Acharya-Pedersen 的流动性风险与信用风险
　　　　　　交互作用定价模型 ·· 98

第四节　流动性风险与信用风险交互作用定价机制及
　　　　　　风险来源 …………………………………………… 108
　　　第五节　本章小结 …………………………………………… 111

第四章　基于债券利差理论的流动性风险与信用风险
　　　　交互作用溢价 …………………………………………… 112
　　　第一节　研究基础 …………………………………………… 112
　　　第二节　样本选取和描述性统计分析 ……………………… 117
　　　第三节　流动性风险溢价和信用风险溢价 ………………… 128
　　　第四节　流动性风险与信用风险交互作用溢价 …………… 133
　　　第五节　危机时期流动性风险与信用风险交互作用
　　　　　　溢价及特征 ………………………………………… 143
　　　第六节　鲁棒性检验 ………………………………………… 148
　　　第七节　内生性检验 ………………………………………… 158
　　　第八节　本章小结 …………………………………………… 160

第五章　基于跨市场角度的债券利差分解及影响因素 ………… 162
　　　第一节　研究基础 …………………………………………… 162
　　　第二节　模型建立 …………………………………………… 163
　　　第三节　样本选取和描述性统计分析 ……………………… 165
　　　第四节　流动性描述 ………………………………………… 169
　　　第五节　个体流动性对非违约利差的影响 ………………… 171
　　　第六节　跨市场因子对非违约利差的影响 ………………… 176
　　　第七节　宏观因子对非违约利差的影响 …………………… 179
　　　第八节　鲁棒性检验 ………………………………………… 183
　　　第九节　本章小结 …………………………………………… 190

第六章　总结与展望 ………………………………………………… 191
　　　第一节　主要研究内容及结论 ……………………………… 191
　　　第二节　进一步研究展望 …………………………………… 193

参考文献 ……………………………………………………………… 195

第一章 绪论

本章首先对研究背景和意义、宏观经济流动性、银行流动性和市场流动性进行了介绍；接着分析了信用风险管理策略和金融危机形成机制；然后详细阐述了中国企业债和公司债的发展概述，并对企业债和公司债违约潮进行了案例分析；最后对硅谷银行流动性危机和影响进行了分析，并给出了对策。

第一节 研究背景和意义

一 研究的背景和意义

（一）研究背景

首先，基于个体、宏观多维度视角推导流动性风险与信用风险间交互作用的内涵、测度、定价机制及溢价特征，对投资者进行企业债定价具有重要的理论价值。

流动性风险与信用风险对债券定价有重要影响已达成共识。传统的债券利差理论认为，债券利差由流动性风险溢价、信用风险溢价共同决定。多数学者研究债券利差影响因素时，假设流动性风险与信用风险相互独立。而事实上，流动性风险和信用风险虽然是两类不同的风险，但该两类风险相互影响，存在交互作用。特别地，在金融危机时期金融市场流动性风险和信用风险呈螺旋式上升，彼此交互影响，此时如果不考虑二者交互作用将严重影响资产定价。所以，对流动性风险与信用风险间交互作用的内涵、测度、定价机制及溢价特征还有待进一步研究。

其次，基于推导的流动性风险与信用风险间交互作用的定价模型进行实证检验，对投资者进行企业债定价具有重要的应用价值。

实证研究发现流动性风险溢价与信用风险溢价是企业债利差的重要

组成部分。此外，流动性风险与信用风险间的交互作用对企业债利差有重要影响，忽略二者间的交互作用将使得企业债定价产生系统性偏差。流动性风险与信用风险间的交互作用具有时变特征，金融危机时期，二者交互作用对企业债利差的影响作用将加大，认清这一点有利于投资在危机时期进行精准风险对冲。在进行企业债利差分解时，流动性风险与信用风险间的交互作用溢价不能被忽略，这是企业债利差的重要组成部分。投资者在进行企业债定价时，应重视流动性风险与信用风险间的交互作用，特别是厘清二者在个体、宏观多维度视角的交互作用溢价特征，对投资者进行企业债定价具有重要的应用价值。

再次，跨市场因子与宏观因子对债券利差的影响是资产定价与风险管理的重要课题。

股票市场与债券市场是金融市场重要组成部分，两个市场彼此联动、交互影响，且与宏观因子联系紧密。比如，当货币发行量增多时首先流入股票市场，导致股票市场流动性增强，之后部分获利者为了保住既得利益规避风险，开始转而进入债券市场，导致债券市场流动性增强、股票市场流动性下降。这种领先滞后关系和"跷跷板效应"说明股票市场和债券市场存在联动效应，两个市场有着天然联系。文献研究表明，股市流动性与宏观因子对债券收益率有重要影响。因此，在控制流动性风险与信用风险间交互作用下，研究跨市场因子与宏观因子对债券利差的影响是资产定价与风险管理的重要课题。

最后，我国企业债发行时间较早、发行规模较大，研究企业债定价对投资者具有重要的参考意义和应用价值。

作为一个新兴的金融市场，中国债券市场一直备受关注。中国的债券市场规模仅次于美国，位居世界第二。根据中国人民银行的数据，到2021年12月底，中国债券市场的债券存量约为21万亿美元，而美国的债券存量约为50万亿美元。2021年，中国的债券发行量达到约9.6万亿美元，约占中国GDP（17.7万亿美元）的54%，占全球GDP（90万亿美元）的11%。这表明，中国债券市场已成为影响中国经济和世界经济的重要因素。目前，在中国债券市场，企业债和公司债共存交易。企业债由中央政府部门、国有企业发行，在交易所市场和银行间市场进行交易，但后者占主导地位，而公司债由上市公司按照法定程序发行，仅在交易所市场交易。早在20世纪80年代，中国企业债市场开始萌芽，并经历了一个从计划经济向市场经济的转变。1993年底，国务院颁布了《企业债管理条例》，开始发行企业债。企业债是以企业信用为基础的固定收益证券，是企业直接向社会募集资金的重要渠道。企业债目的是筹集资金用于国家中大型项目建设。因此，本书以企业债为研究对象具有重要的理论和现实意义。

（二）研究意义

债券定价中的流动性风险、信用风险及其交互作用研究是当前金融市场研究的前沿，是债券定价与风险管理的重要内容，本书的研究无论从理论上还是实践上都有重要意义。

一方面，从理论上，本书的研究成果丰富和完善了金融风险测度与资产定价理论。

本书考虑了流动性风险与信用风险间交互作用，并对这两类风险间交互作用从概念界定、测度、定价机制及溢价特征进行了分析，进一步从跨市场层面，在控制流动性风险与信用风险间交互作用下，研究了跨市场因子与宏观因子对债券利差的影响。传统的资产定价理论假设市场是完美的、没有摩擦的，而实际上金融市场是非完美的，存在诸如流动性风险与信用风险等隐形摩擦成本。基于此，已有学者研究了考虑流动性风险隐形摩擦成本的资产定价问题。在企业债市场，不仅有流动性风险隐形摩擦成本，投资者还要承担信用风险，于是流动性风险与信用风险隐形摩擦成本的资本资产定价研究有着重要意义。基于此，本书将流动性风险与信用风险看作隐形摩擦成本引入资本资产定价模型，并引入流动性风险与信用风险间的交互作用，分别基于随机折现因子理论和市场摩擦成本理论，构建了流动性风险与信用风险间交互作用定价模型，研究了这两类风险间交互作用定价机制，并将这两类风险间交互作用引入债券利差模型，丰富和完善了金融风险测度与资产定价理论。

另一方面，在实践上，认清流动性风险与信用风险间交互作用、跨市场因子与宏观因子对债券定价的影响，有利于提高投资收益与风险对冲效果。

本书研究发现，流动性风险与信用风险间交互作用溢价存在，且在危机时期有所加强。忽略流动性风险与信用风险间交互作用溢价及其特征，会引起债券定价与风险测度产生系统性偏差，导致实际投资存在潜在风险敞口，影响投资收益和风险对冲效果。此外，研究还发现，跨市场因子与宏观因子对债券利差影响显著。该发现使投资者认识到债券收益受到市场信息与宏观政策信息的较大冲击，进行投资组合时应重视市场信息变化及宏观政策调整。本书研究从实践上为投资者进行投资组合与风险对冲提供了决策依据。

二　研究的内容、框架和技术路线

（一）研究内容

流动性风险与信用风险虽然是两种不同类型风险，但彼此间存在交互作用。本书围绕企业债定价中的流动性风险、信用风险及其交互作用，分别对流动性风险与信用风险间交互作用的定价机制、溢价及其特征进行了深入分析，进一步在控制流动性风险与信用风险间交互作用下研究了跨市场因子、宏观因子对债券非违约利差的影响。各章主要研究内容如下：

第一章详细阐述了本书的研究背景与研究意义，概括了各部分的研究内容，描绘了本书的研究框架，并清楚地给出了本书的技术路线，对本书的研究方法及主要创新点进行了分析，最后对流动性、信用风险、金融危机及企业债和公司债发展概述、硅谷银行流动性危机等进行了详细分析。

第二章对企业债流动性定义测度及溢价、信用风险定义测度及溢价、流动性风险与信用风险间交互作用、流动性溢出效应相关中外文文献进行了系统梳理和评述。文献研究发现，流动性多维度特征决定其难以准确度量；流动性风险溢价与信用风险溢价广泛存在；流动性风险与信用风险间存在交互作用；跨市场流动性溢出效应存在。以上相关文献梳理为后续研究提供了理论基础。

第三章分别基于随机折现因子理论和市场摩擦成本理论，构建了流动性风险与信用风险间交互作用定价模型，研究了这两类风险间交互作用定价机制，丰富和完善了资产定价理论。研究表明，两个理论框架构建的定价模型是一致的；当考虑不同类型风险间的交互作用时，债券流动性风险主要包括四个方面：资产流动性风险分别与市场层面的市场风险、流动性风险及信用风险间的交互作用，资产收益率风险与市场流动性风险间的交互作用；而债券信用风险也主要包括四个方面：资产信用风险分别与市场层面的市场风险、流动性风险及信用风险间的交互作用，资产收益率风险与市场信用风险间的交互作用；流动性风险与信用风间交互作用主要包括：资产流动性风险与市场信用风险间交互作用、资产信用风险与市场流动性风险间交互作用；当不考虑不同类型风险间的交互作用时，债券流动性风险或信用风险主要包括资产层面和市场层面流动性风险或信用风险。

第四章基于债券利差理论，将流动性风险与信用风险间交互作用引入债券利差模型，将其从流动性风险溢价和信用风险溢价，扩展到流动性风险溢价、信用风险溢价及两类风险间交互作用溢价三部分。基于扩展后的债券利差模型，以中国银行间与交易所市场企业债为样本，在控制信用风险的情况下，从流动性宽度、深度、即时性、价格冲击和债券生命存续期多个维度，分别对银行间、交易所、子样本及金融危机时期进行了实证研究，并进行了鲁棒性检验。多维度流动性测度使得本书研究结果更全面更可靠，鲁棒性检验结果是稳健的。研究发现，中国企业债市场流动性风险与信用风险间交互作用溢价是存在的。流动性风险与信用风险都变小时，该两类风险间交互作用溢价变大，这主要是因为两类风险都变小时其交互作用所占比重相对变大；反之则变小。流动性风险与信用风险反向变化时，该两类风险间交互作用溢价变化与信用风险变化方向一致，这主要是因为信用风险溢价起主导作用。此外，流动性风险与信用风险间交互作用在金融危机时期比正常时期大，这主要是因为金融危机时期流动性风险与信用风险彼此交互影响更加强烈。此时，若投资者忽略该两类风险间交互作用会令其对企业债定价及风险测度出现显著系统性偏差，影响投资收益。

第五章基于跨市场角度，引入股票市场流动性风险及宏观经济因子，完善了债券利差分解，厘清了债券利差主要影响因子来源。具体地，以银行间与交易所市场企业债数据为样本，将同一公司发行的、具有相同年龄、到期日、信用评级及息票率的企业债配对，构建配对组，通过配对差分，剥离企业债"信用利差"中信用风险成分，得到非违约利差，作为企业债"信用利差"中非违约成分的测度指标。进一步地，在控制流动性风险与信用风险的交互作用下，研究了非违约利差的影响因素，并进行了鲁棒性检验。

最后，对全书的研究工作进行了总结，并进行展望。

（二）研究框架

全书分六章进行研究。第一章，绪论。第二章，文献综述。第三章，流动性风险与信用风险交互作用定价机制。第四章,基于债券利差理论的流动性风险与信用风险交互作用溢价。第五章,基于跨市场角度的债券利差分解及影响因素。第六章,总结与展望。下面给出本书研究框架,如图1-1所示。

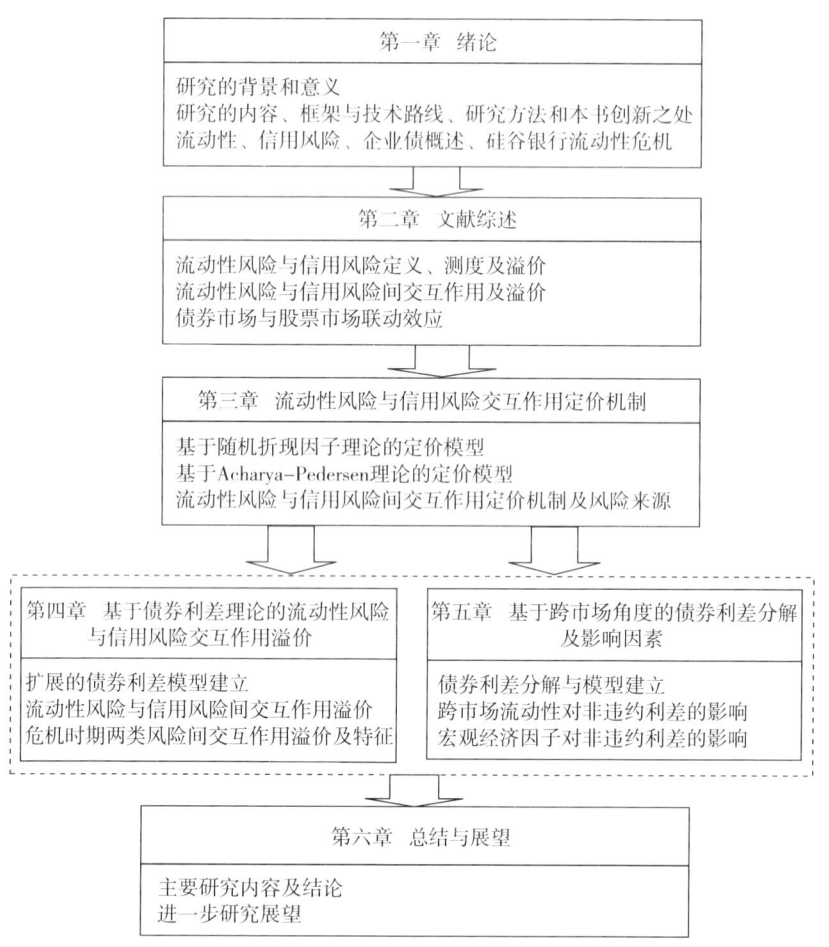

图1-1 本书结构

(三)技术路线

结合本书研究内容及思路,下面绘制本书技术路线,如图1-2所示。

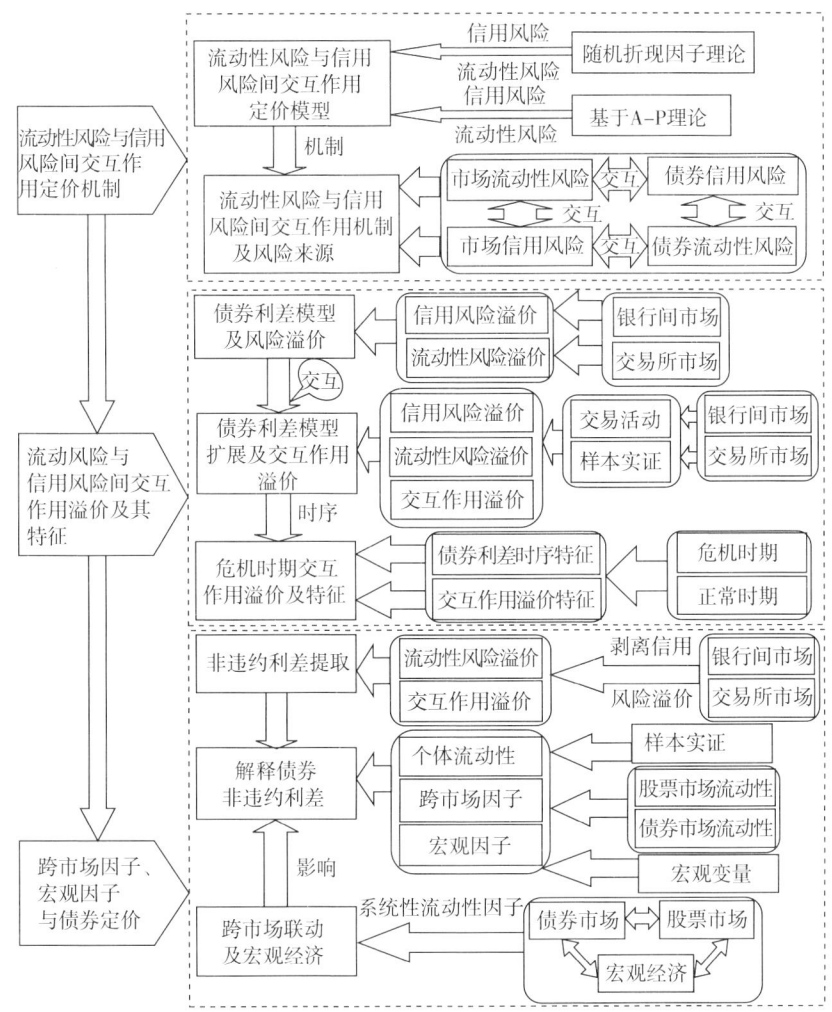

图 1-2 本书研究技术路线

三 研究方法和本书创新之处

（一）研究方法

研究方法的选择对本书研究非常重要，好的研究方法能使本书研究顺利完成。本书综合运用了文献归纳法、数值分析法、配对差分法、比较分析法等相关理论和方法。具体如下：

第一，文献归纳法。关于债券流动性风险与信用风险及其溢价研究的文献已相当多，而债券流动性风险与信用风险间交互作用机理及其溢价的研究相对较少。本书从选题、切入点直到研究模型的确定，都参阅归纳了大量中外文文献资料。在对国内外关于流动性风险、信用风险及其交互作用的内涵、机理、测度及溢价相关文献资料综述基础上提出了本书的研究问题，并在后续本书写作与模型建立中参阅了大量文献，这些文献为本书创作提供了依据。

第二，数值分析法。模型建立是对研究问题的理论分析，数值分析为本书模型假设有效性进行了检验，并对不同债券市场的数据进行了数值分析，得到了稳健的结论。这为债券市场风险管理和定价提供了参考。

第三，配对差分法。本书利用相同公司发行的，具有相同发行日、到期日、息票率的债券进行了配对差分，剔除了信用风险成分，得到非违约利差，并在控制流动性风险与信用风险间交互作用下，分别研究了个体流动性、跨市场因子及宏观因子对债券非违约利差的影响。

第四，比较分析法。也叫作对比分析法，是通过两种或多种情景下不同数据之间的对比来揭示事物的内在规律，借以了解经济或管理活动的成绩和问题的一种分析方法。在科学研究活动中，常常用到对比分析法，它与等效替代法相似。而本书正是借助对比分析法研究了银行间与交易所市场、危机时期与正常时期的企业债流动性风险与信用风险间交互作用溢价及其特征的内在规律，为债券风险管理和定价提供借鉴。

(二) 本书的创新之处

主要创新点如下：

第一，基于个体、宏观多维度视角推导流动性风险与信用风险间交互作用的定价机制，对投资者进行企业债定价具有重要的理论价值。将流动性风险与信用风险间交互作用引入债券定价模型，分别基于随机折现因子理论和市场摩擦成本理论，构建了该两类风险间交互作用定价模型，研究了该两类风险间交互作用定价机制，丰富和完善了资产定价理论。

第二，基于推导的多维度流动性风险与信用风险间交互作用的定价机制，将流动性风险与信用风险间交互作用引入债券利差模型，在考虑银行间与交易所市场结构特征差异的基础上，实证了企业债流动性风险与信用风险间交互作用的定价及时变特征，并分析了危机时期该两类风险间交互作用溢价规律，对投资者进行企业债定价具有重要的应用价值。

若投资者忽略该两类风险间交互作用会令其对企业债定价及风险测度出现显著系统性偏差，影响投资收益。

第三，在考虑流动性风险和信用风险间交互作用的基础上，对企业债利差进一步分解，基于跨市场角度，通过配对差分构建企业债配对组，剥离企业债"信用利差"中信用风险成分，进一步引入股票市场流动性风险及宏观经济因子，实证了跨市场流动性与宏观因子对企业债非违约利差的影响，有利于认清企业债利差中非违约成分的微观、宏观层面的影响因素及其作用程度。完善了企业债利差分解理论，厘清了企业债利差主要影响因子来源。

第二节 流动性与流动性风险

流动性是一个宽泛的概念，是金融市场的重要特征。根据视角和层次不同，人们对流动性有着不同的理解。本部分将流动性划分为宏观经济流动性、银行流动性和市场流动性。

一 宏观经济流动性

（一）宏观经济流动性的概念

宏观经济流动性通常是指货币层面的流动性，即宏观经济体系中货币的投放量及其可转换性和转移速度。流通中的货币多，购买力就强，流动性就强。流通中的货币具有不同的划分含义，故其含义不同，所代表的流动性也不同。比如，欧洲央行认为，宏观经济流动性就是流通中的货币与准货币。但是，有些国家把货币流动性扩充到了M3层面甚至更广，包括商业票据、证券、银行承兑汇票等，它们具有耗时长、成本高、价格波动较大等特点。如中国货币层次划分包括以下几个层面。

M0：流通中的现金；

M1：狭义货币，M0+企业活期存款+机关、团体、部队存款+农村存款+个人持有的信用卡存款；

M2：广义货币，M1+城乡居民储蓄存款+企业存款中具有定期性质的存款+信托类存款+其他存款；

M3：M2+金融债券+商业票据+大额可转让定期存单等。

下面给出中国货币层次划分，如图1-3所示。

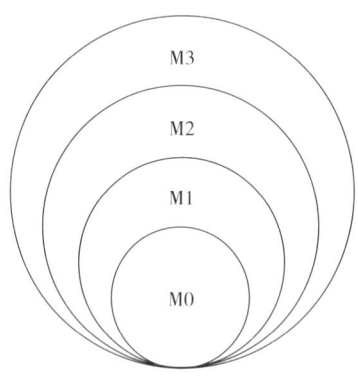

图1-3　中国货币层次划分

以上是中国货币层次划分标准，认清这些划分标准对理解宏观经济流动性具有重要意义。

（二）宏观经济流动性的风险

与流动性相伴而生的就是流动性风险，流动性的缺乏或者过剩都会给经济带来危害。当宏观经济缺乏流动性时，即货币供给不足、流通中的货币不能满足投资的需要，就会导致资本成本增加、市场交易萎缩、经济发展停滞不前等经济社会问题，严重时甚至会导致通货紧缩。

相应地，当流通中的货币过多时，经济环境的资金充裕、投资需求增大。如果货币供给超出了保持物价长期稳定的需要，就有可能导致物价上涨，引发通货膨胀，这就是所谓的"流动性过剩"。

（三）宏观经济流动性的调节

货币流动性的变化趋势反映了宽松或者紧缩的货币政策，过于宽或紧的环境都不利于经济发展。因此，对于宏观经济流动性的调节就显得十分重要。

宏观经济流动性的调节通常是指控制货币供应量，通过调节货币供给来影响社会总需求。具体来说，货币当局调节货币供应量的手段有传统的三大法宝。这三大法宝是法定存款准备金政策、再贴现政策和公开市场业务。此外，货币当局还有一些其他的货币政策工具，比如MLF、

SLF 等（见图 1-4）。

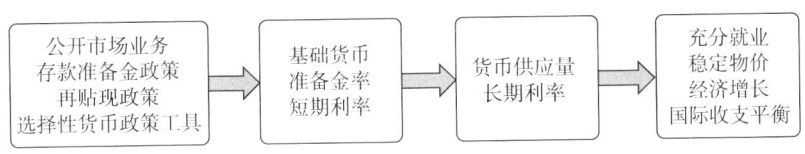

图 1-4　货币政策机制示意

法定存款准备金政策：中央银行对商业银行的存款等债务规定存款准备金比率，强制性地要求商业银行按此准备率上缴存款准备金，并通过调整存款准备金比率以增加或减少商业银行的超额准备。此举会促使信用扩张或收缩，从而达到调节货币供应量的目的。

再贴现政策：中央银行通过提高或降低再贴现率的办法，扩大或缩小商业银行的贷款量，促使信用扩张或收缩。

公开市场业务：中央银行用在公开市场上买卖有价证券的办法，向金融系统投入或撤走准备金来调节信用规模、货币供应量和利率，以实现其金融调控的货币政策行为。

此外，选择性货币政策工具是指中央银行针对某些特殊的经济领域或特殊用途的资金而采用的信用调节工具。比如：抑制过度消费需求或刺激消费量增长的消费者信用控制；通过对证券信用交易的保证金比率做出规定，对股票和债券所实施的某种控制措施的证券市场信用控制；中央银行对商业银行及其他金融机构的房地产贷款所采取的不动产信用控制；甚至中央银行以行政命令或其他方式，直接对金融机构尤其是商业银行的信用活动进行控制。

二　银行流动性

（一）银行流动性的概念

银行流动性是一种不损失自身价值的变现能力，一种有充分可用资金并且可以应对各种支付的能力，可分为资产流动性和负债流动性。

资产流动性是指商业银行应付和满足客户提现的能力，即银行为了满足客户需求，以较小的成本将资产转化为现金的能力。如果一家银行的现金存量大或者能够随时将资产转化为现金，我们就称这家银行的流动性好；反之，流动性就差。

负债流动性是指商业银行以较低的成本获得所需资金的能力。获得资金的成本越低，速度越快，流动性就越好；反之，负债流动性就越差。

（二）银行流动性风险

银行流动性风险是指银行无法及时获得所需的资金或者不能以合适的成本获得充足资金来满足自身的需求所带来的风险。同样地，也可以根据资产和负债分为两部分。但也不意味着流动性越高就越好，因为流动性过剩会带来盈利降低。

资产流动性风险是指资产业务未能足额或者按时收回，从而不能偿还到期债务、办理新的贷款以及其他的融资需求，最终给商业银行带来损失的风险。商业银行为了满足客户的随时提款而不得不以现金形式和其他可以迅速转换成现金的资产形式保持一部分资金。如果现金资产占总资产的比重过大，就会形成资金闲置，导致收益率降低。一家银行若保持相当部分的现金和随时可转变为现金的资产，流动性就好；反之，流动性就差。如果银行流动性差，银行就会面临资金周转不灵，甚至倒闭的危险。

负债流动性风险是指银行无法以较低的成本获得所需的资金而带来的风险。当银行不能按时获得所需资金或者付出巨大的成本时，就会影响银行原来的筹融资规划并且降低银行的盈利，甚至被动地调整银行的资产负债比例，严重的话会导致银行破产。

（三）银行流动性的调节

商业银行流动性风险管理理论对银行流动性风险的调节进行了详细的阐述，包括资产管理理论和负债管理理论。随着经济的发展，又催生出了资产负债联合管理理论。

1. 资产管理理论

资产管理理论强调在保证银行的安全性和盈利性的同时对商业银行资产结构进行调整，以达到期望的流动性目标。资产管理理论的发展经过了以下几个阶段：

（1）真实票据论

该理论认为，银行的资金来源主要是同商业流通有关的闲置资金，都是临时性存款。为了保障随时偿付提存，银行资产必须具有较大的流动性，因而银行只适宜发放短期的与商业周转相联系的商业贷款。

(2) 转换理论

该理论认为，银行能否保持流动性，关键在于银行持有的资产能否转让变现。只要银行所掌握的证券易于在市场上出售，或易于向央行再贴现；只要银行的贷款有可以拍卖的抵押品，或可转让给中央银行，那么银行资产就不必非限于短期商业贷款不可。

(3) 预期收入理论

该理论认为，任何银行资产能否到期偿还或转让变现，归根结底是以未来的收入为基础的。只要预期未来收入有保障，通过分期偿还形式，长期项目贷款和消费信贷都会保持一定的流动性和安全性。反之，如果未来收入没有保障，即使短期贷款也有偿还不了的风险。

(4) 超货币供给理论

该理论认为，银行信贷提供货币只是达到其经营目标的手段之一。除此之外，它还有广泛的同时兼达的目标。因此，银行要积极开展投资咨询、项目评估、市场调查、信息分析、管理顾问、电脑服务、委托代理等多方面配套业务。

2. 负债管理理论

负债管理理论认为，银行可以主动管理负债。银行通过积极的竞争去争取活期存款、定期存款和储蓄存款，以及向欧洲美元、国际借款来影响资金来源。该理论强调借入资金来满足存款的提取和增加放款的需要，保持资金清偿能力和流动性，并获取最大利润。它的核心思想是，负债不是既定的，而是可以由银行加以扩张的，银行是可以控制资金来源的。负债管理理论包括：

(1) 购买理论

购买理论认为，银行对于负债并非消极被动、无能为力的，银行完全可以采取主动，主动地负债，主动地购买外界资金，变被动的存款观念为主动的借款观念。

(2) 销售理论

销售理论认为，客户至上，以客户的利益和需要作为银行的出发点和归宿，运用服务途径和其他商品及劳务的配合，来达到吸收资金的目的。

资产负债联合管理理论立足于协调银行资产和负债的比例，因此资产负债联合管理理论也称为相机抉择资金管理理论。该理论认为，单纯依靠资产或负债管理都难以形成安全性、流动性和盈利性的统一和协调。商业银行只有根据经济形势的发展和变化,通过资产结构和负债结构的共同调整,通过资产负债两方面统一协调才能较好地实现经营目标。

三 市场流动性

(一) 市场流动性的概念

市场流动性是金融学研究的重要课题,因为市场流动性影响着资产交易效率和市场价格发现效率。市场流动性具有多维度特征,所以当考虑问题的角度不同时,市场流动性的定义也有差异。从价格角度出发,市场流动性就是立即完成交易的价格。从即时性角度出发,市场流动性就是在一定时间内完成交易所需的成本或交易者多寻找一个理想价格所需的时间。市场流动性内涵也可以解释为,进入市场的订单提供立即执行交易的一种市场能力和执行小额市价订单时不会导致市场价格较大幅度变化的能力。市场有流动性是指任何数量的证券都可立即买进或卖出,或者说小额买卖可以按接近市场价格、大额买卖在一定时间内可按平均接近目前市场价格成交。本部分将市场流动性解释为,交易双方合约在规定时间内、以较低成本成交的能力,并且将市场流动性划分为买方市场流动性和卖方市场流动性两部分。

买方市场流动性是指合约购买方获得所需金融资产或资金的机会。

卖方市场流动性是指合约供给者在有效期内执行合约的概率。

(二) 市场流动性的影响因素

影响市场流动性的因素有很多,大体上包括外生和内生两部分,它们的影响方式和影响效果各有不同。

外生影响因素包括市场结构、政策性因素、信息不对称和税收等。

内生影响因素包括资产特性、资产持有者的策略和交易者偏好等。

下面给出市场流动性影响因素,如表1-1所示。

表1-1　　　　　　　　市场流动性影响因素

	外生因素	内生因素
影响因素	市场结构,政策性因素,税收,信息不对称,市场规律	资产特性,资产持有者策略,交易者偏好
影响范围	市场整体	单个资产或资产组合
影响时间	长期	短期

例如，市场结构构成了证券市场的交易基础，也就是交易机制。它将市场上所有订单进行了匹配，它影响的是整个市场，而且作用时间长。

另外，由于信息不对称的存在，比如专业或大型企业投资人掌握的信息比较多，而且掌握得较快又准确。而普通投资者以及中小企业投资者在信息获取方面远不如前者，这就导致在交易前，专业人士往往比较积极主动，普通投资人就比较保守，最终整个市场都有风险。

市场交易者作为交易主体，人们的性格、情绪和偏好等都会影响投资，所有投资者特性有机组合在一起对市场流动性就会产生较大影响。此外，政治因素对市场流动性也有重要影响。

（三）市场流动性的衡量

市场流动性可以由市场即时性、市场宽度、市场深度和市场弹性四个部分来衡量。

市场即时性是指交易能否在有效时间内及时被执行，包括大额订单等。如果可以，我们就说这个市场流动性是高的、即时性比较强，投资双方的需求能够得到满足。反之市场流动性就低，即时性就弱。

市场宽度可以理解为交易成本。在满足即时性的前提下，投资双方是否愿意接受不利的条件继续进行交易。或者说，在特定时间内，如果某资产交易买方溢价很小或卖方折价很少，则该资产具有更好的流动性。市场宽度最常见的指标是买卖差价，也就是说，当买卖差价足够小时，我们就说该市场有宽度，市场流动性好。

市场深度是指一个市场在交易速度快和较低交易成本的同时，在某一价格下能否进行大规模交易。订单数量越多，则市场越有深度。反之，如果订单数量很少，则市场缺乏深度。深度也可以用来衡量市场的价格稳定性，即一定数量的交易对价格的冲击程度。

市场弹性是指当交易价格偏离均衡水平时，恢复均衡价格的能力或速度。如果市场弹性高，价格将很快就恢复到均衡水平，当订单流量对价格变化的调整缓慢，则市场缺乏弹性。

值得注意的是，以上四个维度在评价市场流动性时有时会存在冲突。例如，深度和宽度通常就是一对矛盾，深度越大则宽度（买卖价差）越小，宽度越大则深度越小。即时性和价格也是一对矛盾，投资者为了更优的价格不得不牺牲一定的即时性。目前，学术界多是基于以上四个维度综合构建市场流动性指标，市场流动性相关指标多达几十个，目前并没有形成统一的标准。常见的市场流动性指标有 Amihud（2002）测度、换手率、零交易天数等。相关文献可以参考 Amihud（2002）和 Lesmond 等（1999）。

四 宏观经济流动性、银行流动性与市场流动性

宏观经济流动性、银行流动性和市场流动性彼此之间不是独立的，三者相互影响、共同作用。

宏观经济流动性对银行系统的影响可以落脚在货币政策工具对银行流动性的影响上来。例如，央行再贴现政策可以帮助银行解决流动性紧缺的难题，存款准备金变化也会导致银行流动性的同向变化，过于宽松的货币政策也会提高银行的流动性，从而引发银行的"放贷热"。因此，货币流动性对银行流动性有着很大的影响。

宏观经济流动性的变化会直接影响到市场流动性。因为货币本质上是一种资产，一种安全性较高的资产，它不能创造收益，但是具有极高的安全性和流动性。与此相对应的证券就属于风险性资产，可以给投资者带来收益。宏观经济流动性增加，也就是货币流动性增加，会使投资者手中的货币增多。根据效用最大化理论，投资者会协调货币和证券比例，从而使资金流入证券市场，导致市场流动性提高。

第三节 信用风险

一 信用风险的概念

在介绍信用风险之前，首先要明确"信用"和"风险"这两个概念。

信用：在交易过程中以还本付息为条件的特殊的价值交换形式。比如，赊销、贷款等。信用的形式由古老的以物换物，发展到现代的消费信用、银行信用、商业信用和国家信用等。信用在商品经济中极大地促进了经济发展，但同时也带来了不同程度的风险。

风险：还没有发生的结果的未知性和不确定性。比如，赊销后买方未能及时还款或贷出的款项未能及时收回，就可能会给交易者带来一定的损失。

信用风险：以信用为基础的交易关系中，给双方带来的不确定性。

传统观点认为，信用风险是指交易者没有能力履约，从而给对方带来经济损失的可能性。在现代经济体系中，信用风险延伸到交易对方的履约能力和信用状况受外界影响导致它的资产价值波动，从而无法按时还本付息的风险，甚至包括了交易方心理上不愿履约的可能性。

二　信用风险的分类

风险可以概括为系统性风险和非系统性风险。

系统性风险，亦称"不可分散风险"或"市场风险"，是非系统性风险的对称。它是指由于某些因素给市场上所有的交易都带来经济损失的可能性。如经济衰退、通货膨胀和需求变化等。对于交易者来说，这种风险是无法消除的，也就是说，只要存在交易，就不可避免地受到这个风险的影响。

非系统性风险，亦称"可分散风险"或"特别风险"，是指少数交易者或个别交易者面临的独特风险。该风险是由每个企业自身的经营状况和财务状况所决定的，并不对市场环境产生普遍的影响。非系统性风险由经营风险和财务风险等因素组成。

经营风险是指企业在生产经营过程中，由于供给、生产、销售中某个环节的不确定性导致经营中断而给公司带来损失的风险。

财务风险是指企业在财务活动中，由内外部因素而给企业预期收益带来的不确定性，包括筹资风险、投资风险等。

信用风险可以是全市场大规模违约风险，也可以是单个企业的违约风险。从这个角度来说，信用风险可以分为系统性信用风险和非系统性信用风险。

三　信用风险的影响因素分析

信用风险的产生始于交易双方资金状况的不确定性，但是资金状况的变动也有各种原因。也就是说，信用风险在商品经济快速发展过程中，背后有不同层面的影响因素，本部分从以下几个方面来分析（见图1-5）。

（一）宏观层面的因素

GDP的增长状态是衡量宏观经济发展的重要依据。当GDP增长很快时，一定程度上说明企业违约情况少，国家经济发展的形势良好，因此市场上的信用风险总的来说就比较低。

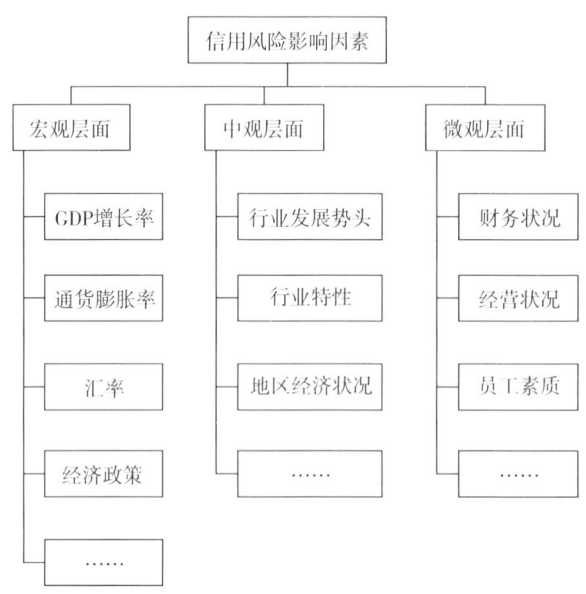

图 1-5　信用风险影响因素框架

如果通货膨胀率低，也说明经济发展比较稳定。反之，如果通货膨胀比较严重，那么企业发展就不会很稳定，银行系统的信用风险就会增加。

同样地，汇率的波动也会导致交易双方的货币价值升值或贬值，给合约的执行带来不确定性，导致交易者受到经济损失。

政策方面，央行的货币政策以及政府的财政政策都会给信用风险水平带来不可忽视的影响。比如，央行对利率的调控会左右企业的资本成本，给企业带来财务和经营风险，最终影响企业的信用状况。税收政策和政府支出政策会影响经济环境的总需求，比如投资和消费等，从而影响企业的利润水平，最终增加授信的成本。

(二) 中观层面的因素

中观层面主要是指行业和地区因素。特定的行业有它们独特的运行模式、行业的平均利润率、违规率等，这些变量与宏观经济的发展状况密切相关。当经济发展势头好的时候，行业的利润率就会提高，违约率就会下降，信用风险自然也就不高。另外，不同行业，比如房地产行业、服务行业以及大宗商品行业都有自己的运行模式，各自的信用风险状况也各不相同。

地区因素主要是指地区的经济发展状况，如果该地区发展势头好，这里的企业所产生的以及所遭受的信用风险就会相对比较低。

（三）微观层面的因素

微观层面的因素是信用风险起作用时最基础的一环，包括银行或者企业的财务状况、职工的素质、管理层的决策能力等。例如银行职工在办理贷款业务时，贷前、贷中、贷后都要把控贷款的质量，降低信用风险造成影响的可能性。商业银行的资本充足率、资产质量、流动性比率等都能很好地反映银行的经营状况和财务状况。随着互联网的发展，商业银行与金融科技的结合，也是减小信用风险的重要法宝。信息化、技术化都是现代商业银行的发展趋势，可以帮助银行和企业了解更多信息，降低未来的不确定性。

四 信用风险的危害

信用风险所造成的危害影响往往和经济损失联系到一起，具体来看可以概括为以下几个方面。

（一）对产业结构的影响

信用风险的产生、发展与特定行业有关。也就是说，在某个经济周期中，某个行业发展可能是繁荣的，也可能是衰退的，从而该行业的信用风险高低也就不同。因此，如果该行业风险比较大，投资者就会将资金转移到安全性比较高的行业。而这些比较安全的行业通常也是传统行业，这就变相地导致新兴的领域缺少资金，产业结构升级的进度就会变慢，最终阻碍经济的发展。

（二）对银行系统的影响

当银行产生大量的不良贷款时，企业获得了支持资金，这有助于企业的发展，增加了社会总需求。但是不良贷款也增加了银行管理的成本，因为如果这些资金不能及时收回，银行系统的资金周转率就低。而市场环境中所需的资金量又多，这时银行所提供的资金又不能满足企业的新需求，此时银行既不能发展新业务，也不能结束旧业务。而且，如果银行的不良贷款额过多，以至于接近或超过了银行利润，银行就不得不利用资产去冲销不良贷款。严重时甚至会变动银行的资本金，动摇银行的经营基础。由于银行业复杂的资金链关系，银行之间也会有竞争和影响，通过连锁反应危害整个银行业。

(三) 对宏观政策的影响

不管是货币政策还是财政政策,都是通过控制社会总需求,进而实现政策目标。但是,由于信用风险的存在,会导致宏观经济政策的效果降低。比如,当货币当局想通过降低贴现率等来增加货币供给进而扩大就业时,由于信用风险的影响不容忽视,商业银行在考虑现实因素之后,可能不会完全按照央行的意图来执行,使得宏观经济目标不能很好地实现。因此,信用风险会反作用于宏观经济政策。

(四) 对投资者的影响

一般来看,信用风险对投资者的影响,是指发行债券的公司不能按时地还本付息,而给投资者带来损失。如果把银行也看作投资者,银行所发放的贷款由于贷款者各种各样的原因而不能按时全额收回,这便是银行最常见的信用风险。从宏观上来看,信用风险的增加会带来风险溢价的提高,这也给投资者的投资带来了很大的不确定性。而且,投资者如果想减少信用风险起作用的可能性,就要去收集更多的信息,而且还要判断信息的准确度,这就给投资者增加了很大的工作成本。

五 信用风险的管理

信用风险管理是指通过一定的技术和手段,对交易对方不能履约的可能性以及对方经营管理的不确定性进行预测,从而降低自身经济受损失的概率。信用风险主要是针对于商业银行,因为现代经济中银行是资金流通的重要节点,因此信用风险管理通常是指商业银行的信用风险管理。

信用风险管理的目的不是消除风险,实际上也无法从根本上消除信用风险,因为信用风险中有系统性的因素。但是通过信用风险管理,可以具备一定控制风险的能力,实现收益和风险的有效平衡。

(一) 加强商业银行在信用体系中所发挥的功能

商业银行系统是信用风险的聚集地,因此,发挥好商业银行的作用,对控制信用风险来说意义重大。主要可以落实在贷前、贷中、贷后三个阶段。

1. 贷前严格把关,提前预防风险

首先,在公司申请贷款时,银行方面必须保证申请者所递交信息的真实性、可靠性,例如公司的财务报表、资金去向等。不仅如此,公司所处的行业发展趋势、行业周期、该公司在行业中的实力等，工作人员在贷款前都应详细记录。在收集完信息后，利用现代化信用评级机制，对不同行业的不同公司进行评级。比如，随着恒大、碧桂园等房地产巨头频频暴雷，该行业的信用状况已经远远低于全行业的平均水平，银行在对该行业发展业务时更应小心谨慎，防止意外发生。与之相反，一些实体制造业类的企业，行业发展稳定，利润可观，该类企业的信用风险就小很多。

2. 贷中密切关注，动态分析风险

银行在发放贷款后，并不是等着到期日收回款项就可以了，为了保证资金的顺利收回，银行方面不得不密切关注贷款者的相关动态。比如贷出的款项是否用于规定使用规范，有没有出于非法目的挪用资金或者违规使用。因为不同行业情况不同，资金挪动之后很有可能不能像银行预期的那样顺利进行，经营者就有可能由于经营出现问题而无法按时还本付息。

3. 贷后收集数据，提高贷款分析能力

中国金融市场起步晚，而且信息化时间也比较短。公共使用的数据非常有限，这就导致利用计量经济模型来分析数据并检验的准确性并不高。因此，商业银行收集好数据是很有必要的。对于某一特定行业，收集足够多的企业信息，就能对该行业的各个公司财务指标充分了解。比如它的资产负债比率、流动比率，甚至经济周期等。当这一行业的公司再来办理业务时，就能对它的经营状况做出准确的判断，降低贷款风险（见图1-6）。

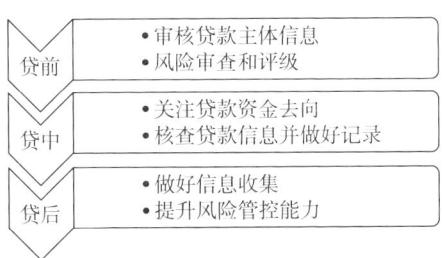

图1-6　商业银行信用风险管理体系

(二) 完善经济体系中的法律法规

法律法规是维护市场的基本保障，如果没有法律法规的约束，被利益推动的人就很有可能违背约定，给对方带来损失。这类人的数量一旦增多，就会增加环境中的信用风险，阻碍交易的进行。具体操作来看，可以强制收集信息并开放信用系统，通过该系统以保证交易双方信息对称，实现促进平衡发展。给予达到一定信用水平的交易者法律资格，那些信用水平低的人，从法律上限制其入市资格。因此，健全信用管理机制，法律法规是基本保证。同时，在改革过程中，可以借鉴国际经验，建立奖惩制度以及信用评级制度。

值得注意的是，改革法律法规的目的，并不是限制市场交易，而是提高交易质量，促进经济高质量发展。

(三) 加强政府的监管审查作用

政府在维护社会公平、保障经济稳定、保护交易者利益等方面发挥着重要作用，但是在管理市场信用中，没有一个统一的管理部门。这就导致在实际管理过程中，各个机构有各自的规定，市场管理成本高，效率下降。

(四) 向社会普及信用知识

信用风险，顾名思义，是和信用挂钩的风险，而信用是个人或经济主体的品德。虽然经济环境的波动不是个人能够把控的，但是讲信用依然是非常主观的行为。因此，普及信用知识对降低大环境的信用风险很有帮助。

首先，要对义务教育和高等教育期间学生加强信用知识教育。强调讲信用不仅是对他人负责，更是大家通过维护共同的信用环境最终对自己负责。尤其是在大学教育阶段，大学是学生最贴近社会的时期，要加强大学生的信用思想教育，开设信用专业课程，与实习工作相结合。

此外，在注重学生信用教育的同时，也不能忽视其他社会人员，也就是说，需要建立在职信用知识培养体系。在职培训的发展已经十分完善，针对百姓需求，有各式各样的职业培训，但是，缺少对信用知识的再教育。因此，要在职业培训过程中增加信用相关课程，提高他们的信用素质，并采取发放结业证等手段提高职员参与信用教育的积极性。

第四节　金融危机

一　金融危机的概念及分类

金融危机是指在某个或多个国家或地区的大部分甚至全部金融指标在短期内迅速地恶化。比如，在短期内利率、证券价格、房地产价格、货币价值剧烈波动或大量金融机构迅速倒闭等。根据国际货币基金组织分类，金融危机包括货币危机、银行危机和外债危机。一些学者还延伸出股市危机和楼市危机，因为股市和楼市与金融危机同样密切相关。

货币危机是指某种货币受到内部或外部冲击，导致该货币大幅贬值。或者说，某个国家或地区的货币汇率在短期内发生较大波动幅度，便认为该国家或地区发生了货币危机，货币危机通常伴随着利率提高。比如俄罗斯卢布危机、墨西哥比索危机、阿根廷金融危机等。基本情况都是由于市场波动，导致投资者对货币未来价值预期下降。货币持有者就会抛售该货币，导致货币贬值。

银行危机是指商业银行运行过程中由于自身原因或者其他行业波动导致其资产负债比例失衡，从而不能偿还到期债务，资金运营停滞，甚至造成银行破产。又因为银行与银行之间以及金融体系自身的紧密性，通过传染效应就会波及其他银行和行业，引起整个银行系统的危机。国际货币基金组织认为，银行危机比货币危机持续的时间长，对经济体系的影响也更严重。

外债危机是指当一国发生金融危机时，政府无法偿还债务的现象。一般使用外债清偿率来衡量，即该国当年的还本付息额与该国当年的出口创汇收入额的比率。为了保持财政的平稳运行，在正常情况下，该比率应保持在20%以下。如果超过了20%，就认为该国外债负担比较大。偿还外债的资金主要来源于该国出口贸易所创造的收入。如果该收入高，就可以增加债务规模，但是并不意味着无限制地高。如果债务增加速度超过了出口收入增加速度，就容易引发外债危机。

二　金融危机的形成机制

金融危机可以是由内部爆发出来的，也可以从外部传染而来。根据前文对金融危机的分类，本部分先针对三种金融危机各自的内部因素进行分析，然后介绍金融危机的外部传染效应。

（一）内部因素分析

1. 货币危机的形成机制

学者们对货币危机的理论研究非常丰富，大体来看，主要包括用于解释墨西哥（1973—1982年）和阿根廷（1978—1981年）货币危机的第一代模型；用于解释欧洲货币危机（1992—1993年）的第二代模型；以及解释东南亚金融危机（1997—1998年）的第三代模型。

第一代模型认为，货币危机爆发的主要因素，是该国经济制度所决定的该国货币的稳定性。当该国货币币值不稳定时，就会容易遭受外界攻击，尤其是投机性冲击。又因为该国汇率制度与货币政策的固有联系，最终导致货币危机。例如，当政府想要追求高速的经济增长时就会采取宽松的货币政策，通过货币政策传导机制和经济效应，过多的货币供给会造成对外汇储备需求的增加，从而对本国货币造成冲击。与此同时，国外资本会趁虚而入，本国的外汇储备就会耗尽，本币就会在短时间内贬值，造成货币危机。

第二代模型认为，经济制度和体系不是货币危机的充分条件，要考虑经济实力以及投机者的预期。也就是说，如果一国经济实力强劲，货币当局可以应对来自外界的投机冲击，并且不需要改变汇率制度，甚至投机者根本不会去"招惹"经济实力强的国家。相反，如果某个国家经济实力不足以抵抗来自外界的冲击，它们便不得不对自身做出改变。对那些经济实力介于强和弱之间的国家，具体情况就要考虑投资者对该国经济面的预期，来判断该国是否会遭受投机性冲击。因此，第二代模型对第一代的改进在于公众对货币的预期。

第三代模型认为，主要强调了微观主体在货币危机中发挥的作用。例如，在开放经济条件下，一个国家的企业在外部的融资水平，会通过国际资本流动影响该国的实际汇率水平。如果国外投资者对该国的企业持有悲观态度就会减少对该国的投资，导致该国资本流入减少，这就会造成该国货币贬值，同时该国企业产值下降。当这一行为变多时，在宏观层面就会带来该国经济不景气，从而引发货币危机。

2. 银行危机的形成机制

造成银行系统危机的细节各有不同，但是，它们之间也有共性，情况的恶化都会反映到银行的财务指标上来。比如当企业对外贸易困难时、当国外利率提高或投资者预期变动突然大量提取资金时、当汇率水平波动使得借款者的资金受损失时、当贷款者抵押的房地产或证券价值突然下跌时等，都会导致银行的坏账大量增加，从而导致银行产生危机。

另外，银行具有不可避免的内生脆弱性。例如，银行的负债要满足客户需要，具有流动性强的特点，而资产的流动性远不如负债。再比如，银行容易产生"挤兑效应"，造成社会恐慌。由于这种脆弱性，当社会经济繁荣、总投资增加时，总负债就会增加，银行过度负债就会给危机埋下祸根。如果债权人产生了悲观的预期，大量资金被要求提出，该银行的危机就会产生。这种单个银行的危机并不是独立存在的，而会在金融体系紧密联系的背景下传染到其他银行，最终使整个银行系统都将遭受危机。

3. 外债危机的形成机制

在经济不景气的情况下，生产者迫不得已低价出售商品，同时还要偿还债务，导致企业资金减少，从而带来工人工资下降，社会总需求随之减少。企业收入同样没有起色，债务负担又随之增加，最终导致企业破产，随之而来的便是失业增多。社会公众对经济预期持悲观态度，又会回到之前的恶性循环，卖得多反而贬值，最终导致债务越来越多，就会产生金融危机。

另外，当企业债务增加到某个节点的时候，企业已没有资产可以抵押，银行就不会继续发放贷款，企业只能降价出售资产来获得所需的短期资金。但是，总体上债务人的资本是减少的，债务负担同样不减反增，如果大量债务人面临如此困境，就会带来大规模债务危机。

从经济周期角度看国际债务理论，当某国经济繁荣时就会对其他国家进行投资或借款，但是，随着债务增多，债务国逐渐不具备偿债能力，就会产生债务危机。最终只能通过协商，债务国在限定规模下继续得到新的融资，直到下一个繁荣周期的到来。

(二) 外部因素分析

随着现代经济不断发展，各国金融危机传染性发挥的作用也逐渐明显，因此，某国家或地区的金融危机很可能是由于外界因素导致。

1. 贸易传导机制

当某国受到金融危机影响时，该国恶化的经济会迅速波及与本国贸易往来密切的其他国家，给其他国家经济发展带来危害，甚至造成他国金融危机。比如，当某国货币贬值时，与其关系密切的贸易伙伴或者竞争对手,为了保证自己国家货币竞争力能给企业产品提供出口优势,就会设法使本国货币贬值,这就是常说的"竞争性贬值"。而此时,即使第三方国家不去刻意跟风,但是,由于金融传染效应,面对对方强大的经济实力,也不得不贬值,这些国家的经济必然受到影响。

2. 金融传染机制

随着经济全球化,世界各国经济联系日益紧密,金融市场也变得全球化,从而使得金融市场成为金融危机传染的另一重要渠道。例如,如果金融危机首先出现在债权国,该国就会减少对外投资与借款,这就导致资金本就不富裕的债务国流动性更低,从而增加债务国发生金融危机的概率。此外,拥有稳定币值并与其他国家货币挂钩的货币中心国,其所采取的货币政策会影响与其联系密切的国家的经济活动。比如,中心国采取宽松的货币政策,该国汇率就会相对下降,此时边缘国币值就会有一定程度的上升,这便影响到边缘国的出口贸易。此外,中心国的货币政策不仅会对本国的债券和股票市场产生影响,同样会冲击到边缘国家的债券和股票市场。当冲击程度达到一个临界点时,这些国家的金融稳定就成为一个未知数。

三 金融危机的传染

金融危机的传染包括内部传染、外部传染和混合传染。外部传染是指金融危机的影响从某个或某些国家或地区,蔓延到了其他国家或地区。内部传染是指在某个国家或地区内部,在危机过程中,由一开始的银行危机引发了货币危机,或由货币危机引发了银行危机等。

(一) 外部传染

金融危机外部传染的形成需要三个要素:源国、传染途径和靶国。

源国,顾名思义,就是传染源,也就是首先爆发金融危机的国家。比如,欧洲金融危机的英国、阿根廷金融危机的阿根廷本身、亚洲金融危机的泰国等。

传染途径是指源国和靶国之间所存在的经济关系。比如,贸易往来、证券融资和银行信贷等。这些渠道都会带来资金流动,从而影响靶国。

靶国是指传染过程中被迫受影响的国家。这些国家往往在经济上与其他国家关系密切,甚至依附其他国家。比如,很多国家的货币与美元实行盯住汇率制度,那么当美国经济受影响或者美元汇率波动时,这些国家经济就必定受到影响。

下面给出金融危机外部传染机制，如图 1-7 所示。

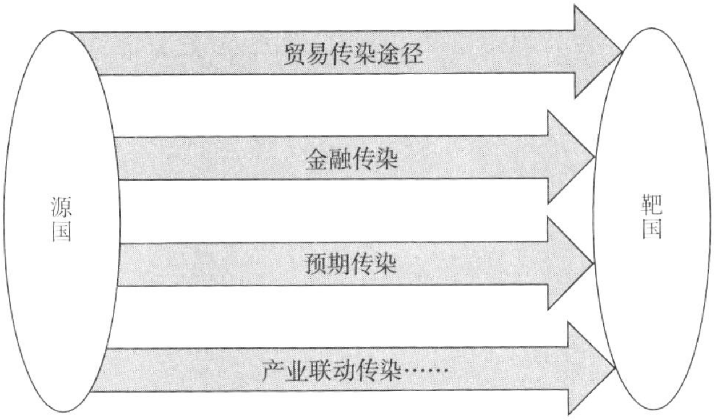

图 1-7　金融危机外部传染机制

（源国 → 靶国：贸易传染途径、金融传染、预期传染、产业联动传染……）

值得一提的是，除了资本流动的途径，心理预期在金融危机传染过程中同样起着不可忽视的作用。比如，某个国家发生金融危机后，人们就会预期与其贸易往来密切或者经济情况接近的国家会成为下一个危机爆发点。当市场上充斥着这些信息后，即使该国经济尚未发生颓势，投资者为了保护自己的资产，也会在一定程度上撤出资金。此时，政府就需要发布稳定信息进行制止，如果该行为没有引起货币当局的重视，甚至会引发"羊群效应"，给经济带来不必要的损失。

（二）内部传染

金融危机的内部传染也分为很多情况，但是基本都离不开货币危机、银行危机和外债危机，都是这三者之间的传播演化。

首先是货币危机和外债危机之间的转化。当某国家首先爆发了货币危机，该国家的货币就会贬值，那么同样价值的债务以本币计算时偿还数额就会增多。不仅如此，金融危机过程中利率往往也会提升，那么债务中的利息也会增加。这都导致债务人的负担加重，普通公众如此，政府的债务也是如此，最终就会引发债务危机。反过来看，如果某国家存在债务危机，其他国家的投资者或借款人就不会购买该国家的各类债券，以及停止借款和投资，从而导致该国资金流动性下降，货币当局储备减少，货币缺乏获利，最终导致货币贬值。

其次是银行危机和外债危机的转化。由于银行在金融体系中有特殊地位，与债务联系密切，所以，在很多情况下债务危机和银行危机只不过是一回事的两种表现形式,都会存在资金不足,市场流动性下降,利率上升的情况,两者往往互为因果。当某国政府或机构普遍出现无力按时偿还外债的情况时,不仅国外投资者,国内投资者都会对本国市场丧失信心,这就减少了该国资金来源,也就是流动性下降,此时银行资金同样会不足,同时伴随着利率上升,资金成本上升,这就会给银行运行埋下祸根。如果银行危机率先爆发,外界投资者同样会想办法回收资金,以保护自己的利益。而且此时该国银行的信用评级会下降,银行对外借款也会变得困难。就这样,银行系统资金一边被抽离,一边又没有新的吸收,整个市场的资金都会减少,该国经济继续恶化,偿债能力继续下降,从而引发外债危机。

最后是银行危机与货币危机同样存在互为因果的可能性。银行危机会带来市场利率的提高,同时股票和债券的价格会下降。此时,国外投资者不仅会像前文提到的那样收回存款等直接资金,还会设法卖出手里的股票和债券以减少损失。银行为了偿还外债,不得不减少本币持有量,从而增加外币持有量。在市场上本币供给增多需求减少,而外币需求增多供给减少,本币贬值,汇率上升,从而导致货币危机爆发。当然,这都是在资本开放的情况下,如果资本管制严格,银行危机不必然会导致货币危机,但是,货币危机通常会给银行危机带来反作用。货币危机带来的本币贬值,最直观的作用就是外债的"价值"变化。因为以外币计值的债务会加重国内银行的债务负担,但是,国内银行的资产通常以本币计值。这样外债价值提高、内债价值不变,就会造成银行资产负债失衡,甚至资不抵债。不仅如此,货币危机发生后,大量资金外逃,货币当局就会提高利率以吸引资金。但这又加重了银行的融资成本,利率提高又带来股票债券价格降低,损害银行资产的同时又降低以证券为抵押的贷款质量,这都加剧了银行的危机程度。

下面给出金融危机内部传染机制,如图1-8所示。

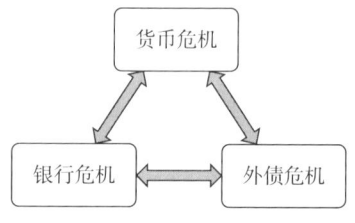

图1-8 金融危机内部传染机制

四 金融危机的危害

（一）经济衰退

金融危机所带来的币值不稳定、银行破产、债务负担重等影响，都会作用到宏观经济上导致经济衰退。而经济不景气以及债务的影响又会使得社会总需求下降。比如，企业产出下降，工厂倒闭，失业率上升，投资和消费低迷等。这又加重了经济的衰退，从而形成恶性循环。

（二）社会动荡

金融危机导致社会不稳定的具体体现，主要包括通货膨胀率上升、工人工资下降、失业率上升等。当人们失去工作和收入，生活水平下降到冰点，尤其对穷人的打击更大，他们普遍会感到绝望和愤怒，此时甚至会伴随着犯罪率的增加。而需要对此治理的政府在面对危机时，可能不得不采取紧缩的政策，这就导致政府支出减少、社会流动性不增反降、公众生活水平依然不会提高，无助于解决社会问题。

（三）金融体系受损

金融危机通常伴随着银行或金融机构的破产，而金融机构是金融体系的主体，这无疑给金融体系带来巨大的冲击。比如，在2007年美国次贷危机中，除了美国本土的银行和金融机构受损，德国、荷兰、日本等国有大型银行都受到了不同程度的影响。与此同时，社会公众在了解到银行和金融机构的不利消息后，在没有看到积极预期的情况下，为了减少自己的损失，他们都快速大量地抛售股票，这进一步加剧了股市动荡。

（四）财富分配不均

在危机过程中，富人或有权力的人往往能通过自身的信息优势以及各种资源来保护自己财产的实际价值，甚至有人能够设法从中获利。但是，普通公众没有信息优势，在危机前的虚假繁荣阶段往往跟风投资，危机发生后又不能及时收回资金，导致财富缩水。比如，楼市危机和股市危机。加上普通民众对风险承受能力弱，所遭受的影响深，最终导致贫富差距增大。而且这种财富分配不均也会进一步激化社会矛盾加剧社会动荡。

五 金融危机的防范与处理

（一）对市场加强管制

尽管市场经济下金融自由化程度高，但是考虑到金融危机的危害之深，各国金融监管当局需要对金融体系，尤其是银行系统，进行更深层次的监管。在这一点上，巴塞尔银行监管委员会发挥了非常重要的作用，委员会发现并填补了国与国之间的监管漏洞，提升了国际监管质量。巴塞尔银行监管委员会还统一了银行业的各种标准，最重要的就是统一了资本充足率的标准，缩小了不同国家银行资本差异，消除了不公平竞争。

此外，监管部门除了对银行系统高要求，还要对其他金融机构进行管理，防止资本的无序流动给经济体系带来动荡。各商业银行不仅要严格执行巴塞尔协议规定，还要与其他国家银行密切合作，削弱传染效应的影响。

（二）注入流动性

在金融危机过程中，常常出现流动性紧张的问题。当工人失业、企业破产、债务加重等情况发生后，市场中投资消费持续低迷，经济不流动，此时就需要货币当局为金融体系注入流动性。当面临其他国家发生金融危机，有可能传染给本国的情况时，也可以针对流动性进行操作。比如，出售外国债券可以用来增加外币的流动性，出售在国外的国债等可以增加本币的流动性，出售国内的国债等可以减少本币的流动性等。

（三）金融机构国有化

对一些银行和金融机构国有化，是因为在应对金融危机时国有化企业有优势，能够更好地恢复经济，降低风险。比如，2008年国际金融危机中，美国对房利美、房地美、美国国际集团、花旗银行等占股比例大幅提高，英国对诺森罗克银行、莱斯TSB银行、苏格兰皇家银行也进行了半国有化，这些操作很好地控制了金融危机的蔓延。将金融机构国有化之后，它们便不再只是一个私营企业，而要承担一定的社会责任，可以比政府经济政策更有效地影响经济，在一些特殊行业中，能够顺应政府的意志去注资扶持等。

（四）加强国际合作

各国货币当局可以紧密合作，共同稳定金融市场。比如在2008年国际金融危机中，美国、日本、加拿大和欧洲中央银行签署了货币互换协议，以应对流动性的短缺。经济全球化并不意味着就反对区域经济一体化，几个国家联合起来，对防止危机的发生或者快速地度过危机，都有积极作用。除此之外，当一国市场自由化程度过高时，资金大量流动确实给本国带来收益，但也蕴藏着危机。当这些流动资本短期大规模外逃时，单单依靠本国监管当局是无法控制的，必须通过其他国家合作才能使资本冲击影响降到最小。

（五）调整财政政策

防范金融危机，需要财政政策的大力支持，扩大社会有效需求。比如，可以通过降低税收来刺激投资。虽然税收的减少会给财政收入带来压力，但是在市场经济疲软的情况下，该措施能够很好地降低企业和公众的债务负担，相对缓解投资和储蓄的急速下降。同时，增加财政支出可以作为弥补社会需求下降的手段，虽然财政支出的途径不同，但是都会作用在社会基本生活中，从而提高居民的消费需求。

（六）改善汇率制度

一方面，改善汇率制度以获得健康弹性的汇率水平，是防范金融危机的客观要求。比如，盯住美元的汇率制度，又伴随一定的政策因素控制，这种制度无法及时反映市场的波动和外汇的流动情况。另一方面，改善汇率制度也并不是说要完全采取浮动汇率制度，这种制度会带来短期资本的大量流动，反而会带来不稳定因素。因此，可以将两者有机结合，比如限制汇率浮动的范围等，以达到国际市场波动和收支情况变化时，汇率自发地发挥"调节器"的作用。同时，因为利率的变化会带来资本的流动，从而影响汇率的波动，因此汇率制度在这个过程中也要与利率制度搭配，不能只顾汇率而不顾利率。

第五节 企业债和公司债发展概述

一 债券分类及发展概述

（一）债券分类概述

债券是国家政府、金融机构、企业等机构直接向社会借债筹措资金时，向投资者发行，并且承诺按规定利率支付利息并按约定条件偿还本金的债权债务凭证。债券的发行主体可以是政府（政府机构）、非金融企业、金融机构、工商企业等。

简单来说，我们可以把债券理解为一种"借条"，类似于个人之间借钱时写的借条一样，明确借了多少钱，利息多少，什么时候还本付息，借条表明双方存在债权债务关系，具有法律效力。只是借钱的人变成了企业、政府、银行等法人机构，面向的群体也不再只是一个人，而是多家金融机构和非金融机构，也包括合格自然人投资者。因为债券有统一标准的条款设计，所以也可以像股票一样在市场上流通交易。

中国的债券市场主要包括银行间债券市场、商业银行债券柜台市场以及交易所债券市场。那么，在庞大的债券市场体系中，债券种类是如何划分的呢？又在哪些市场交易呢？按照发行主体划分，中国债券品种可分为政府债券、金融债券、企业债券及公司债券四大类。

1. 政府债券

从 Wind 数据来看，2023 年上半年，中国债券市场共发行利率债 10.80 万亿元，同比减少 10.14%。利率债主要是指国债、地方政府债券、政策性金融债和央行票据。其中，国债上半年发行 3.90 万亿元，发行规模同比增长 7.28%，截至 2023 年 6 月底，中国国债存量 26.29 万亿元。地方政府债上半年发行 4.27 万亿元，发行规模同比减少 16.16%，截至 2023 年 6 月底，中国地方政府债存量 37.46 万亿元。政策性银行债上半年发行 2.62 万亿元，发行规模同比减少 20.12%，截至 2023 年 6 月底，中国政策性银行债存量 23.66 万亿元。综上，截至 2023 年 6 月末，中国债券市场利率债品种存量规模为 87.41 万亿元，较上年末增长 5.31%。

政府债券指的是政府财政部门或其他代理机构为弥补财政赤字、筹集资金而发行的债券。主要包括国债、地方政府债券等，其中最主要的是国债。随着金融市场的发展，政府债券逐渐具备了金融商品和信用工具的职能，成为国家实施宏观经济政策、进行宏观调控的工具。

（1）国债

国债，又称国家公债，是国家以其信用为基础，按照债的一般原则，通过向社会筹集资金所形成的债权债务关系，是中央政府为筹集财政资金而发行的一种政府债券。国债是由国家发行的债券，是中央政府为筹集财政资金而发行的一种政府债券，是中央政府向投资者出具的、承诺在一定时期支付利息和到期偿还本金的债权债务凭证，由于国债的发行主体是国家，所以它具有最高的信用，被公认为是最安全的投资工具。

2020 年 6 月 15 日，财政部发布通知明确，2020 年抗疫特别国债启动发行。2020 年 9 月，富时罗素公司宣布，中国国债将被纳入富时世界国债指数（WGBI）。2021 年 12 月，中国国债被正式纳入富时世界国债指数。

按照偿还期限的不同，国债可分为定期国债和不定期国债。

定期国债是指国家发行的严格规定有还本付息期限的国债。国债因其信誉好、利率优、风险小的特点，被众多投资者称为"金边债券"。

不定期国债是指国家发行的不规定还本付息期限的国债。这类国债的持有人可按期获得利息，但没有要求清偿债务的权利。

国债又可以分为记账式国债和储蓄国债。

记账式国债，是指财政部通过记账式国债承销团向社会各类投资者发行的以电子方式记录债权的可流通国债。机构投资者持有的国债，一定是记账式国债。记账式国债，进一步分为记账式贴现国债和记账式附息国债。二者的区别主要在于期限，记账式贴现国债的期限低于1年，而记账式附息国债的期限大于1年（含）。

储蓄国债，是指财政部在中华人民共和国境内发行，通过承销团成员面向个人销售的、以凭证式或电子方式记录债权的不可流通国债。储蓄国债，进一步分为储蓄国债（电子式）和储蓄国债（凭证式）。前者通过业务管理信息系统记录债权关系。后者采用填制"储蓄国债（凭证式）收款凭证"的方式记录债权关系，投资人会拿到一张纸质的收款凭证。

关于每年国债发行时间。国债的发行时间相对比较规律，一般是每月10日发行一期储蓄国债。财政部会公布储蓄国债的全年发行计划表，如2023年3—11月，共9个月，每次只发行凭证式或只发行电子式。记账式国债，则会每个月都会发行，但具体的发行日期不固定，每次发行都会有1、2、3、5、7、10、30年期，只有50年期比较特殊，如2023年只在3、6、9、12月各发行1次。

关于国债的发行期限。记账式附息国债的期限（年）有1、2、3、5、7、10、30、50，记账式贴现国债比较特殊，因为有"贴现"功能，普遍较短，期限（天）有28、63、91、182，储蓄国债（电子式、凭证式）主要为3年和5年。机构投资者持有记账式国债往往可以交易，而储蓄国债不可流通，所以个人投资者一般会持有到期。储蓄国债（电子式）到期后，银行会自动将投资者应收的本金和利息转入其资金账户，而储蓄国债（凭证式）需要投资人自己去银行网点办理兑付。因为怕时间一长投资者很可能就忘了，所以储蓄国债（凭证式）可以约定转存，约定到期后，银行将相应的本息款转到投资者个人储蓄存款账户里，这样就避免了因忘记及时兑付而闲置资金。

此外，记账式国债可以流通，机构投资者可以在二级市场上交易买卖，而储蓄国债不能流通，虽然个人投资者没有太多的交易需求，但临时有资金需求怎么办？所以，国家又规定储蓄国债可提前兑取、质押贷款等。

关于国债付息方式。期限短的国债，一般是到期一次性还本付息。期限长的国债，选择定期付息，一般10年以下的每年付息一次，10年（含）以上的每半年付息一次。

国债的购买投资方式如下。

银行购买：投资者可以在银行开立投资账户，按照银行的要求投资国债。

债券市场购买：投资者可以在债券市场，如深圳证券交易所、上海证券交易所等，通过证券公司购买国债。

互联网购买：投资者可以通过互联网购买国债，如通过银行的网上银行、证券公司的网上交易等。

投资者投资国债时，还应注意一些细节。投资者需要选择合适的国债，如根据自己的投资目标、投资期限、投资金额等因素，选择合适的国债进行投资。投资者还需要了解国债的收益率、期限、发行时间等信息，以便更好地投资国债。

国债投资也具有一定的风险。首先是国债的收益率风险，国债的收益率受到市场利率的影响，投资者需要根据市场利率的变化及时调整投资策略，以便获得更高的收益。其次是国债的价格风险，国债的价格受到市场利率的影响，投资者需要根据市场利率的变化及时调整投资策略，以便获得稳定的收益。最后是国债的流动性风险，国债的流动性受到市场利率和投资者的需求影响，投资者需要根据市场利率和投资者的需求及时调整投资策略，以避免遭受因流动性造成的损失。

国债的投资收益具有如下特征。第一，国债的收益率一般比银行存款的收益率高，投资者可以从中获得较高的收益。第二，国债的价格相对股票价格稳定，国债的价格受市场波动影响相对较小，投资者可以放心投资国债，以获得稳定收益。第三，国债的流动性较高，投资者可以随时转换投资，便于变现。

（2）地方政府债券

地方政府债券，指某一国家中有财政收入的地方政府地方公共机构发行的债券。地方政府债券一般用于交通、通信、住宅、教育、医院和污水处理系统等地方性公共设施的建设。地方政府债券一般也是以当地政府的税收能力作为还本付息的担保。地方发债有两种模式：第一种为地方政府直接发债；第二种是中央发行国债，再转贷给地方，也就是中央发国债之后给地方用。在某些特定情况下，地方政府债券又被称为"市政债券"。

地方政府债券的发行主体通常是地方政府，分为一般债券和专项债券。通过中央结算公司招标或承销发行，在中央结算公司总托管。目前有1年、2年、3年、5年、7年、10年、15年、20年、30年等品种。

自2019年起，地方政府债券可在商业银行柜台发行。2020年10月，中国地方政府债券发行4429亿元，其中，新增债券1899亿元，再融资债券2530亿元。截至2020年10月底，地方债发行超过6万亿元。2022年，中国发行地方政府债券合计73676亿元，其中一般债券22360亿元、专项债券51316亿元。

具体来说，投资者可以通过以下途径购买地方政府债券。

在证券交易所购买：投资者可以在上海证券交易所、深圳证券交易所等证券交易所购买地方政府债券，需要通过证券账户进行交易。

在银行柜台购买：投资者可以在部分银行柜台购买地方政府债券，需要到银行进行申购和交易。

在基金公司购买：投资者可以在部分基金公司购买地方政府债券，需要购买相应的基金产品。

需要注意的是，不同的购买途径可能存在不同的购买门槛和费用，投资者在购买前应该认真了解相关规定，并选择适合自己的购买方式。

2. 金融债券

从Wind数据来看，2023年上半年，金融机构发行非政策性金融债501期，总发行规模为1.76万亿元，同比均有所增长。其中，发行量最大的是商业银行债和证券公司债。中国商业银行债上半年发行6626亿元，发行规模同比增长9.4%，截至2023年6月底，中国商业银行债存量2.97万亿元。中国证券公司债上半年发行4854.52万亿元，发行规模同比增长43.85%，截至2023年6月底，中国证券公司债存量2.26万亿元。商业银行次级债发行量3413亿元，同比大幅下降36.46%，但截至2023年6月底，中国商业银行次级债存量仍高达5.57万亿元。截至2023年6

月末，非政策性金融债券存量为11.80万亿元，较上年末增长5.30%。

金融债券是由银行和非银行金融机构为筹措资金而面向个人发行的一种有价证券。金融债券期限一般为3—5年，其利率略高于同期定期存款利率水平。金融债券由于其发行者为金融机构，因此资信等级相对较高，多为信用债券。债券按法定发行手续，承诺按约定利率定期支付利息并到期偿还本金。在中国目前金融债券主要由国家开发银行、进出口银行等政策性银行发行，包括政府性金融债券、商业银行债券、非银行金融债券三类，属于银行等金融机构的主动负债。在英、美等欧美国家金融机构发行的债券归类于公司债券，而在中国及日本等国家金融机构发行的债券称为金融债券。

(1) 政策性金融债券

发行主体通常为开发性金融机构（国家开发银行）和政策性银行（中国进出口银行、中国农业发展银行）。近年来，政策性金融债券加大创新力度，推出扶贫专项金融债、"债券通"绿色金融债等品种，试点弹性招标发行。政策性金融债券已在商业银行柜台交易，其中国开债在柜台已实现常规化发行。

(2) 商业银行债券

发行主体通常为境内设立的商业银行法人，分为一般金融债券、小微企业贷款专项债、"三农"专项金融债、次级债券、二级资本工具、无固定期限资本债券等品种。

(3) 非银行金融债券

发行主体通常为境内设立的非银行金融机构法人，可分为银行业金融机构发行的财务公司债券、金融租赁公司债券、证券公司债券、保险公司金融债和保险公司次级债。

3. 企业债券

从Wind数据来看，2023年上半年，信用债发行规模达到9.32万亿元，较上年同期增长2.29%。信用债是指政府之外的主体发行的、约定了确定的本息偿付现金流的债券。具体包括企业债、公司债、短期融资券、中期票据、分离交易可转债、资产支持证券、次级债等品种。其中，超短期融资券、公司债、一般中期票据和资产支持证券的发行规模占比分别为7.36%、5.79%、4.09%和2.61%，为发行规模占比居前的信用债品种。中国企业债2023年上半年发行1328.5亿元，发行规模同比减少

39.03%，截至 2023 年 6 月底，中国企业债存量 2.08 万亿元。中国公司债上半年发行 1.91 万亿元，发行规模同比增长 25.39%，截至 2023 年 6 月底，中国公司债存量 10.69 万亿元。可见，中国公司债起步较晚，但目前公司债存量已远高于企业债。

企业债指企业依照法定程序发行，约定在一定期限内还本付息的有价证券。适用的主体是在中国境内具有法人资格的企业在境内发行的债券。国家发展改革委指定相关机构负责企业债券的受理、审核，中央结算公司为受理机构，中央结算公司、银行间市场交易商协会为审核机构。

企业债券诞生于中国，是中国存在的一种特殊法律规定的债券形式。按照中国国务院 1993 年 8 月颁布实施的《企业债券管理条例》规定，"企业债券是指企业依照法定程序发行、约定在一定期限内还本付息的有价证券"。从企业债券定义本身而言，与公司债券定义相比，除发行人有企业与公司的区别之外，其他都是一样的。

中国发行企业债券始于 1983 年，主要有地方企业债券、重点企业债券、附息票企业债券、利随本清的存单式企业债券、产品配额企业债券和企业短期融资券等。

地方企业债券，是由中国全民所有制工商企业发行的债券。

重点企业债券，是由电力、冶金、有色金属、石油、化工等部门国家重点企业向企业、事业单位发行的债券。

附息票企业债券，是附有息票，期限为 5 年左右的中期债券。

利随本清的存单式企业债券，是平价发行，期限为 1—5 年，到期一次还本付息的债券。各地企业发行的大多为这种债券。

产品配额企业债券，是由发行企业以本企业产品等价支付利息，到期偿还本金的债券。

企业短期融资券，是期限为 3—9 个月的短期债券，面向社会发行，以缓和企业流动资金短缺的情况。企业债券发行后可以转让。

企业债券按不同标准可以分为很多种类，最常见的分类有以下几种：

（1）按照期限划分，企业债有短期企业债券、中期企业债券和长期企业债券。根据中国企业债券的期限划分，短期企业债券期限在 1 年以内，中期企业债券期限在 1 年以上 5 年以内，长期企业债券期限在 5 年以上。企业债发行年限一般为 3—20 年，以 10 年为主。

（2）按是否记名划分，企业债券可分为记名企业债券和不记名企业债券。如果企业债券上登记有债券持有人的姓名，投资者领取利息时要凭印章或其他有效的身份证明，转让时要在债券上签名，同时还要到发行公司登记，那么，它就称为记名企业债券，反之称为不记名企业债券。

（3）按债券有无担保划分，企业债券可分为信用债券和担保债券。信用债券指仅凭筹资人的信用发行的、没有担保的债券，信用债券只适用于信用等级高的债券发行人。担保债券是指以抵押、质押、保证等方式发行的债券，其中，抵押债券是指以不动产作为担保品所发行的债券，质押债券是指以其有价证券作为担保品所发行的债券，保证债券是指由第三者担保偿还本息的债券。

（4）按债券可否提前赎回划分，企业债券可分为可提前赎回债券和不可提前赎回债券。如果企业在债券到期前有权定期或随时购回全部或部分债券，这种债券就称为可提前赎回企业债券，反之则是不可提前赎回企业债券。

（5）按债券票面利率是否变动，企业债券可分为固定利率债券、浮动利率债券和累进利率债券。固定利率债券指在偿还期内利率固定不变的债券；浮动利率债券指票面利率随市场利率定期变动的债券；累进利率债券指随着债券期限的增加，利率累进的债券。

（6）按发行人是否给予投资者选择权分类，企业债券可分为附有选择权的企业债券和不附有选择权的企业债券。附有选择权的企业债券，指债券发行人给予债券持有人一定的选择权，如可转让公司债券、有认股权证的企业债券、可退还企业债券等。可转换公司债券的持有者，能够在一定时间内按照规定的价格将债券转换成企业发行的股票；有认股权证的债券持有者，可凭认股权证购买所约定的公司的股票；可退还的企业债券，在规定的期限内可以退还。反之，债券持有人没有上述选择权的债券，即是不附有选择权的企业债券。

（7）按发行方式分类，企业债券可分为公募债券和私募债券。公募债券指按法定手续经证券主管部门批准公开向社会投资者发行的债券；私募债券指以特定的少数投资者为对象发行的债券，发行手续简单，一般不能公开上市交易。

4. 公司债券

公司债，是指公司依照法定程序发行，约定在一定期限还本付息的有价证券，发行主体通常是股份有限公司或责任有限公司，在中证登记托管，如市场上常见的"大公募""小公募"、可转债、可交换债本质上也属于公司债。公开发行的公司债一般发行年限3—10年，以5年为主，而非公开发行的公司债发行年限是1年以上。

从分析角度看，企业债券与公司债券的主要区别有以下五个方面：

第一，发行主体范围不同。公司债券是由股份有限公司或有限责任公司发行的债券，非公司制企业不得发行公司债券。企业债券的发行主体为中央政府部门所属机构、国有独资企业、国有控股企业。

第二，监管机构与发行条件限制不同。公司债发行条件相对比较宽松。公司债由证监会进行审核，对总体发行规模没有限制，发行数额的最低限制为1200万元和2400万元；而企业债由发改委进行审核，发改委每年确定其发行额度，发债数额不低于10亿元。

第三，担保形式不同。公司债发行通常采取无担保形式，而企业债发行要由银行或集团担保。此外，以往公开发行的公司债和企业债采用的是核准制，由于修订后的《证券法》于2020年3月1日起施行，自此实施注册制。

第四，发行利率不同。企业债发行利率一般不高于银行相同期限居民储蓄定期存款利率的40%。而公开发行的公司债利率以询价或公开招标等市场化方式确定。

第五，交易场所不同。企业债不仅可以在证券交易所发行，也可以在银行间债券市场发行，且以银行间债券市场为主。公司债只能在证券交易所发行。

此外，需要注意的是，由于历史发展原因，以前公司债和企业债是由不同主管机构来管理。公司债是由证监会来监管，而企业债是由国家发改委来监管。但证监会和发改委在2023年4月21日发文，证监会将统一负责公司债和企业债的管理。过渡期为4月21日至10月20日，在这6个月，企业债券的受理审核、发行承销、登记托管等安排保持不变，只是注册由证监会负责。证监会统一管理可以进一步理顺债券管理体制，减少监管套利，推动企业债和公司债的协同发展。

从信用的角度看，企业债和公司债都属于信用债。信用债作为中国债券市场的重要成分，其发展经历了多年的积累和完善，取得了显著的成果。近年，信用债市场注册制改革深入推进，市场建设日趋完善，发行交易管理不断加强，信息披露水平不断提高，风险防范和违约处置机制持续健全。信用债市场规模逐年扩大，品种不断丰富，市场化程度不断提高，已成为中国资本市场的重要力量。企业债是公司信用类债券市场的重要组成部分，具有历史最悠久、法律地位最明确、可跨市场发行等特点。作为重要的政策手段，企业债券的发行可以充分贯彻落实国家战略部署、释放政策信号、引导产业发展。而公司债作为中国开拓企业融资渠道、完善资本结构、加强金融市场改革的重要工具，也为中国债券市场的前进规划，提高公司类债券在直接融资中的比重做出了卓越贡献。

（二）债券发展概述

1. 初步探索——国有企业的融资之路

1984 年开始，中国一些公司开始自愿地通过内部募资或公开发行债券来筹集资金，中国开始发行企业债，目前信用债发展已勃勃生机。尽管一开始这些企业公开发行企业债程度和次数受到制约，但这为今后企业融资打开了新的方式。在中国，初具规模的企业债券交易市场于 1986 年开始出现。如沈阳市信托投资公司是区域性市场中第一家提供债券买卖和转让服务的机构，其交易方式为柜台交易。虽然当时的债券发行大多属于内部融资性质，但到 1986 年底，企业债券的累计发行规模仍然达到了 100 亿元。当时，对于债券发行程序规范、规模控制、风险管理等仍然有着很长的路要走。1989 年短期融资券发行为企业提供了一个筹资成本低、筹资数额大的短期融资渠道，也给企业信誉和知名度搭建了一个较好的舞台。1992 年城投债迎着分税制改革的东风成为中国地方政府投融资平台融资的一个重要渠道，为基础设施建设吸纳资金，加速推进了中国当代城镇化建设。以上是中国国有企业发行企业债融资的初步早期探索。

2. 快速扩充——民营企业的融资探索

2003 年中小企业集合债概念的提出和 2009 年中小企业集合票据的推行，降低了债券的发行条件，减少了债券的融资成本，更降低了债券的违约风险，是破解中小企业融资难和融资效率低下的重要举措。中小企业集合债的发行在拓宽融资渠道，优化资金结构链条，为企业提供税盾保证，改善企业市场形象等方面有着举足轻重的作用。

2006年5月，中国颁布了《上市公司证券发行管理办法》，其中纳入了可转债发行规则，这成为后续可转债发行的重要指导文件。这一举措标志着可转债发行进入了一个新的阶段。全年共发行了10只可转债，其中包括3只可分离式可转债，募资规模总计达到142.87亿元。此次可转债改革完善了中国债券品种，是融资渠道创新的"助燃剂"，也丰富了投资者的选投口径。2007年以Shibor为基准的浮动利率企业债、短期融资券以及公司债的发布加深了主动性融资渠道，分散了商业银行的信贷风险。同时也进一步提高了公司的市场价值，传递出债券市场的有利信号，优化了股权结构，增强了外部治理的有效性。

3. 新常态下的创新绿色发展——新标准新业态

随着中国进入可持续发展和绿色经济转型的新常态，绿色金融体系正成为中国金融市场前进和规划的重要发展战略。2016年成为中国绿色债券的发展元年，绿色企业债的发行提高了中国绿色资本的流动性，促进了中国高排放企业绿色低碳转型。绿色债券的成功发行不仅加强了中国绿色经济直接融资的战略纵深，也拓宽了新型绿色项目的投融资吸纳口径，更加速了中国光伏、电池、新能源产业的投入研发和市场开拓。与此同时，中小企业私募债的2.0版本"双创债"应运而生，这是由证监会面向新三板企业及初创企业提供的新型融资渠道，也是对中国创新创业发展战略规划在金融债券市场上的有力实践。专项审核、绿色通道、统一标识等一系列配套机制以及允许非公开发行的双创债设置转股的专项条款，满足了双创企业在创业初期对大额资金的需求，也满足了投资者对于新型科创公司的多元化投资需求。

在创新创业发展战略以及可持续绿色发展战略双管齐下的背景下，ESG主题债券也从国际金融市场的洪流涌入中国债券市场。以环境主题（Environmental）、社会主题（Social）或公司治理（Governance）为核心基准的ESG债券引领了绿色转型、气候环境治理的新局面。气候变化与创造就业、促进经济转型、建设基础设施等密切相关，经济业态可持续发展为中国债券市场未来前景提供了新方向。

刘星（2024）认为，2018年实施的"一带一路"倡议促进相关国家和地区的政策沟通、设施联通、贸易畅通、资金融通与民心相通。"一带一路"倡议的实施也刺激了中国企业债券市场的发展。"一带一路"债券的推行给"一带一路"建设发展带来了多元化的融资渠道。"一带一路"债券利用境内市场的融资能力和配置效力，实际地解决了企业在项目融资资金的吸纳要求。"一带一路"债券让"一带一路"建设的资金来源愈加丰富，加速了由"自上而下"模式向"上下互动"模式的演变。这不仅有利于民间资本和政府资本的专项整合，而且有利于培育出中国企业债发展的新业态。

2021年随着"双碳"战略的持续推动，碳中和债券、可持续发展债券等绿色债券产品俨然成为债券市场的新宠儿。根据2022年1月27日数据，中国碳中和债券发行规模已达1085.37亿元人民币，发行数量为197只。其中，银行间发行100只，交易所发行97只。发行主体也从最初的大型央国企AAA级扩展到省属乃至地市AA级。

随着中国碳中和目标的逐步推进，碳中和债券的发行规模有望继续增长。截至2023年6月30日，中国可持续债券累计发行规模已达31988.69亿元，占中国债券市场比例达2.18%。目前，可持续债券发展更为多元化，与"十四五"规划的重大产业布局有着较大的趋同性，专项资金流动也愈加均衡和广泛。

2022年中国证监会宣布将在区块链数字债券系统上试点发行企业债券。这是中国证监会继去年推出区块链数字债券系统后的又一重要举措，旨在推动数字化债券市场的发展。据悉，区块链数字债券系统是中国证监会推出的一项基于区块链技术的债券发行和交易平台，旨在提高债券市场的透明度和效率。该系统采用了分布式账本技术，可以实现债券发行、交易、结算等全流程的数字化管理，有效降低了债券发行和交易成本及风险。此次试点发行企业债券，将进一步验证区块链数字债券系统的可行性和安全性，为未来数字化债券市场发展积累经验。同时，区块链数字债券也将促进债券市场的创新和发展，提高债券市场的流动性和融资效率，为实体经济提供更多的融资渠道和支持。

其中，以绿色债券为代表的绿色金融体系是中国实现"双碳"的重要发展路径。这也为中国金融体系的创新和转型提供了新的目标口径。绿色企业债在2015年12月由国家发改委发布的《绿色债券发行指引》

《绿色债券支持项目录（2015 年版）》做出支持项目规定后，在 2016 年开始蓬勃发展。到 2020 年，《关于营造更好发展环境支持民营节能环保企业健康发展的实施意见》的提出，为中国民营节能环保企业绿色债券的发行界定了统一标准，为企业绿色债券的融资注入了强心针。而对于绿色公司债的发行，上交所和深交所于 2020 年 12 月发布的《上海证券交易所公司债券发行上市审核规则适用指引第 2 号——特定品种公司债券》《深圳证券交易所公司债券创新品种业务指引第 1 号——绿色公司债券》成为中国现行绿色公司债的发行指引。再加上绿色金融债及绿色资产支持债券的补充，中国绿色债券的体系正在不断完善，种类不断丰富，发展不断规范（见表 1-2）。

表 1-2　　　　　　　　　企业债和公司债发展概述

年份	类型
1984	企业债
1989	短期融资券
1992	城投债
2003	中小企业集合债
2006	可转债
2007	公司债，以 Shibor 为基准的浮动利率企业债，短期融资券
2016	绿色企业债；"双创"公司债；ESG 主题债券
2018	"一带一路"债券
2021	碳中和债券；可持续发展债券
2022	使用区块链数字债券系统试点发行企业债券

截至 2022 年，中国境内外绿色债券的新增发行规模已达 9838.99 亿元，发行数量已达 568 只。境内绿色债券的新增规模达到了 8746.48 亿元，发行数量达到了 521 只。而中资机构的境外发行也已经新增发行了 47 只，价值规模也已达 1029.41 亿元。截至 2022 年底，中国境内外绿色债券存量已迈过 3 万亿元大关，达到了历史峰值（见图 1-9）。

下面给出中国企业债和公司债发展脉络，如图 1-9 所示。

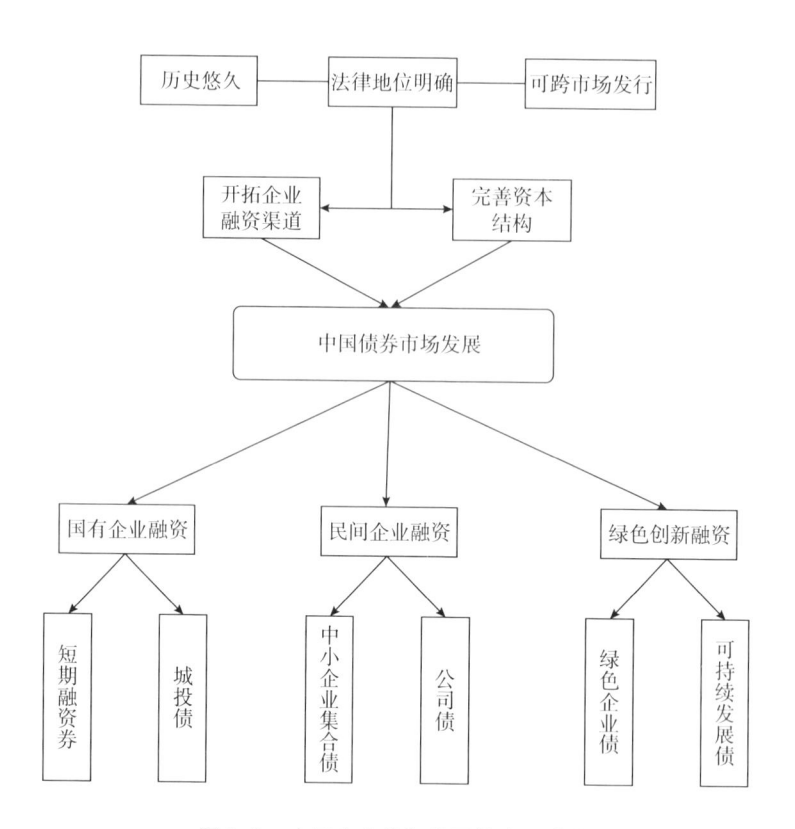

图 1-9 中国企业债和公司债发展脉络

二 企业债和公司债概述

（一）企业债概述

企业债是一种有价证券，由境内具有法人资格的企业依照法定程序发行，约定在一定期限内还本付息。通常情况下，企业债的发行主体为中央政府部门所属机构、国有独资企业或国有控股企业，并需经监管机构核准。中国企业债券从 2012 年来呈现出较快增长的态势，年度发行量的规模从总体上观测也是呈现出向上的发展趋势。但从 2017 年以来，由于国家战略布局，相关政策的改变以及债券市场上信用风险增加，企业债发行规模有所减弱。2022 年，中国企业债券共发行 484 只，发行规模 3683 亿元，与 2021 年相比虽有所下降，但仍保持稳健。

从发行主体上看，企业债主要是由央企、国企或者国有控股企业或地方区域类平台公司发行的有价债券，一般均为非上市公司或子公司，而且普遍要求企业成立时间满 3 年。

从定价方式来看，企业债的利率通常不能高于银行同期限存款利率的40%，发行期限通常为3—15年。中国发行的企业债券期限主要是以5年期和7年期居多。

从发行市场来看，企业债可以跨两个市场进行上市交易，分别在证券交易所发行和银行间债券市场发行。

从资金用途来看，企业债所融取的资金往往流入政府部门所审批的相关项目之中，用于相关的固定资产投资和技术革新改造。虽然没有做严格规定，但要符合国家企业相关的经营规定且需要在相关注册文件中明确。

从监管机构来看，2023年4月21日之前，发行企业债时，采用注册制。审核责任由发改委指定的中央结算公司和交易商协会承担，而发改委则负责集中注册。但现在已发生了显著变化，证监会和发改委在4月21日发表声明，以后将由证监会负责企业债的相关事项，并将4月21日到10月20日这一期间定为过渡期。企业债券的受理审核、发行承销、登记托管等安排在这6个月内保持不变，唯一的变化是证监会负责注册。据称，证监会将在过渡期结束前公布企业债的整体工作安排，并推出多项改革举措。同时，证监会已于4月23日完成了对发改委移交的34个企业债的注册程序，这批企业债在交通运输、安置房建设、农村产业融合、5G智慧城市、生态环境治理、产业园区、新型城市化建设等多项领域中共募集资金约542亿元。

下面给出企业债发行担保要求，如表1-3所示。

表1-3　　　　　　　　企业债发行担保要求　　　　　　　　单位:%

评级	产业类企业	城投类企业
AAA	85	75
AA+	80	70
AA及以下	75	65

由表1-3可知，从增信措施要求上看，产业类企业评级为AA及以下，如果资产负债率超过75%，则需增加有效担保。城投类企业评级为AA及以下，如果资产负债率超过65%，则需增加有效担保。

(二) 公司债概述

公司债券是公司依照法定程序发行、约定在一定期限内还本付息的有价证券。也就是说，公司债是股份有限公司或有限责任公司所发行的债券。作为一种证券，公司债券不同于一般的物品或商品，而是一种能够证明经济权益的法律凭证。在证券市场中，证券是指各种可获得一定收益的债权和财产所有权凭证的总称，用于证明证券持有人拥有和获得相应权益的凭证。

从发行主体来看，公司债是股份有限公司或有限责任公司所发行的债券。通常情况下，像合作制企业、独资企业和合伙制企业等其他性质的企业都不具备发行资格，不属于企业债的发行主体。而且企业债的发行主体也必须是承担有限责任的，像股份公司、无限责任公司也无法发行企业债。

从发行定价方式来看，公司债的利率可以通过市场询价来确定，期限比企业债要短，一般为5年左右。

从发行市场来看，公司债只能在证券交易所市场进行发行和流通。

从资金用途来看，公司债的资金用途往往和公司利益最大化息息相关，通常由发行人自行决定，没有特殊要求。公司债与企业债最大的不同是其不强制和政府部门所批示的项目挂钩，可以用来借新还旧，主要有以下三种情形：

第一，债务结构的变化改变了企业本身的偿债能力；

第二，债务结构平衡被打破，即有息负债总额的30%已经大于银行借款余额，并且有息负债总额的50%已经大于银行借款和公司债券以外其余公司信用类债券余额之和；

第三，总资产的10%已经大于非经营性往来占款和资金拆借余额。

从监管机构来看，公司债公募发行是由交易所受理审核然后由证监会注册，公司债私募发行则是由交易所形式审查加上证券业协会事后备案。目前，增信措施要求上删除了债项评级必须为AAA的规定，减少了评级依赖。

(三) 企业债和公司债发展现状

早在2020年，中国债券市场上公司债和企业债的发行比重已经超过10%。公司债和企业债不仅已经成为实体经济于债券市场上引资入流的重要渠道，也成为现如今企业获取长期资本的重要来源。

由于 2023 年国际形势复杂严峻，国际投资态势放缓。中国需求侧内生性驱动不足的情况下，企业债和一般性公司债的发行期数以及发行规模同比均有不同程度的下降。

根据 Wind 数据库，2023 年上半年，企业债发行了 178 期，同比下降了 36.75%；一般性公司债发行了 635 期，同比下降了 11.19%。企业债发行规模只有 1328.50 亿元，同比下降了 39.03%；一般性公司债发行规模为 6860.40 亿元，同比下降了 11.55%。截至 2023 年 6 月末，企业债的存量为 20768.45 亿元，环比下降了 6.16%；一般性公司债的存量为 50884.11 亿元，环比下降了 1.41%。

但私募债的表现相对较好，Wind 数据库显示，私募债在 2023 年上半年发行期数 1781 期，同比增长 72.91。其发行规模为 12199.13 亿元，同比增长 63.89%。截至 2023 年 6 月末的存量为 56062.88 亿元，环比增长 8.54%。而且，中国企业债的发行期限主要为 5—10 年，10 年期以上的企业债发行数量极少，整体趋势偏向于短期融资，不能满足企业长期融资需求。

企业投资，尤其是研发型投资，投资回报周期一般都比较长。如果没有长期资本支持，企业长期发展就会受到阻碍。中长期债券市场缺位会阻碍企业价值增长。此外，债券市场流动性较低，不利于长期债券发行。这也说明中国企业债市场价格发现效率还较低，有待于进一步完善。

长期来看，企业债市场还可能存在潜在信用风险危机。具体原因如下：

一是房地产行业的企业债信用风险：经济恢复未达预期，经济内生动力出现停滞。以房地产为代表的相关产业仍然面临着经济下行的挤兑压力，上下游产业链萎靡不振，信用风险将对企业债定价与发行产生较大影响。

二是城投行业的违约风险：城投行业融资政策仍在收紧，控增化存的持续性目标仍然没有改变。此背景下土地出让收入对于地方政府来说相较以前明显较少，城投企业技术性违约和非标准违约风险将持续存在。

下面给出中国企业债和公司债对比分析，如图 1-10 所示。

企业债和公司债对比分析

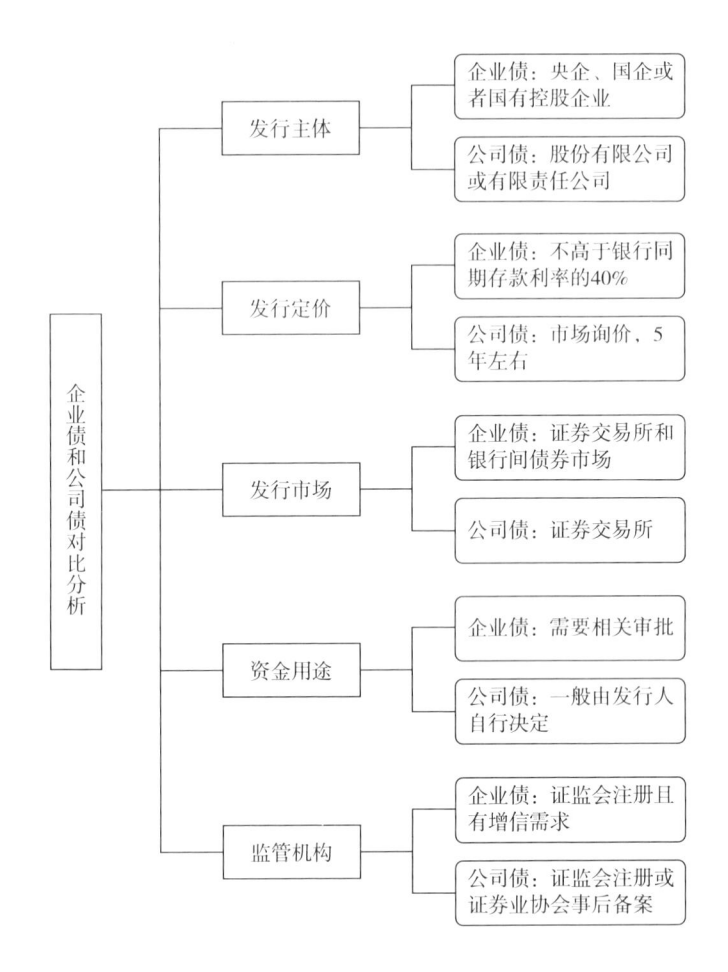

- **发行主体**
  - 企业债：央企、国企或者国有控股企业
  - 公司债：股份有限公司或有限责任公司
- **发行定价**
  - 企业债：不高于银行同期存款利率的40%
  - 公司债：市场询价，5年左右
- **发行市场**
  - 企业债：证券交易所和银行间债券市场
  - 公司债：证券交易所
- **资金用途**
  - 企业债：需要相关审批
  - 公司债：一般由发行人自行决定
- **监管机构**
  - 企业债：证监会注册且有增信需求
  - 公司债：证监会注册或证券业协会事后备案

图 1-10　中国企业债和公司债对比分析

第六节　企业债和公司债违约潮

一　企业债和公司债违约潮概述

（一）"刚性兑付"历史被打破——信用风险初现

"刚性兑付"往往被企业和投资者视为"债券市场无风险的政府保障"，因为政府的隐性担保常常被认为是"强制兑付"下的最后兜底承诺。由于投资者常常混淆企业债发债主体信用与政府信用，投资者对发债主体风险评估往往出现偏差。风险错位评估让其忽视了企业在市场中的实际运营指标，发债主体风险评估偏差和政府"隐性担保"在某种程度上加大了金融市场杠杆。信用利差收窄，市场资金配置出现错位，企业债和公司债定价就容易出现偏差，这都会导致债券市场良性发展不可持续，此时打破"刚性兑付"看起来就会势在必行。最终，政府行政化力量破除信用债市场隐性担保成为拉开信用债券违约潮的序幕。

2014年3月4日，上海超日太阳能科技股份有限公司宣告，其发行的"11超日债"第二期利息无法按期全额支付。中国债券市场上第一只违约债券就此宣告诞生。因此，2014年也被称作中国债券违约元年，这把中国债券一定能"刚性兑付"的隐性承诺拉下了神坛。投资者凝望着"零风险"市场静水上漾起了一层涟漪，感受到了深渊下显性风险似乎正悄然来临。

其实，在这次刚性兑付违约事件发生之前，已经有四例信用风险"黑云压城"，已有"山雨欲来风满楼"之势。2006年福禧投资公司32亿元违规拆借社保资金遭遇法院主要资产冻结，债券评级骤降后市场价格跌至60元。但由于以往刚性支付的"兜底效应"，最终还是用行政手段完成了债券支付。2011年山东海龙债务危机，比起福禧投资有过之而无不及。主体评级更是由A+跌至CCC谷底，债券评级也由A-跌至C级。还是幸亏有相关金融机构和政府及时介入，即汇丰银行和山东潍坊政府力挽狂澜，其短融债在最终到期日前6天得到及时兑付。

此外，2011年江西赛维危机可谓是上海超日违约危机的序曲。同样是光伏产业市场环境遭到挤压营业亏损，在展望负面效应下，其被预测为第一个可能发生违约的企业。但是，由于新余政府资金注入，这摊死水最终还是起死回生。其公司发行的"11江西赛维CP001"债券在到期日前4天成功完成了债券兑付。除了以上债券外，还有一个是2011年的新中基。在有5.26亿元银行借款预期资不抵债的背景下，主体评级、债券评级与上面所示三个事件的企业一样骤降，达到了CC级。最后，还是依靠国家信用这只大手，即新疆生产建设兵团和农六师托住了其避免堕入失约的"深渊"。

尽管有惊无险，但市场也已然做出了行动，许多发债主体评级骤降，二级市场债券价格出现大跌。但由于"刚性兑付"的存在，深渊之中有着"隐性"的安全网。政府公信力被作为企业信用光环，实质违约带来社会风险及债券市场良性发展两者犹如菩提树下的双生果实。除去一侧，另一侧也会遭遇反噬。债券市场上盘踞着大量投资者，破产清算后带来的社会问题和金融市场的稳定性还是成为当时政府无法触碰的"潘多拉魔盒"。尽管有许多学者和金融界专家表示刚性兑付打破有利于中国债券市场良性发展，但是，这种两难困境让金融市场众多主体陷入了穷途困境。谁去完成这个"破旧立新"，成为第一个吃"螃蟹"的人呢？结果已经知晓，上海超日第一个摘下了这个禁果，成为实质性债券违约"第一人"。

随着上海超日点燃导火线，2014年的火花可谓是溅射到不少企业。同年4月，私募债"13中森债"出现了1.8亿元兑付风波，成为中国第一例产生利息违约的私募债。之后的"12华特斯"发行人浙江华特斯破产重整，"12金泰""12津天联"面临着本金无法清偿以及利息无法补齐的违约危机，此次违约危机企业债违约规模达到了13.4亿元。

（二）经济增速放缓——过剩产能酝酿危机

当违约齿轮开始转动后，债券市场上仿佛随时回荡着信用风险的巨响。虽然债券"刚性兑付"被打破，但是投资者对国企、央企的债务偿付信心还是处于高位。因其背后公信力是其他性质企业难以望其项背的。

但2015年4月21日，保定天威集团有限公司发表公告，其无法按期兑付2011年度第二期中期票据，即"11天威MTN2"，国企债券从未违约的神话被打破。自此，2015年4月21日应付利息8550万元敲响了保定天威违约的"丧钟"，打响了国企违约第一枪。

2015年10月19日，中钢股份发布了将延期支付"10中钢债"所持本金10亿元和利息10600万元。于是，第二例央企债务违约落锤定音，这也是中国钢铁企业首次违约暴雷。

2016年4月6日，中煤集团山西华昱能源有限公司无法偿付"15华昱CP001"6亿元短融。自中国钢铁企业债务违约引爆后，煤炭这一大型产能违约炸弹终究是无法避免地爆炸了。由于资金链紧张，2016年6月，川煤集团未能按时足额偿付其2015年度第一期10亿元短期融资券"15川煤炭CP001"的到期款项，它也成为首家地方煤炭国企违约企业。

2015年和2016年违约规模分别为121.77亿元和389.77亿元，其中2016年违约规模是2015年的三倍以上。供给侧结构性改革直接影响产能过剩行业，行业转型高质量发展产生行业阵痛，这成为信用债券违约潮的一个重要原因。随着偿债高峰到来及金融去杠杆政策实施，那些在杠杆扩张期激进发行债券的企业都有可能面临兑付危机。

(三) 非标融资收缩——民营企业违约

国企债务违约后，民营企业债务违约开始呈现出爆发式增长。2014—2017年每年新增违约主体为5个、25个、25个和9个，然而，2018年债券违约主体高达43个。按照发债主体余额计算，当以2018年首次发生违约进行统计时，新增违约规模高达1417.6亿元。这意味着2014—2017年新增违约规模之和都达不到2018年违约规模。毫无疑问，2018年民营企业是债券违约的绝对主角。其违约率从2017年1.83%迅速攀升到5.34%，远高于国有企业违约率0.02%和总体违约率0.84%。

2019年，违约规模达到了新高峰，共有195家企业违约，违约金额达到了1621.39亿元。这些违约企业中包括了方正、东方园林、康得新和西王等知名企业。其中，北大方正于2019年12月2日在其发布超短期债券19方正SCP002未能按期偿付本息的公告后，成为中国首个违约的校办国企。自2018年开始出现集中违约以来，民营企业债违约情况并没有得到实质性改善。2019年初以来，新增违约企业中，大多数是民营企业，共计32家。

随着金融监管改革和非标融资收缩，企业流动性出现压力。2018年4月《资管新规》正式实施，非标融资受到了明显限制。数据显示，当年新增委托贷款和信托贷款步调一致迈入了大幅负增长步伐，而且这一形势在2019年得到延续。由此，一些严重依赖非标融资的大型企业开始面临现金流紧张，违约风险开始显露出来。2019年还出现了AAA级主体债券违约爆雷事件。这些爆雷事件与民营企业经营模式、投资策略、内部控制管理以及对外担保风险等多个维度有关。外部融资收紧，供给侧结构性改革进一步深化，内部银根短缺，杠杆迈入深水领域，再加上管理内耗催化，于是，2018年开始民营企业违约潮突如其来地激荡了企业债市场。

(四) 房企信用危机爆发——违约暴雷频出

早在2021年2月1日，华夏幸福就宣布发生了实质性违约，部分债务不能如期交还，涉及债务55.55亿元。2021年3月23日，华夏幸福又公布2020年度第一期中期票据发生实质性违约。2021年10月，花样年的2.06亿美元票据到期未付款，表示要暂时停牌。

2021年6月末，恒大集团"商票逾期"事件一经曝出，即三棵树事件，立刻把房地产行业拉入了寒冬。同年8月，由于2000多亿元的商票部分延期导致承兑失效，区域内部分项目出现了停工。9月恒大财富出现暴雷，员工本金偿付失败。2021年12月3日，恒大美元债出现了首笔违约，无法履行2.6亿美元的海外债担保业务，与债权人展期没有达成一致，导致了债务加速到期。2023年3月23日，恒大地产集团发行的"20恒大04"债券没有如期支付，展期利息共4.64亿元，这成为恒大在境内首只实质性违约债券。

在2021年7月之后不到一年时间内，国内债市和境外中资美元债市场共有43家新增违约企业，其中28家为房企，占比达到65.1%。此外，本轮房企违约更多地集中在境外中资美元债市场。自2021年下半年以来，新增违约家数达到27家，其中包括恒大、融创等大型头部房地产企业。相关数据显示，2022年基本延续了2021年的集中违约趋势，且比去年17.39%有了较大幅度增长。此次事件传达出违约企业有着较高的集中度特征，其违约主体主要分布于房地产管理和开发行业，相关企业共有22家，占比超过75%，相较于2021年的26.32%有着显著增长。

下面给出企业债和公司债违约脉络，如图1-11所示。

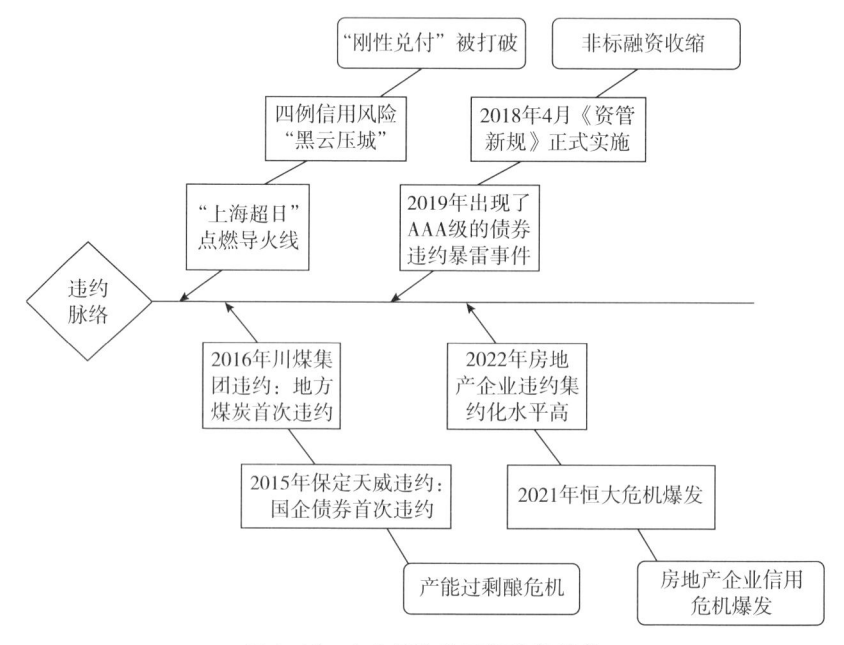

图1-11　企业债和公司债违约脉络

二 企业债和公司债违约潮原因分析

(一) 外部原因——宏观因素

我们通过分析关键时间点发现,外部宏观因素,如政府政策、行业发展特征等,往往对企业债和公司债违约潮有重要影响。

2007 年美国次贷危机和 2012 年欧债危机对中国经济产生了重要影响,中国政府为了刺激经济采取了一系列宏观政策措施。从 2008 年 9 月开始,一共降准 3 次,降息 5 次,法定存款准备金率下调了 1.5%,存款利率下调了 1.64%,中国政府进行了"四万亿"货币投放。2009 年累计新增信贷投放 95943 亿元,同比增长 95.63%。2011—2012 年宽松政策一共降息 2 次,降准 3 次,将存款基准利率下调了 0.5%,法定准备金率下调了 1.5%。在经济刺激和当时"刚性兑付"的隐性担保下,企业扩张步伐越迈越大。在此背景下,企业发债规模不断扩大,金融杠杆不断叠加。当经济热度上升后,资金口径一旦锁紧,债务延续就会出现问题。信贷紧缩出现融资困难,债券展期出现就会诱发债务违约。当刚性兑付制度被打破后,上海超日于 2014 年出现了中国第一个实质性企业债违约。

2014 年后,中国经济面临三期叠加状态,即经济增长速度换挡期、结构调整阵痛期和前期刺激政策消化期。

经济增长速度换挡期是指中国经济由 2014 年之前约 10% 高速增长阶段逐渐向 7% 左右中高速增长过渡,经济增长速度相对放缓。对比于之前 1979—2011 年长达 32 年年均 9.87% 的高速增长,经济速度放缓必然使市场活力下降,企业融资必然不如之前顺利,市场认知时滞性可能会与政策错配。

结构调整阵痛期是指多重结构调整。过剩经济、中等收入陷阱等多重因素相互叠加导致过剩产业面临压缩、低端产业面临升级及进出口产业面临优化重组。同时,劳动密集型企业面临人员素质优化,高素质劳动力必须紧跟经济发展步伐。除此之外,企业行业管制程度加强,资源和能源供给模式急需改革。总而言之,整个供给端必须深化调整,供给侧结构性改革势在必行。增量空间向存量空间过渡,过剩产能企业必须换血重组,否则只能扬弃。

前期刺激政策消化期是指之前"四万亿"的拉动内需政策让通货膨胀处于上行压力,市场流动性增加和经济增速放缓使得宏观经济调控压力增大。当时"中等收入陷阱"迷雾对中国经济未来发展存在隐患,预防社会系统性风险成为中国战略格局的重要任务。但与此同时,"四万亿"增发投资主要流入第二产业,第二产业比重显著增加,导致第三产业遭到挤兑,进一步增加产能过剩问题。再加上"四万亿"计划导致地方性债务急剧膨胀,民间投资遭到挤压,系统性风险指数陡然上涨。

经济下行压力下中国继续实行货币宽松政策,但在规模和质量层次上不再和上次一样"大水漫灌",而是采取"喷灌滴灌"形式,"多次少量"进行降准降息。如政府陆续进行了5次降准和6次降息,法定存款准备金率下调了3%,基准利率下调了1.5%。但由于产能过剩、企业效能低下,自身处于产业生命周期下行衰退期,发展空间受到约束。同时,伴随着政府提质增效和供给侧结构性改革去除落后产能的政策性调控,这些企业没有意识到转型破旧,而是蹭着货币宽松的政策拉大债务杠杆,最终导致杠杆没有翘起融资,一大批钢铁、煤炭等过剩落后产能企业产生了债券违约危机。

时间来到了2018年,中国开始金融监管改革,即确立当时的一行三会监管体制,开始进行全面动态监管。2018年4月,《资管新规》等金融监管政策出台,银行表外融资骤减,金融相关部门表外业务大幅缩水,杠杆率骤降。信托贷款、新增委托贷款和未贴现银行承兑汇票规模均呈现较为明显的缩水态势,分别净降0.69万亿元、1.61万亿元和0.63万亿元,非标融资出现严重压缩。

中国下发了《2018年降低企业杠杆率工作要点》,指出要积极稳妥地去杠杆和解决要素错配问题,清理影子银行。表内融资对于众多弱资质民企极其不友好。由于民营企业对于非标融资依赖很大,2015—2017年,非标融资占整个融资比重分别为43.9%、38.3%和15.4%,其中债券融资占40%。民营企业面临着较大融资压力和债务清偿压力,再加之经济相较去年有一个短暂回落、中美贸易摩擦和美联储缩表加息等影响,这就共同催生了2018—2019年民企债务违约潮。

接着,2021年1月1日正式执行房地产三条红线。房企融资新规在全行业全面实行,其红线内容如下:红线一是,剔除预收款的资产负债率不得大于70%。红线二是,净负债率不得大于100%。红线三是,现金短债比不得小于1倍。根据不同红线的触线情况,将房企划分为"红、橙、黄、绿"四档。红色档是,如果三条红线都触碰到了,则不得新增有息负债。橙色档是,如果碰到两条红线,负债年增速不得超过5%。黄色档是，碰到一条红线，负债年增速不得超过 10%。绿色档是，三条红线都未碰到，负债年增速不得超过 15%。房地产三条红线政策使得房地产行业去杠杆和结构性改革逐步深化。但中国许多房企经营模式是用高杠杆实现现金流运营，所以很容易就成为碰线企业。一旦碰线，自由现金流就会迅速下降，经营性现金流增长就会减弱，债偿资本支出就会迅速增长。资金流断裂无法运用债务融资进行企业运营，这是许多企业发生实质性违约的重要原因。

（二）内部原因——企业运营

首先，企业自身有着盲目扩张的非理智行为。企业启用过度投资战略，放大自身杠杆，导致自身资产架构长期处于不合理状态。企业长期多头发债导致负债占总资产比重过高，非流动性资产占比过高。同时，企业货币资金规模也会收缩，产品项目质量则会出现良莠不齐等诸多问题。高杠杆运营模式严重放大了企业风险。一些企业在市场流动性较强时，往往为追求高额利润进行短期、超短期债券发行。企业总是希望在较短时期内快速融到资金，但资金流向通常是长期投资。短期息债与长期投资回报通过滚动融资模式借新还旧实现资金可持续流动，这放大了期限错配风险。经营性现金流减少和投资性现金流增加导致对融资现金流严重依赖。由于融资受限，资金承压攀升，流动性危机所带来的资金链断裂问题就会导致债务危机出现。

其次，公司内部管理混乱和内部控制薄弱也是造成企业债违约的重要原因。企业内部负面消息暴露会使企业声誉受损，负面市场效应被点燃，企业信用度会大大下降。违规担保和资金占用会大大刺激流动性危机发生。例如，秋林集团未能有效对募集资金进行控制，在未经公司董事会及股东大会审议决策情况下，公司通过非公开发行债券"18 秋林 01"募集了 3 亿元资金，并将其用于为天津市隆泰冷暖设备制造有限公司开展保理业务提供质押担保。然而，这一决策最终导致公司亏损了 3.1 亿元。股权集中与越权管理等导致的问题都可能会引发债券违约危机。

三 企业债和公司债违约潮启示

（一）违约常态化对企业债定价的启示

债券评级制度改革刻不容缓。债项评级对于债券定价具有重要的指导作用，面对当前企业债违约常态化，规范债项评级管理具有重要意义。目前的主体评级对于债券评级的指导作用比较微弱，违约常态化下的突发违约事件，尤其是"黑天鹅"和"白犀牛"，使 AAA 主体对于债券发行利差的降低作用有着较为明显的影响。"刚性兑付"目前在债券市场地位已经瓦解，但隐性担保带来的债券定价相关关系十分显著。同时对于有国有性质属性的发债企业带来的隐性担保效应也对债券利差的作用十分明显。隐性担保对于不同评级债券的影响存在显著的异质性，但对于如 AAA 主体较高评级的债券有着较为明显的指示作用。所以，必须逐步完善中国债券评级体系、债券评价定性机制及债券评级结果检验机制。同时，异质性标准应该不断深化，不断完善投资者在债券市场上的结构和定位，逐步摆脱"刚性兑付"产生的隐性担保依赖。最后，也必须不断对企业价值信息进行整合与优化，让市场信息进一步完备。

违约风险的可视化探索也是十分重要的。我们应保持定价策略在企业和投资者之间良性传导，逐步加强信用评级对市场化债券定价的指导作用。之后，进一步将企业债定价、市场预期和债券评级相适应，完善违约风险测度，规范企业债发行规模和市场存量标准。这样会使违约风险的溯源在市场更加明确，更加"可视化"。企业债定价的风险定位、市场化发行效率及评级制度的市场化科学性改革是企业债定价科学有效的重要方面。

（二）违约常态化对企业战略发展的启示

首先，做好风险评估。企业在发行债券前，应该对自身的财务状况、经营状况、市场环境等进行全面评估。企业必须确定债券发行规模、期限、利率等，并且同时做好债券偿付计划。

其次，加强内部管理。企业应该建立健全内部管理制度，包括财务管理、风险管理、合规管理等，确保企业运营稳健，避免出现财务风险，同时提高信息透明度。企业应该及时、准确地披露财务信息，让投资者了解企业真实情况，避免信息不对称导致的风险。

最后，建立应急预案。企业应及时应对可能出现的债务违约风险，保障债券投资者的权益，同时控制债务规模，避免过度借债导致偿债能力不足。通过多元化融资渠道，降低债务集中度，减少债务风险。

（三）违约常态化对投资者的启示

首先，投资者应该多元化地收集相关信息。投资者在购买企业债之前，应该了解企业的基本情况，包括企业的财务状况、经营状况、行业竞争情况等。这些信息可以通过企业的财务报表、行业分析报告、新闻报道等途径获取。

其次，投资者应该选择信用评级较高的企业债。信用评级是评估企业债信用风险的重要指标，投资者应该选择信用评级较高的企业债，以降低违约风险。购买债券时将资金分散投资于多个企业债，以降低单个企业债违约带来的风险。并且注意不要将过多的资金投资于同一行业或同一企业，以避免行业或企业风险集中。投资者也必须密切关注市场变化，及时调整投资组合，以适应市场变化带来的风险。除此之外，投资者应当熟悉相关法律法规，包括企业债发行、违约处理等方面的规定，以便在违约事件发生时能够及时采取措施保护自己的合法权益。

最后，投资者可以寻求专业机构或专业人士意见，了解企业债风险和投资策略，以帮助自己做出专业的投资决策。

第七节 硅谷银行流动性危机

2023年3月10日，硅谷银行（SVB）发生流动性危机，停牌并宣告破产。成立于1983年的硅谷银行，主要服务于科技、互联网、生物、环境等初创型企业。截至2022年底，硅谷银行总资产约2090亿美元，总存款约1754亿美元。然而，2023年3月9日凌晨5点，SVB宣布出售其所有210亿美元的可销售证券，因此造成18亿美元账面亏损。这一恐慌性资产抛售造成SVB股价一夜间暴跌超60%，市值蒸发超94亿美元。随之出现大量挤兑，3月9日营业结束时，该行现金余额为-9.58亿美元。3月10日，美国联邦存款保险公司（FDIC）宣布关闭硅谷银行并成为接管方。此次硅谷银行的轰然倒塌，凸显了美国货币政策和银行内部经营的诸多漏洞和问题。前车之鉴，后事之师。本部分深入剖析了硅谷银行倒闭的原因，详细阐明了其倒闭对中国的影响，并给出了针对性的对策建议。

一 硅谷银行倒闭的原因

（一）美联储激进的货币政策

2020年新冠疫情暴发后，为挽救快速下滑的经济，美联储开始执行"大水漫灌"式的货币政策，而极度宽松的货币政策引发了严重通货膨胀。如2021年12月美国通胀率达到7%。持续高通胀对美国经济和社会稳定产生了严重冲击，于是美联储在 2022 年 3—11 月，转向连续加息政策，短时间内六次加息。如此激进的货币政策直接导致了偏好高风险投资的硅谷银行前期冒进投资行为和后期突然挤兑。

其具体破产过程追溯起来主要有三步：一是硅谷银行在流动性宽松时期吸收大量存款并配置大量中长期债券和美国国债。二是在美联储不断加息下，该行持有的中长期债券市值迅速缩水，导致其严重亏损。三是与硅谷银行前期的冒进行为类似，其主要服务的高新技术企业和初创企业也在宽松货币政策刺激下采取了过度扩张的经营行为。科创行业是对利率最敏感的行业之一，这直接导致美联储持续加息后这些企业融资越发困难，进而短期内大量提取其在硅谷银行存款，硅谷银行瞬间发生严重挤兑最终导致破产。

（二）硅谷银行内部经营管理问题

如果说美联储激进的货币政策是导致硅谷银行破产的外因，那么硅谷银行内部经营管理问题就是导致其破产的内因。归纳起来主要有两个方面：

一是硅谷银行前期激进的资产错配行为导致了其后期的资产缩水、集中挤兑和最终破产。疫情以前，硅谷银行的发展整体上较为平稳，一直贯彻着"小而精"的经营理念。然而，自 2020 年开始，受美联储"大幅放水"影响，硅谷银行为了吃上这波儿疫情宽松的政策红利，冒进式地加大了对证券类资产的配置。如其证券投资从 2019 年的 291 亿美元增至 2020 年的 493 亿美元，甚至到 2021 年的 1280 亿美元，这也推动其总资产从 2019 年的 710 亿美元连续增至 2020 年的 1155 亿美元和 2021 年的 2113 亿美元。这使得 2020—2021 年硅谷银行的证券投资与总资产分别增长了 3.40 倍和 1.98 倍。尝到了"冒进"的甜头，硅谷银行管理层并没有就此加强风险管理，而是选择继续采取激进措施以获取"暴利"。如其在没有优质客户的情况下开始低价竞争评级较差的高风险客户，甚至从事与数字货币、数字资产抵押相关的高风险业务。在美联储不断加息和数字货币监管趋严的双重压力下，硅谷银行这种激进冒险的经营行为让其持有的债券资产价格暴跌，最终导致其流动性枯竭直至破产。

二是硅谷银行客户结构集中且单一。如硅谷银行主要服务高新科技企业，其经营上采取的是投贷联动模式。这些高新科技企业还款来源一般为下一轮风投资金或被第三方收购的收购款,如果没有下一轮风投入资或创投企业不被收购,资金来源将缺乏持续性。而2022年美国科技股面临熊市,科技公司作为硅谷银行重要客户集体出现融资困难,进而集中大量提取其在硅谷银行存款。在短期利率高的背景下,硅谷银行选择出售浮亏证券以应对短期流动性危机,造成客户集体恐慌,发生大规模挤兑,这最终导致硅谷银行破产。

二 硅谷银行倒闭对中国的影响

(一)从世界金融危机视角看对中国的影响

从世界金融危机视角看,硅谷银行倒闭不会带来世界金融危机。2008年国际金融危机以来,欧美发达国家的银行监管体系已逐渐成熟,且在多维的救助模式下,短期看SVB、瑞信引发系统性风险概率较小。尽管硅谷银行倒闭在世界范围内引发了一定程度的金融恐慌,部分美国中小银行接连发生"暴雷",这种恐慌也蔓延到了欧洲、日本等国家,甚至导致欧美多家银行股价和科技股价大跌,但硅谷银行倒闭不会带来世界金融危机。主要原因如下:一是硅谷银行倒闭与雷曼兄弟倒闭的原因不同,雷曼兄弟倒闭的主要原因是对CDO(担保债务凭证)和CDS(信用违约掉期合约)市场的深度参与具有全市场违约传染性,而硅谷银行倒闭的主要原因是硅谷银行管理层冒进的经营管理模式和高风险客户结构单一,属个体问题;二是硅谷银行最高资产2200多亿元远小于雷曼兄弟倒闭前的6400多亿元,且其在美国金融体系中的重要程度也远小于雷曼兄弟;三是雷曼兄弟刚倒闭时美国政府基本奉行的是市场自行调节消化的原则,而此次硅谷银行破产后,美国政府吸取了教训,采取了一系列风险处置措施;四是从美国历史来看,如美国银行存量从之前的1万多家陆续倒闭到现存的4700多家。综上,硅谷银行倒闭不会带来世界金融危机,对中国影响也有限。

(二)对中国金融市场及金融机构的影响

从中国金融市场视角,硅谷银行倒闭长期来看不会对中国金融市场产生太大影响。中国A股市场和港股市场就目前来看尽管短期内受到一定程度冲击,但鉴于中国多年来"稳健的货币政策"和国内外一致看好中国经济增长的预期,长期来看中国金融市场受此影响不大。如从3月10日硅谷银行宣布破产以来,中国多家A股和港股上市公司陆续公告了其在硅谷银行的存款风险敞口,均表示此次事件对公司影响不大。如硅谷银行倒闭的近一个月内,上证A股指数在3月7日经历最高点之后开始下跌,经历3月10日最大1.4%跌幅后开始横盘震荡,3月30日后开始企稳,直到4月4日实现四连阳,与3月7日最高点相比仅跌幅0.9%。整体来看,硅谷银行对中国国内金融市场的影响有限,但仍需密切持续关注此次事件后续发酵和美联储货币政策的进一步动向。

从中国金融机构视角,受益于多年来稳健的货币政策,中国银行间流动性合理充裕。加之近年来强监管不断化解金融风险,目前中国金融机构风险整体上是收敛的,故硅谷银行倒闭不会对中国金融机构造成整体冲击。如中国国内整体利率中枢稳定性远高于欧美市场,国内银行配置以国内债市为主,因此,国内银行系统不会受到硅谷银行破产事件的太大冲击,依然较为稳健。目前与硅谷银行有直接联系的就是浦发硅谷银行。该行成立于2012年,硅谷银行与浦发银行各出50%股份,在沪设立浦发硅谷银行。在硅谷银行宣布倒闭后,浦发硅谷银行紧急声明,其是一家独立运营的银行,同时浦发硅谷银行的绝大多数客户为境内经济较发达地区客户,资本充足,资产负债结构较好,与SVB关联交易较少。同时浦发硅谷银行对浦发银行的贡献和影响均很小。

(三) 对中国科创企业和科创行业的影响

对中国部分科创企业在硅谷银行的存款偿付问题、其短期内海外筹资渠道问题和投资者对科创行业的长远投资信心等问题,要给予足够关注。除了浦发硅谷银行,硅谷银行母集团硅谷银行金融集团(SVBFG)在中国还有一些资产。天眼查显示,SVBFG还在上海、北京、杭州等地投资了14家公司,其中8家仍在存续状态,硅谷银行倒闭无疑对与其有业务往来的企业有直接影响。自2006年以来,硅谷银行一直活跃于中国,为包括腾讯、阿里巴巴和百度在内的中国科技巨头提供服务。该行通过其在上海、北京和香港的大中华办事处与许多中国科技公司建立了关系。硅谷银行与中国科技公司的关系不仅限于融资,它还提供银行服务,包括外汇、现金管理和投资银行。此外,硅谷银行提供了宝贵的商业资源,包括人脉机会、行业报告和研究见解。硅谷银行破产后,国内包括诺亚控股、SOHO中国、美团、九安医疗等在内的不少机构纷纷发布回应,澄清与其业务往来及影响情况。从声明来看,多数企业表示影响不大,但存款偿付需要时间,而且对于之前和硅谷银行有业务往来的企业,尤其是依赖硅谷银行融资的中小科创企业,无疑是一个沉重的打击。硅谷银行关闭可能会使中国初创企业较难在短期内从美国投资者那里筹集资金，未来，中国初创公司想要在美国寻找合作银行与投资者，也会更加困难。

此外，投资者对科创行业的长远投资信心对中国科创行业发展的影响也应得到关注。可喜的是，近年中国本土创投行业对美元基金的依赖度已大幅降低。根据清科统计，2022年中国股权投资市场新募人民币基金LP中，国有控股及国有参股主体出资已占到73.2%，已开始呈现国资引导产业升级和转型的特征。

三 硅谷银行倒闭对中国的启示及对策建议

（一）加强中国银行体系监管力度，完善风险预警机制

硅谷银行之所以出人意料地破产，是由于美国监管部门的疏忽或者说对于潜在风险的不重视。硅谷银行两年一次自行开展资本压力测试，无须进行监管资本压力测试，流动性覆盖率（LCR）、净稳定资金比例（NSFR）也没有监管要求，而这一宽松的监管环境，导致其过度膨胀。事实上，2010年出台的《多德弗兰克法案》要求资产在100亿美元以上的银行都要进行年度压力测试。然而，随着经济复苏，加上银行监管成本过高，2018年美国又通过了《促进经济增长、放松监管要求、保护消费者权益法案》，减轻了对中小型银行的监管要求，将压力测试门槛都提高到了2500亿美元，而硅谷银行倒闭之前的规模为2200亿美元。不仅如此，由于资产规模不够大，硅谷银行也无须满足流动性覆盖率（LCR）、净稳定资金比例（NSFR）要求。这也是为什么硅谷银行在经历了存款资产急速扩张（2021年底存款约是2019年底的三倍），又迅速收缩（2022年下降9%），未能维持合理流动性水平以应对持续存款流出风险的原因。因此，建议中国监管部门进一步加强银行体系监管力度，完善金融风险预警机制。具体如下：

一是要加强对中国中小银行的流动性监管，尤其是加强对中国区域性中小银行的监管。现有银行监管框架降低了中小银行合规成本，但风险爆发后监管当局又不得不出手兜底，破坏了市场纪律，形成道德风险，为下一次危机埋下了种子。中国区域性中小银行面临的风险不容忽视，许多中小银行长期扎根区域经济，资产行业集中度很高，而行业风险最终都会成为银行的压力。例如，随着经济低碳转型，高碳产业集中的区域城商行资产问题将逐步暴露。与此同时，硅谷银行事件也显示，哪怕

是高增长潜力行业在下行周期也可能对银行造成巨大压力。中国绿色贷款、普惠贷款增速远超平均贷款增速，但如果缺少价格信号发挥指引作用，最终也可能对银行形成拖累。

二是要充分利用风险管理工具，进一步修订、完善和补充银行流动性风险方面的监管指标。受硅谷银行破产恐慌情绪影响的瑞士信贷，虽然其满足全球系统重要性银行所要求的资本和流动性标准，但基于现有压力测试，其流动性覆盖率足以应对压力时期持续超过一个月的大量资金外流。然而，这仍然低估了市场的恐慌程度和资金外流速度。需要重新思考压力测试并将风险传染渠道纳入。一方面，在情景设定时，全面考虑宏观和微观经济变动因素、交易对手信用变化，评估银行短期应对流动性停滞的敏感性以及中长期内解决资产负债期限错配的能力。另一方面，监管当局应重视开展银行压力测试，尤其是开发能模拟金融风险传染的宏观审慎压力测试，构建金融风险监测指标体系，丰富审慎政策工具箱，以防范系统性金融风险。要注意银行风险监测指标的灵敏科学，避免风险监测指标缺失引发监管风险。

三是要严厉打击违法金融活动，加强对"影子银行"的规范和监管。硅谷银行倒闭令影子银行潜在风险问题变得更加紧迫，因为硅谷银行是风投基金和私募股权基金的主要融资提供商。紧随其后陷入困境的瑞信集团也向这些影子银行机构提供了各种形式的信贷额度。因此，中国要加强对从事高风险业务的金融机构进行排查监管，对从事非法金融活动的金融机构依法处置，警惕"影子银行"风险的爆发，提前作出应对预案，将各类金融活动依法全面纳入监管，消除监管真空。

四是要对中国银行采取差异化资本监管。中国银行数量多、分布广，在业务规模和风险特征等方面具有较大差异，采取差异化资本监管更加科学合理。随着银行业发展，不同银行总体风险出现了较为明显的分化。部分银行能够在业务发展壮大的同时将风险保持在较低水平，也有部分银行面临较高的风险。中国《商业银行监管评级办法》是对现有监管评级政策的完善和升级，是新形势下提高中国商业银行监管评级精细化程度的一项基础性制度。其将机构差异化要素作为评级要素之一，并赋予5%的权重。但在实际执行中仍然需要重视不同类型机构的差异，否则，基于总体上统一标准的监管评级，可能会导致部分中小银行在业务开展上受到限制，进而可能加剧不同类型银行的分化。此外，目前中国银行风险评级体系仅以年度为周期对商业银行的风险情况进行评估，缺少及时识别风险的机制，对风险的前瞻性不足。建议有必要建立具有时变性的风险预警指标体系、缩短商业银行风险评估周期。差异化资本监管不降低资本要求，在保持银行业整体稳健的前提下，激发中小银行的金融活水作用，减轻银行合规成本。

五是要充分发挥中国"一行一局一会"新金融管理格局作用。2023年3月10日，十四届全国人大一次会议表决通过了关于国务院机构改革方案的决定，中国人民银行专注货币政策和宏观审慎监管，金融监管总局集机构监管与行为监管于一身，证监会则专司资本市场监管。这次改革方案已经在顶层设计上对加强中央和地方金融监管协调机制建设进行了总体布局和规划。接下来，还应该在具体运营细节上进行优化：如进一步厘清中央与地方金融监管事权边界；完善金融监管权配置的法治供给，压实风险处置责任；以新兴业务监管作为抓手，增强中央和地方对金融监管的合力；坚持促发展和防风险并重，坚持市场化法治化原则，更好发挥政府作用，正确把握金融发展和金融监管的关系。对标现在的中国式现代化高质量发展的目标要求，金融领域存在一系列供给与发展需求错配的问题。主要表现为监管滞后，缺乏前瞻性；面对问题，缺乏有效引导，没有给市场博弈留下足够的空间；政策执行弹性大、规则不明晰。未来，金融行业从业人员要与货币发行部门、金融监管部门更加紧密合作与配合，坚持金融服务于实体经济，守住不出现系统性金融风险底线，为中国经济社会高质量发展贡献金融力量。

（二）加强完善金融风险的处置机制

此次硅谷银行倒闭事件，美国为了防止事件的外溢效应，主要采取了以下措施。救助措施主要包括三个层面：一是直接赔付支持；二是流动性支持；三是额外措施支持。值得注意的是，美国的救助措施以市场化为主。首先，区分出系统性重要银行，如果是系统性重要银行，财政部和有序清算基金参与其中；如果不是，则市场化退出。其次，美国中小银行退出市场是常态化事件，美国联邦存款保险公司（FDIC）在美国中小银行退出市场时承担了非常重要的职能。在市场化退出过程中FDIC承担了提供存款保险、作为清算破产银行接管人两大任务。FDIC处理问题银行的方式多采取三类途径，以市场化收购兼并为主，辅以政府经营救助和破产清算。不论是FDIC对问题银行的干预还是后面的处理方式，都体现了最大保护储户权益和最低成本付出的原则，可以作为以后处理类似问题的借鉴。此外，中国《存款保险条例》于2015年正式施行，这标志着中国存款保险制度正式建立，各家银行向保险机构统一缴纳保险费，一旦银行出现危机，保险机构将对存款人提供最高50万元的赔付额。但是除了赔付功能外，存款保险机构的其他功能应当得到高度重视。建议中国继续完善健全商业银行市场退出机制，强化落实存款保险基金管理机构职能，充分发挥其早期纠正、风险处置、破产处置等职能，提高风险处置效率，节省公共资源。

此外，结合中国历史上对问题商业银行的处置措施来看，中国也在加快形成市场化风险处置机制。在之前对于中国破产银行的处置大部分采用的是公共基金救助，但同时也付出了很大成本。后面逐渐采取银行自救，自救不成再处置的风险处置机制，这大大降低了成本。但是商业银行风险种类多样，程度由轻到重也可划分成不同等级，所以需要丰富风险处置工具箱，针对不同风险种类和风险严重程度提供最适的风险处置工具。建议在商业银行风险处置实践中基于处置成本最小化原则、市场化原则以及减少公共资金支出的目标，探寻更多适用于中国处置情况的市场化风险处置工具，并对各类风险处置工具的使用规则作出详细规定。而存款保险制度可以采取市场化手段提供资金支持，降低行政干预，减少公共资金的支出。未来在商业银行风险处置中，应该将存款保险制度放在核心地位，并在法律中区分存款保险制度和最后贷款人制度两者的责任边界，把最后贷款人制度作为提供备用风险处置资金的来源，严格规范最后贷款人制度的资金使用条件，同时拓宽渠道来保障存款保险基金的充足性。

最后，建议针对可能发生的各类重大金融事件，更新完善金融风险处置的应对预案，吸取别国教训，探索多种市场化、法治化方式，支持中小银行化解风险和补充资本。一是对有问题的银行或者申请救助的银行进行精准评级、条件约束，在发生重大风险之前采取纠正措施，目的是让其对自己的经营负责，降低道德风险。二是让接受救助的银行提供相应的对价。三是完善、创新不同的流动性工具，来针对性地补充流动性。四是建立市场化的金融机构退出机制，健全金融安全网，防范道德风险，避免将风险处置过程中的损失和成本转嫁给公共资金。

（三）中国银行内部加强自身运营管理和风控能力

首先，建议银行在经营管理中应该始终坚持安全性、流动性、盈利性的顺序原则。不要顺序倒置，不要只看盈利，不顾风险。要保证自身流动性储备充足，分散投资不同类型组合，尽量避免发生流动性危机，强化稳健经营。一方面，银行机构要审慎制定发展策略，不可盲目扩张，发展的质量和稳健性远远高于规模。另一方面，优化资产负债结构，提升抗风险能力，在保持流动性、安全性的基础上，让息差实现最大化。一是银行要加大对行业发展前景的研究，了解行业需求和风险，做好信贷结构调整。二是银行应该更多吸收以结算性资金为主导的低成本稳定负债，尽量减少对于高成本负债的依赖。三是疫情过后，银行要提防期限错配。尤其是中小银行的流动性指标普遍偏弱，流动性风险管理相对不足，银行要强化负债业务管理，拓宽负债来源，优化负债结构，增强银行负债与资产在期限、币种、利率、汇率等方面的匹配度。

其次，中国银行应加强完善风险管理架构，提高全面风险管理水平。硅谷银行年报显示，该行风险管理体系依赖于很多定量和定性风险模型。这些模型往往基于大量假设、历史情况分析，一旦模型和风险管理框架与现实情况差异较大，将带来较大损失。因此，中国各类银行应根据自身发展规模、业务类型、服务对象、资产负债结构等因素采用更加有针对性的风险管理模式，并根据国内外经济金融形势和自身发展阶段适时进行重新评估和主动调整。

最后，中国银行应不断提高风险识别、风险计量、风险缓释技术、风险监督等能力水平，借鉴国外风险管理经验，结合银行自身发展现状，不断完善银行风险管理体系。一是提升员工风险管理意识，定期组织全员学习最先进的风险管理理论与方法。二是完善组织结构，提高各部门协调组织能力，保障风险管理部门高效运行。三是重视信息收集和整理，完善风险管理信息系统，提高风险管理的自动化能力和信息化水平。四是密切关注行业、区域、客户、产品的风险集中度，适度分散资产组合。中国商业银行在利用比较优势专注发展某一领域客户和业务的同时，要根据银行自身业务规模、复杂程度、偏好等设定现金流缺口限额、负债集中度限额等流动性风险限额。因为银行负债端小额分散同样可以分散风险。五是不断加强银行内部风险管理部门的管理水平和执行力。开展全面精准的风险评估和快速预警并且针对自身发展现状制定更新应对不同风险的处置机制。

打铁还需自身硬,银行要想发展得好,就要更加注重资本管理,做好资产负债摆布、加强流动性管理、完善公司治理、精细化风险管理来预防个体风险,要经得住市场考验不断提升自身经营管理和风险管理水平。

(四) 为科创企业建立安全通畅的融资渠道

硅谷银行倒闭无疑使得美国科创企业和中小企业的发展雪上加霜,融资变得难上加难。科技是第一生产力,创新是第一动力。科创企业发展对中国经济发展起着重要作用,中国金融机构要加大对实体经济支持,尤其是科创企业,持续优化科创企业金融服务。这不但需要政策支持,也需要具体可行的落地措施,打通科创企业融资渠道,并制定相应的风险管理制度,做到稳健发展、安全发展。

2023年3月27日,央行降低金融机构存款准备金率0.25个百分点(不含已执行5%存款准备金率的金融机构)。这将有助于引导金融机构进一步加大对实体经济的支持力度、降低融资成本。此次硅谷银行倒闭事件表明,如何处理好具有重要创新活力的科创企业融资问题仍是重要且具有挑战性的课题。中国应在防控金融风险的前提下探索适合科创企业融资的专门渠道,并进行专门化管理,既解决科创企业融资难问题,又能对科创企业融资风险进行监管。

(五) 抓住机遇进一步推进人民币国际化

从疫情前美国的"大水漫灌",到疫情后美联储不断疯狂加息,再到硅谷银行倒闭,都令美元在全球的信用和影响力进一步下降。而中国经济正在温和复苏,国内外投资者普遍看好中国经济,在国际货币市场人民币地位会进一步提升。

党的二十大报告提出,要有序推进人民币国际化。人民币国际化无疑能降低美元体系带来的风险,是支撑中国经济崛起和可持续发展的重要力量。然而,人民币国际化程度与中国占世界经济贸易比重不相称。相对于经济规模,中国资产在全球投资组合中的比重明显不足。此外,A股市场的整体估值目前也处于历史较低水平。硅谷银行倒闭不是个例,美国连续加息对美国其他银行的影响一定是深远的,且当前美元融资成本显著上升,人民币优势愈加明显。

为了避险,各国都在去美元化,而这时也是人民币融资成本优势的时间窗口，建议中国抓住机遇推进人民币国际化。一是支持地方政府、金融机构、企业等在境外发行人民币计价债券，丰富境外人民币保值增值工具。二是积极发展国际贸易，建立稳定、发达的人民币跨境结算系统，鼓励更多企业使用人民币结算。三是建立安全、稳定的金融市场，加快金融市场向制度型开放转变。四是提高中国外汇和金融市场开放程度，构建更加友好、便利的投融资环境。五是提升在开放条件下跨境资金流动的管理能力和风险防控能力，建立健全本外币一体化的跨境资金流动的宏观审慎管理框架，防范跨境资金流动风险。

第八节 本章小结

本章主要研究了流动性和流动性风险、信用风险、金融危机、企业债和公司债发展概述及违约潮、硅谷银行破产原因及对策等。

首先，本章基于流动性这个宽泛的概念，根据不同视角和层次，将流动性划分为宏观经济流动性、银行流动性和市场流动性，并对它们的概念、风险及调节效应进行了详细介绍。其次，本章分析了信用风险的概念、分类及影响因素，并对信用风险的危害和管理策略进行了阐述。再次，本章分析了金融危机的形成机制、传染效应及防范措施。再次，本章详细阐述了中国企业债和公司债的发展概述，并对企业债和公司债违约潮进行了分析。最后，本章对硅谷银行破产的原因和影响进行了深入分析，并给出了对策建议。

第二章 文献综述

本章对流动性定义测度及溢价、信用风险定义测度及溢价、流动性风险与信用风险间交互作用及其溢价、债券市场与股票市场联动效应相关中外文文献进行了系统梳理和评述。

第一节 流动性定义、测度及溢价

一 流动性定义的提出

流动性作为金融市场的重要特征，较早得到了相关学者关注。流动性研究已有几十年历史，但迄今为止并没有形成统一的测度标准。从理论角度，Hicks（1962）将流动性描述为市场价格将来的波动性或者立即执行一笔交易的可能性；Bagehot（1971）认为由于信息不对称影响，流动性为一笔交易对市场价格的冲击力，以及由于做市商的价格政策而导致的交易成本比例；Grossman 和 Miller（1988）认为流动性是当前报价和时间下执行交易的能力；Harris（1990）则认为，有良好流动性的市场在极短时间内完成任何数量证券交易时，能实现交易成本最小化。

从另一个角度，Amihud 等（1986）描述流动性定义时用非流动性来表示，并认为非流动性是无法在既定时间内以合理价格卖出的风险。Liu（2006）将流动性总结为三个维度，即交易成本、交易速度、价格冲击。也有学者从交易引起市场价格波动或冲击的角度研究流动性，相关文献可以参考 Bagehot（1971）和 Glosten 等（1988）。流动性的交易成本、交易时间和交易速度维度也得到关注，如 Amihud 等（1986）、Harris（1990）和 Liu（2006）。关于流动性定义，早期相关文献归纳起来主要从宽度、深度、即时性和弹性四个维度展开，流动性多维度的特征决定其很难用一个统一的指标来进行测度。

本书分析了早期学者关于流动性内涵及定义的相关文献，并对其进行了梳理和分析。从文献梳理来看，学者们大多基于流动性的某一个或几个维度展开研究，并且也很难形成一个统一的流动性定义。Díaz 和 Escribano（2020）对金融市场流动性的多维度性测度进行了系统研究。下面给出流动性提出、维度及定义的相关描述，如表 2-1 所示。

表 2-1　　流动性定义的提出及维度

代表文献	流动性定义的提出	定义维度
Black（1971）	流动性是任何数量证券可立即交易且一定时间数量证券按接近市场价格成交	即时性、价格冲击
Copeland 和 Galai（1983）	交易商在提供流动性时可能有与知情交易者进行交易的风险	流动性与信息不对称
Kyle（1985）	流动性有许多市场交易特征，密度（宽度）、深度、即时性、弹性	宽度、深度、即时性和弹性
Lippman 和 McCall（1984）	资产流动性是能否以可预期的价格迅速出售	宽度、深度、即时性
Grossman 等（1988）	流动性是当前报价和时间下执行交易的能力	宽度、即时性
Amihud 和 Mendelson（1989）	流动性是在一定时间内成交的成本，也是以理想价格成交用的时间	宽度、即时性
Levine（1991）	市场流动性增加保证金融市场运转，促进资源有效配置和经济增长	市场、资源配置、经济增长
Schwartz（1993）	流动性市场有深度（价差）、广度（价格冲击）和弹性	宽度、价格冲击和弹性
Massimb 和 Phelps（1994）	流动性是立即执行交易的能力，小额交易不会导致市场价格大幅变化的能力	即时性、价格冲击
Glen（1994）	流动性是迅速交易而不造成价格大幅变化的能力	宽度、即时性
Harris（1994）	有低价差的资产通常有高交易量	价格冲击
Bolton 和 ErnstLudwig（1998）	流动性影响企业最佳股权结构，股权分散有利于提高流动性，不利于经营权集中	流动性与信息不对称
Degryse（1999）	有效价差与交易规模成"U"形	宽度、深度
陈启欢和杨朝军（2005）	构建了包含价格、交易量和交易时间的市场流动性综合测度指标	宽度、深度、即时性
Liu（2006）	将流动性总结为三个维度：交易成本、交易速度、价格冲击	宽度、即时性、价格冲击

续表

代表文献	流动性定义的提出	定义维度
苏辛和周勇（2015）	构建市场流动性因子，度量流动性及流动性风险	价格冲击
Helwege 等（2014）	剥离信用风险成分，提取出流动性溢价，研究流动性溢价影响因素	宽度、即时性、价格冲击
李宏等（2016）	研究了股票收益率反转与流动性差异，证明了不同国家金融市场间存在差异	价格冲击、深度、即时性
Moshirian 等（2017）	基于市场水平和公司水平，构建指标研究了共通流动性风险定价及决定因素	宽度
Lou 和 Shu（2017）	发现 Amihud 测量的定价是由交易量成分驱动的	价格冲击、深度
钟宁桦等（2018）	研究了交易所同一只信用债同一天在两种交易方式下的价格差与流动性溢价	价格冲击、深度
Chung 等（2019）	通过量价交易构建了一个市场流动性的测度指标	价格冲击
张宗新等（2020）	研究了经济政策不确定性对股票债券市场流动性的影响	价格冲击
Huang 和 Shi（2021）	研究了流动性对企业债收益率的影响	价格冲击、深度、即时性
Amihud 和 Noh（2021）	分解了流动性，并发现与流动性不足有关的一个组成部分被定价	价格冲击、深度

从表 2-1 可以看出，流动性具有多维度性特征，学者给出的流动性描述并不能包含流动性的所有维度和方面，其定义难以达成一致。但代表性文献研究发现，学者主要从宽度、深度、即时性、弹性、价格冲击几个维度对流动性定义展开描述和研究。

认识流动性的多维度性有助于全面准确测度流动性，下面对流动性几个维度的含义及特征进行分析。

市场宽度是最佳卖价和最佳买价之差，用于衡量潜在订单执行成本。在竞价市场一般可用市场上未成交的有效订单的最高买价和最低卖价之间的差额。买卖价差分为三部分：逆向选择成本、订单处理成本和存货成本。在竞价市场，订单处理成本常低于做市商市场，竞价市场买卖价差中订单处理成本因素也低于做市商市场。买卖价差是衡量交易成本的直接指标，其缺点是对交易规模不敏感。

市场深度指报价深度，即在某个特定价位上的订单数量。深度指标也可以计算其相对值,即深度的绝对值与已发行流通股本或市值的比率。缺点是做市商或竞价市场流动性提供者通常不愿披露其愿意在该价位上进行交易的全部数量,因此买卖最佳报价数量不能代表真实市场深度。

即时性是执行时间和频率,前者是从订单到达到订单执行的间隔,后者是在特定时间内的交易次数。即时性优点是衡量方法简便,缺点是限价订单的执行时间与其价格密切相关,交易频率与市场波动性有关,且没有考虑价格变化的影响。

弹性是从价格变化到恢复均衡价格所需时间,是由交易引起价格波动消失的速度,或订单簿中买单量与卖单量间不平衡调整的速度。经常用当前最佳卖价与下一个最佳卖价差额或相邻两次订单价差来测度。弹性优点是考虑了价格变化影响,缺点是选择均衡价格带有很大的随意性,没有考虑新到达的信息对价格变化的影响,且与市场波动有关。

价格冲击指标是为了克服买卖价差和交易量衡量流动性的不足,结合价格和交易量关系综合衡量流动性的指标。其考虑了交易量对价格的影响,从多个维度测度了流动性,但是没有考虑时间因素。

二 流动性测度

随着全球金融危机的爆发,流动性测度已引起学术界的重视,较多学者对流动性测度方法进行了研究。由于流动性包含了市场交易许多特征,具有多维度性,故流动性测度主要从流动性的不同维度展开,归纳起来主要有两个方面:一方面,基于单一维度,主要从宽度、深度、即时性、弹性某一维度展开;另一方面,基于两个及以上维度或多指标综合构建测度方法,如考虑了量价关系的价格冲击指标或包括多类指标的综合测度。

单一维度测度方法研究起步较早,也相对成熟。早期文献基于流动性的不同维度切入描述角度不同,因而构建了许多不同的流动性测度指标。这些测度指标不仅考虑了流动性不同特征的刻画,也考虑了数据的可获得性和可处理性。如 Roll(1984)在特定的假设下构建了流动性指标,他用两个连续收益率负协方差的二次平方根表示流动性测度指标,反映了流动性宽度维度。也有学者从买卖价差角度构建宽度维度流动性测度指标,如 Hasbrouck(2003)、Chordia 等(2008)、Han 和 Zhou(2008)及 Helwege 等(2014)。市场深度的流动性测度主要从交易数量入手,Coppejans 等(2003)通过研究价格偏离中间价 k 个最小报价单位所需要的卖出（买入）数量，来测度流动性风险。Chen 等（2007）用零交易天数从交易活跃度方面构建了即时性维度的流动性测度。换手率是反映流动性即时性维度的重要工具，有的学者通过零收益天数比率构建了流动性测度指标。流动性测度的另一个维度是弹性，Muranaga 和 Shimizu（1999）研究了买卖价差的变化率，Foucault 等（2005）通过构建 DEF 动态均衡模型研究下次交易前买卖价差恢复到竞争性水平的概率，从弹性维度研究流动性风险水平。Helwege 等（2014）构建了 IQR 价格振幅的流动性测度，通过剥离信用风险成分，提取出流动性溢价，研究了流动性溢价的影响因素。张宗新等（2020）构建了交易量与收益率之比的流动性测度，研究了经济政策不确定性对股票债券市场流动性的影响，发现了两市场的流动性协同运动。Amihud 和 Noh（2021）构建了一个新的流动性测度对流动性进行了分解，并发现与流动性不足有关的一个组成部分被定价。

也有学者考虑从多个维度构建流动性测度指标，常见的是交易量对价格冲击相关文献。Kyle（1985）和 Glosten（1988）是较早通过价格冲击测度指标研究流动性风险的学者，他们分别构建了市场深度模型和交易成本动态模型，研究了价格和交易量之间相互影响和敏感程度，以研究流动性风险。之后有许多学者从价格冲击出发研究了流动性测度，如 Hasbrouck（1991）、Amihud（2002）、Downing 等（2005）、Bao 等（2011）等。Amihud（2002）基于 Kyle 的理论，考虑交易量对价格的冲击，从市场宽度和深度两个维度构建了一个非流动性测度指标。类似地，Downing 等（2005）将极端值考虑进去，从量价关系出发构建了一个 Range 测度，作为非流动性测度指标。Bongaerts 等（2017）从流动性水平和流动性风险的多维度构建流动性测度研究企业债定价，发现流动性水平和市场流动性风险敞口影响债券的预期收益。Díaz 和 Escribano（2020）对金融市场流动性的多维度性测度进行了系统研究。

综上，学者们对流动性测度的研究主要基于流动性的几个维度展开，认清流动性测度构建方法及代表文献的主要贡献，对认识流动性的内涵及构建流动性测度具有重要意义。基于此，本书梳理了大量流动性测度相关中外文文献，对代表性文献的主要贡献进行了总结。下面对代表性文献研究的主要贡献从流动性的宽度、深度、即时性、弹性、价格冲击几个维度绘制成表，如表 2-2 所示。

表 2-2　　　　　　　　　　　流动性测度代表文献及主要贡献

维度	代表文献	主要贡献
市场宽度	Roll（1984）	基于相邻价格负相关构建价差估计模型
	O'Hara 和 Oldfield（1986）	把买卖价差定义为对做市商提供即时交易服务的补偿
	Hasbrouck 和 Schwartz（1986）	方差比率或市场效率系数是长期回报方差与短期回报方差之比
	Hasbrouck 和 Schwartz（2009）	基于执行成本和隐藏成本给出交易资产的流动性成本测度
	George 等（1991）	买卖价差逆向选择成本8%—13%，订单处理成本是最主要因素
	Hasbrouck（1993）	提出了一种建立在市场有效前提上的价差估计模型
	Petersen 和 Fialkowski（1994）	证明了买卖价差和投资者支付的有效价差间存在差异
	Huang 和 Stoll（1996）	把有效价差分解为实现价差（有正负号）和逆向选择价差
	Handa 和 Schwartz（1996a）	以市价订单和限价订单报酬差异衡量流动性机会成本
	Naik 和 Yadav（1999）	使用了定位价差，计算方法是实现价差减去有效价差
	Muranaga 和 Shimizu（1999）	利用人工市场模拟模型研究了影响市场流动性的因素
	Lesmond 等（1999）	基于市场模型的回归截距项区间，给出 LOT 测度
	Chordia 等（2008）	买卖价差，买卖价和，给出订单不平衡程度测度
	Goyenko 等（2008）	基于有效价差、已实现价差、价格冲击高频数据构建新指标
	Goyenko 等（2009）	基于集群交易价格构建有效价差测度
	Feldhütter（2011）	基于小商贩和大商人所付价差构建新的流动性测度指标
	Bao 等（2011）	构建了捕捉债券价格短暂变动信息的新流动性指标
	Corwin 和 Schultz（2012）	从日常高低价比率中剥离波动成分构建买卖价差的 CS 测度
	Dick-Nielsen 等（2012）	基于 Roll 测度、换手率、Amihud、零交易天数构建新指标
	Helwege 等（2014）	价格的四分位变化范围，给出了 IQR 测度
	杨宝臣和赵亮（2015）	测度股债市流动性溢出和转移及宏观环境影响
	Hotchkiss 和 Jostova（2017）	基于比较分析法研究了企业债交易的决定因素
	Chen 等（2018）	构建了买卖价差的流动性测度
	Díaz 和 Escribano（2020）	宽度是流动性的几个重要维度之一

续表

维度	代表文献	主要贡献
市场深度	Admati 和 Pfleiderer（1988）	在交易量和交易回报波动比较高的时候交易成本较低
	Glen（1994）	定义为在目前价格上可交易的能力，订单数越多，市场越深
	Degryse（1999）	发现股票交易规模和价差间成"U"形关系
	Coppejans 等（2003）	价格偏离中间价 k 个最小报价单位所需卖出数量的 DI 测度
	Liu（2006）	换手率调整的零报酬测度
	Amihud（2018）	交易量是重要的流动性指标
	Zhao 和 Yu（2019）	选取了发行量作为流动性的指标
	Díaz 和 Escribano（2020）	深度是流动性的重要维度
即时性和弹性	Garbade 和 Silber（1979）	提出一个基于时间的流动性衡量指标
	Foucault 等（2005）	下次交易前买卖价差恢复到竞争性水平的概率，DEF 测度
	Lesmond 和 Trzcinka（1999）	T 日内零收益率天数/T，给出零收益天数比率 ZR 测度
	谢赤和曾志坚（2005）	基于换手率 Amivest 测度股市流动性溢价发现规模和价值效应
	Chen 等（2007）	用零交易天数代表流动性
	梁丽珍和孔东民（2008）	基于换手率和 Amihud 等测度研究股票市场流动性溢价
	Dick-Nielsen 等（2012）	基于 Roll 测度换手率 Amihud 零交易天数构建新指标
	孔东民等（2015）	研究机构持股、流动性对信息效率影响
	李宏等（2016）	研究收益率反转与流动性关系
	金春雨和张浩博（2016）	构建新的流动性测度指标研究货币政策影响
	Bongaerts 等（2017）	换手率是重要的流动性测度
	Huang 和 Shi（2021）	流动性影响债券收益率
价格冲击	Kyle（1985）	研究净交易行为对价格变化的影响
	Madhavan 和 Smidt（1993）	提出交易与非预期净买卖订单数对价格影响的模型
	Dubofsky 和 Groth（1984）	计算了以 20 个交易日为基础的普通流动性比率
	Marsh 和 Rock（1986）	提出 Marsh-Rock，每笔交易价格变化越大，流动性越低
	Glostern 和 Harris（1988）	交易成本流动性衡量模型，交易成本越高，流动性越低
	Hasbrouck（1991）	给出报价与交易相关系数 VAR 模型和刺激反应函数测度
	Brennan 和 Subrahmanyam（1996）	结合 Hasbrouck 和 Foster-Viswanathan 模型构建了新测度

续表

维度	代表文献	主要贡献
价格冲击	Engle 和 Lange（1997）	提出与 Kyle 模型类似的方法，称之为 VNET
	Breen 等（2002）	买方发起交易量减去卖方发起交易量后除以已发行股份额
	Bacidore 等（2002）	构建调整的价格改善指标，同时考虑了价格和深度改进
	Amihud（2002）	日度收益率的绝对值/日交易量，给出 Amihud 测度
	吴文峰等（2003）	基于 Amihud 研究股票市场非流动性补偿和小公司效应
	李焰和曹晋文（2005）	使用 Roll 和 Amivest 研究银行间和交易所流动性结构差异
	Han 和 Zhou（2008）	将极端值考虑进去构建了新的流动性测度 Range 测度
	谭地军等（2008）	基于 Pástor 和 Stambaugh 研究债券市场流动性补偿和转移
	陈青和李子白（2008）	基于 Amihud 测度构建流动性调整的定价模型
	梁丽珍和孔东民（2008）	用换手率 Amihud、Pástor 和 Stambaugh 研究流动性溢价
	孙彬等（2010）、闫昌荣（2012）	前者研究筹资和市场流动性后者调整的 CAViaR 模型
	王茵田和文志瑛（2010）	测度股市债市流动性溢出和转移及宏观环境影响
	Bao 等（2011）	交易前后价格变化的相关系数，给出了 γ 测度
	王明涛和庄雅明（2011）	从流动性不足和波动两维度测度流动性风险
	周芳和张维（2011）	基于换手率 Amihud 实证流动性溢价规模和价值效应
	苏辛和周勇（2015）	构建市场流动性因子发现流动性溢价和流动性风险溢价
	李宏等（2016）	研究收益率反转与流动性关系
	张宗新等（2020）	构建了交易量与收益率之比的流动性测度
	Amihud 和 Noh（2021）	通过对流动性进行分解构建了一个新的流动性测度

从流动性风险来看，流动性风险包含流动性水平风险和流动性波动风险。流动性水平风险是投资者可以预见的确定性的风险，而流动性波动风险是较难确定的风险。特别地，流动性风险全面测度需要多维度综合考虑，因为流动性风险是多方面风险综合反映的结果。因此，单一指标测度方法较难全面测度流动性风险，已有学者研究了流动性风险综合测度方法。

Jarrow 和 Protter（2005）运用修正了的 VAR 模型，从一致性风险、凸风险和平均风险三个维度测度了流动性风险。韩国文与杨威（2008）

综合考虑了流动性水平风险和流动性的波动性风险，建立了包含"横"与"纵"两维的流动性风险测度模型，他们发现该模型能较全面真实测度股票流动性风险。考虑流动性水平风险和波动性风险综合测度的学者还有王明涛和庄雅明（2011），他们构建的综合测度模型科学有效地测度了股票流动性风险。Dick-Nielsen 等（2012）使用流动性的标准差作为流动性风险的指标，流动性测度作为流动性水平的指标，研究了流动性对企业债利差的影响。Bongaerts 等（2017）也考虑了流动性水平和流动性风险对企业债定价的影响。也有学者考虑流动性风险与其他金融风险的综合测度，张金清和李徐（2009）通过构建流动性风险和市场风险的联合分布，度量了不同股票的集成风险，研究表明该综合方法较传统方法更有效。Kim 和 Lee（2014）使用多维流动性测度方法对流动性进行了测度，研究表明存在系统流动性冲击。Díaz 和 Escribano（2020）对金融市场流动性的多维度性测度进行了系统总结。

由于流动性包含了市场交易的很多特征又具有多维度性，学者们基于不同角度构建的流动性测度仅仅反映了流动性的一个或某几个维度，也有学者对流动性指标进行了对比研究。

Hasbrouck（2003）以报价价差为标准，对各股票市场流动性的间接指标进行评价，研究表明，Roll 估计模型和 LOT 估计模型对股票市场流动性度量相对较好。Goyenko 等（2008）以有效价差、已实现价差价格冲击的高频数据为基准，对股票市场月度和年度指标进行评价，发现各个基准下的最优指标是不同的，并提出了一种满足三者皆最优的度量指标。Lou 和 Shu（2017）构建了一个分解了的流动性测度，发现 Amihud 测量的定价是由交易量成分驱动的。Amihud 和 Noh（2021）对流动性进行分解构建了一个新的流动性测度，并与 Lou 和 Shu（2017）构建的流动性测度进行了比较，发现与流动性不足有关的部分被定价了。

综上，对于流动性测度，研究者应该充分认识流动性的立体多维度特征，既要从微观个体、中观市场和宏观经济因素层面立体考察，又要考虑到深度、宽度、即时性和弹性等流动性的多维度性，以全面测度流动性。

三 企业债流动性测度

债券相对于股票有交易不活跃及到期日等特征，不是所有的流动性指标都适用于债券市场。根据债券自身特征，并结合大量文献梳理，给出债券市场的常用流动性测度。下面详细介绍这些测度指标。

（一）市场宽度

1. Roll 测度

Roll（1984）提出了一个有效的流动性测度指标。测度指标的计算方法是连续交易日收益率协方差的负数的平方根的二倍。该指标是债券市场常用的流动性测度指标。具体如下：

$$L_{Roll,t} = 2\sqrt{-Cov(r_i, r_{i-1})} \qquad (2-1)$$

其中，t 是流动性测度日期，一般要求至少有四次交易。如果协方差为正，则被舍去，经济含义是债券价格在买入价和卖出价之间来回反转，高比例的卖出价差导致更高的负协方差。

2. γ 测度

Bao 等（2011）给出了一个流动性测度指标，该指标常用于测度债券市场流动性，相关文献还可以参考 Helwege 等（2014）。该测度指标定义如下：

$$\gamma_\tau = -Cov(p_t - p_{t-1}, p_{t+\tau} - p_{t+\tau-1}) \qquad (2-2)$$

其中：

$$p_t = \ln P_t \qquad (2-3)$$

P_t 是 t 时刻资产的价格，P_{t-1} 是 $t-1$ 时刻资产的价格，$P_{t+\tau}$ 是 $t+\tau$ 时刻资产的价格，$P_{t+\tau-1}$ 是 $t+\tau-1$ 时刻资产的价格。该测度指标表示债券价格变化的协方差，用于捕捉短暂的价格变动信息。当值较大时，流动性较差，应该有更大的溢价。

3. IRC 测度

Feldhütter（2011）是基于估算往返交易提出的一个衡量交易成本的流动性测度指标。如果债券在很短时间内交易了两到三次，但很长时间没有交易，这主要是因为做市商匹配买方和卖方，并把买卖价差作为一种费用。当做市商找到了一个匹配时，卖方和做市商之间及买卖双方之间进行交易。当匹配发生在另一个做市商时，两个做市商之间也要交易。如果同一交易规模的某一债券在同一天发生两次或三次交易，而当天没有其他相同规模的交易，Feldhütter（2011）就定义该债券为 *IRT* 的一部分，且 *IRT* 的估算往返费用 *IRC* 为：

$$C_{IRC,t} = \frac{P_{max} - P_{min}}{P_{max}} \qquad (2-4)$$

其中，P_{max} 是 IRT 中最大交易价格，P_{min} 是 IRT 中最小交易价格。

4. LOT 测度

Lesmond 等（1999）提出了一个随机交易成本的流动性测度。交易成本主要通过观测资产收益率反映出来，仅仅当超过市场收益率的收益超过交易成本临界值时交易者才进行交易。R_{jt} 代表观测收益率，R_{jt}^* 代表未观测收益率，具体模型如下：

$$R_{jt}^* = \beta_j R_{mt} + \varepsilon_{jt} \tag{2-5}$$

其中，

$$R_{jt} = R_{jt}^* - \alpha_{ij}, \quad if R_{jt}^* < \alpha_{1j} \tag{2-6}$$

$$R_{jt} = 0, \quad if \alpha_{1j} < R_{jt}^* < \alpha_{2j} \tag{2-7}$}

$$R_{jt} = R_{jt}^* - \alpha_{2j}, \quad if R_{jt}^* > \alpha_{2j} \tag{2-8}$$

参数估计通过极大似然法得到。α_{1j} 是负的，是卖方交易成本，而 α_{2j} 是正的，是买方交易成本。均衡往返交易成本是 LOT，被定义为 $\alpha_{2j} - \alpha_{1j}$。

$$L_{LOT} = \alpha_{2j} - \alpha_{1j} \tag{2-9}$$

5. CS 测度

Corwin 和 Schultz（2012）从日常高价低价比率中剥离波动成分，构建了一个买卖价差估计方法，测度流动性。每日高价格和低价格比率可以被视为买入和卖出价差，因为日高（低）价几乎总是买入（卖出）交易。他们基于方差随收益区间成比例增加而价差没有这种特征，从价格比率中分离出了波动率成分。他们的价差估计封闭解如下：

$$S = \frac{2(e^K - 1)}{e^K + 1} \tag{2-10}$$

$$K = \frac{1}{3 - 2\sqrt{2}} \left(\sqrt{2E\left\{ \sum_{j=0}^{1} [\ln(P_{t+j}^H) - \ln(P_{t+j}^L)]^2 \right\}} - \sqrt{E\left\{ \sum_{j=0}^{1} [\ln(P_{t+j}^H) - \ln(P_{t+j}^L)]^2 \right\}} \right) - \sqrt{\frac{1}{3 - 2\sqrt{2}} [\ln(P_{t,t+1}^H) - \ln(P_{t,t+1}^L)]^2} \tag{2-11}$$

P_t^H 和 P_t^L 分别是第 t 个交易日所观测股票价格的最高价和最低价。

6. ET 测度

Goyenko 等（2009）构建了一个有效价差测度方法，该方法基于集群交易价格计算，以测度流动性。具体如下：

$$L_{ET} = \frac{\sum_{j=1}^{J} \hat{\gamma}_j s_j}{\overline{P_K}} \tag{2-12}$$

S_j 在 1997 年 7 月前被定义为八分之一美元,在 1997 年 7 月到 2001 年 1 月被定义为十六分之一美元,之后通过十进制定义。P_k 是第 k 个月每日价格的平均值,而 $\hat{\gamma}_j$ 被定义如下:

$$\hat{\gamma}_j = \begin{cases} \min[\max\{U_j, 0\}, 1], & j=1 \\ \min\left[\max\{U_j, 0\}, 1 - \sum_{k=1}^{j-1} \hat{\gamma}_k\right], & j=2, 3, \cdots, J \end{cases} \tag{2-13}$$

其中

$$U_j = \begin{cases} 2F_j, & j=1 \\ 2F_j - F_{j-1}, & j=2, 3, \cdots, J-1 \\ F_j - F_{j-1}, & j=J \end{cases} \tag{2-14}$$

$$F_j = \frac{N_j}{\sum_{j=1}^{J} N_j}, \quad j=1, 2, 3, \cdots, J \tag{2-15}$$

N_j 是第 j 个价差有正交易量交易价格的数量。

(二) 市场深度

债券市场一个重要的常用流动性测度指标是交易量,它是表示市场深度维度的流动性测度指标。在通常情况下,交易量与债券利差回归系数是负的。

(三) 即时性

1. 换手率

换手率是在一定时期内市场资产交易的频率,是反映市场交易活动最重要的指标之一。因此,在一般情况下,这个测度指标与债券利差负相关。

$$L_{Turnover} = \frac{\text{某一段时期内交易量}}{\text{发行总量}} \times 100\% \tag{2-16}$$

2. 交易天数

交易天数是企业债券常用的流动性测度指标。如果交易天数较大,表明债券较为活跃。因此,这个测度指标与债券利差负相关。零交易天数或交易天数及其比例代表债券的交易活跃度程度。

$$L_{Day,t} = \frac{Zerotradingday_t}{Totaltradingday_t} \tag{2-17}$$

3. ZR 测度

当交易成本过高无法支付知情交易的收益时，知情投资者将选择不进行交易。基于这种理论，Lesmond 等（1999）提出了如下非流动性测度，经济含义是零回报比例：

$$C_{ZR,i,t} = \frac{N_{i,t}}{T_t} \tag{2-18}$$

其中，T_t 是第 t 个月交易天数，$N_{i,t}$ 是第 t 个月股票 i 的零交易天数。

4. Liu 测度

ZR 测度的一个潜在缺陷是多时期多股票可能产生相同的非流动性水平。为了克服这一潜在问题，Liu（2006）提出了一个换手率调整的零报酬测度方法，具体如下：

$$C_{Mx,it} = \left[N_Z + \frac{1}{DF \times TV_X} \right] \times \frac{21x}{N_x} \tag{2-19}$$

其中，N_Z 是过去 x 个月的零交易天数；TV_x 是过去 x 个月的换手率，计算方法是日交易量总和除以发行量；N_x 是过去 x 个月交易天数总和；DF 是一个受约束的紧缩指数。

（四）价格冲击

1. Amihud 测度

Amihud 测度考虑了量价关系，代表交易量对价格的冲击，是债券常用的流动性测度指标。Amihud（2002）构建了一个非流动性测度指标，它测度了每单位交易量对价格的影响。具体如下：

$$Amihud_t = \frac{1}{N_t} \sum_{j=1}^{N_t} \frac{\left| \frac{P_j - P_{j-1}}{P_j} \right|}{Q_j} \tag{2-20}$$

其中，N_t 是第 t 个月的交易天数，P_j 表示债券第 j 个交易日的收盘价，Q_j 表示债券第 j 个交易日的交易金额。

2. PS 测度

Pástor 和 Stambaugh（2003）给出了一个非流动性测度，具体如下

$$r_{i,d+1,t} - r_{M,d+1,t} = \alpha_{i,t} + \beta_{i,t} r_{i,d,t} + \gamma_{i,t} sign(r_{i,d,t} - r_{M,d,t}) dvol_{i,d,t} + \varepsilon_{i,d,t} \tag{2-21}$$

其中，$r_{i,d,t}$ 是股票 i 在第 t 个月第 d 个交易日的收益率，$r_{M,d,t}$ 是第 t

个月第 d 个交易日的市场收益率，$dvol_{i,d,t}$ 是股票 i 在第 t 个月第 d 个交易日的交易额（百万美元）。$\gamma_{i,t}$ 是股票 i 在第 t 个月交易额符号的系数，是一个流动性测度指标，期望是负的，经济含义是大量交易而导致的价格反转。为了获得非流动性测度，他们给该指标乘以-1，具体如下：

$$C_{PS,i,t} = \gamma_{i,t} \times (-1) \tag{2-22}$$

3. Range 测度

类似于 Amihud（2002）测度，Downing 等（2005）将极端值考虑进去，从量价关系出发构建了一个 Range 测度，作为非流动性测度指标。它是债券市场常用的非流动性测度指标。具体如下：

$$Range_j^i = \frac{\frac{\max_j(P_j^i) - \min_j(P_j^i)}{\overline{P_j^i}} \times 100}{Q_j^i} \tag{2-23}$$

其中，P_j^i 表示债券 i 第 j 个月的交易价格，Q_j^i 表示债券 i 第 j 个月的交易量。该测度方法描述了一定交易量的价格波动，内在逻辑是给定交易量下流动性差的债券具有较高的价格波动。然而这一测度方法的缺点是对极端值敏感。

4. Amihud-Noh（2021）测度

Amihud-Noh（2021）测度在 Amihud 测度基础上考虑了收益率和交易量的协方差，是一个更有效的多维度测度。该测度由 Amihud 和 Noh（2021）提出，他们对流动性进行分解构建了一个新的流动性测度，并发现与流动性不足有关的一个组成部分被定价。具体如下：

$$ILLIQ = \overline{|r_d|} \times \overline{1/dvol_d} + Cov(|r_d|, 1/dvol_d) \tag{2-24}$$

其中，r_d 是第 d 个交易日的收益率，$dvol_d$ 表示第 d 个交易日的交易金额。

（五）债券生命存续期

1. 剩余到期年限

剩余到期年限（Time-to-Maturity）是债券剩余到期时间。Longstaff 等（2005）证明了债券剩余到期年限是解释债券利差非违约成分的一个重要因子。Dan 和 Downing（2010）把剩余到期年限作为流动性指标对待。根据 He 和 Milbradt（2014），较短的到期年限使得公司更容易通过新债券发行将债务从低效率投资者转移到高效率投资者身上，这意味着较短期限的企业债券一般具有更好的二级市场流动性。此外，剩余到期时间少于12个月的债券通常很少进行交易，主要因为投资者经常将这类债券作为投资组合产品持有到期。Zhao和Yu（2019）研究了债券市场的流动性及流动性溢价，研究发现剩余到期年限、收益波动率、与一级市场的收益离散度是三个最有效的流动性指标。

2. 债券年龄

债券年龄（Age）被定义为自发行以来的交易年限。企业债的特征是交易不频繁，且新券比旧券流动性好。当新券发行时，投资者都愿意进行买卖，随着时间的推移，特别是两年以上，投资者经常选择买入并持有，尤其对于接近到期日的债券，往往会选择持有到期。因此，学者经常将债券年龄作为流动性测度指标。Kargar和Lester（2021）利用债券年龄构建了流动性测度指标，研究了新冠疫情期间公司债券市场的流动性状况。

此外，已有研究表明，流动性包括系统流动性和个体流动性。已有学者发现系统性流动性风险被定价。Hasbrouck和Seppi（2001）和Chordia等（2001）研究表明流动性有一个共同的系统性因子。Acharya和Pedersen（2005）发现系统性流动性风险溢价是存在的。Sadka（2006）给出了系统性流动性因子存在的证据。Han和Zhou（2016）研究指出，非违约成分和宏观经济条件存在关联关系，这主要是因为流动性成分可能与宏观因子有关。Yang（2021）等研究了中国企业债利差的决定因素，发现系统性流动性因子是存在的。

四 企业债流动性溢价

流动性风险与信用风险对企业债券溢价有显著影响。本书梳理了大量相关中外文文献，发现流动性溢价的研究主要从以下两个方面展开。

一方面，通过控制信用风险，研究流动性对企业债利差的影响。Longstaff（2005）控制信用风险研究了国债与公司债券的价差，发现了流动性转移溢价。Dick-Nielsen等（2012）通过控制企业债券信用风险和债券特征研究了非流动性对企业债券利差的贡献度。Shin和Kim（2015）也用了类似的方法研究了流动性对债券利差的影响。钟宁桦等（2018）研究了交易所同一只信用债同一天在两种交易方式下的价格差与流动性溢价。Zhao和Yu（2019）用剩余到期年限、收益波动率、与一级市场的收益离散度构建流动性对债券利差的影响。Kargar和Lester（2021）利用债券年龄构建了流动性测度指标,研究了公司债券市场的流动性对债券利差的影响。

另一方面,通过从债券利差中提取出流动性溢价成分,研究流动性对企业债非违约利差的影响。Helwege 等(2014)基于 Dick-Nielsen 等(2012)的方法对比同一公司、同一交易时间、具有相同债券特征的两个债券的利差差异从企业债利差中提取出了流动性溢价成分,根据各个流动性测度指标与利差差异的相关程度,研究了流动性测度指标的适用性。Ejsing 等(2015)通过分解债券利差提取出流动性成分研究了流动性溢价。钟宁桦等(2018)研究了交易所同一只信用债同一天在两种交易方式下的价格差与流动性溢价。Yang(2021)等通过构建中国银行间市场和交易所市场债券对提取出非违约利差,并研究了流动性对非违约利差的影响。

我国学者也对流动性溢价进行了研究。谢赤和曾志坚(2005)基于换手率和 Amivest 测度了上海股票市场流动性溢价,发现流动性溢价存在,且有规模效应和价值效应。金春雨和张浩博(2016)基于换手率、价格振幅和 Amihud 构建新的流动性测度指标,并研究了货币政策对流动性溢价的影响。纪志宏和曹媛媛(2017)研究了流动性风险与信用风险对中国信用债利差的影响,发现流动性溢价占主要部分。张宗新等(2020)研究了经济政策不确定性对股票债券市场流动性的影响,发现了两市场的流动性溢出效用和协同运动。钟宁桦等(2021)认为在市场有效的情况下,中国债券利差主要与信用风险、流动性风险有关。

第二节 企业债信用风险测度及定价

一 企业债信用风险测度

债券信用风险代表债券因违约给投资者造成损失的风险。债券常用的信用风险测度指标有信用评级、息票率和价格波动性。

信用评级(Rating)是常用的信用风险测度指标,它表示债券的信用级别。Shin 和 Kim(2015)将信用评级使用虚拟数值进行编码,以量化债券信用级别。Chen 等(2018)发现他们构建的模型在不同信用等级下可以同时匹配平均违约概率、信用利差等指标。Chung 等(2019)认为信用评级是重要的信用风险测度指标。通过量化债券的信用水平，研究信用评级和债券利差的关系，分析信用风险溢价。当设定债券的信用越好、虚拟变量数值越小时，债券信用评级的虚拟数值与债券利差有正相关关系。

息票率（Coupon）也是常用的信用风险测度指标。Longstaff 等（2005）使用债券息票率作为债券利差违约成分的决定因素，他们的研究表明，债券息票率至少在 10% 显著性水平下显著。Bharath 和 Shumway（2008）给出了债券利差对息票率的回归结果，研究表明息票率与债券利差有显著的正相关关系。类似的研究也可以参考 Chen 等（2011）和 Lin 等（2011）。Kim 等（2020）研究企业债利差影响因素时，将信用评级作为信用风险变量。

债券的价格波动（Volatility）也可以在一定程度上代表债券的信用风险。因为当一个公司接近违约时，其债务风险也随之增加，这种风险与债券价格波动情况一致。Bharath 和 Shumway（2008）发现债券违约与股票波动率有关。已有研究表明资产历史价格信息可以反映资产的信用状况。如 Hull（2006）使用了企业债券的历史价格波动作为债券信用测度指标。Yang（2021）等将企业债价格波动率作为信用风险测度指标，发现波动率与企业债利差有显著的正相关关系。债券价格波动通常与债券利差有正相关关系。

二 企业债信用风险定价

已有很多学者对企业债券信用风险定价进行了研究，主要有两类：一方面是结构模型，另一方面是简约模型，相关文献可以参考 Jarrow 和 Turnbull（1995）、Duffie 和 Singleton（1999）。结构模型和简约模型在解释企业债券信用利差方面有各自的优势和劣势，结构模型强调根据债券的定价理论、机理，建立理论模型，研究债券定价问题，而简约模型不关心内部机理，而是将影响过程看成是一个"黑箱"，从经济现象上建立影响关系，进而研究债券定价的影响因素。

早期的债券定价模型主要考虑的是信用风险，认为信用风险是产生企业债券利差的主要影响因素。近年来，特别是金融危机发生后，人们开始关注流动性溢价，在传统企业债券定价模型的基础上引入流动性风险，逐步完善企业债券定价理论。Duffie 和 Singleton（1999）通过将无风险利率、信用风险和流动性风险作为无风险债券的修正折现率，以研究简约模型下信用债券定价问题。也有学者将流动性风险溢价作为流动性贴现过程，以研究信用债券定价，相关文献可以参考 Jarrow（2001）。任兆璋和李鹏（2006）在 D-S 模型的基础上构建了债券定价的理论模型，然而他们认为利率风险、信用风险和流动性风险相互独立。也有学者通过剥离信用风险研究流动性风险溢价。Longstaff 等（2005）在简约模型的基础上利用信用违约互换价差和公司债券价格研究了剥离信用风险的流动性风险溢价。也有学者建立了包含流动性风险与信用风险的可违约债券定价模型，有的文献考虑了二者的相关性溢价，相关文献可以参考 Ericsson 和 Renault（2006）、周芳和张维等（2011）、崔长峰和刘海龙（2012）、艾春荣等（2015）等。Kim 等（2020）研究企业债利差影响因素时，发现信用风险被定价。

第三节　企业债利差决定因素及流动性风险与信用风险交互作用溢价

已有大量文献研究了企业债利差的决定因素，发现债券利差主要受流动性风险和信用风险影响。

许多学者研究了信用风险对债券利差的影响。Lin 和 Lin（2011）仅仅考虑了违约风险对债券利差的影响。Collin-Dufresne 等（2001）研究信用风险对债券利差的影响时发现，债券利差有一大部分未被解释且未被解释的部分主要受与信用风险无关的因子驱动。Huang 和 Huang（2012）也认为信用风险仅仅解释了债券利差的一小部分。而 Longstaff 等（2005）通过构建新的流动性测度指标，发现信用风险是利差的主要决定因素。

也有学者专注于流动性解释债券利差。Zou 和 Huang（2009）研究了流动性风险对债券利差的影响。Acharya 等（2013）和 Lin 等（2011）发现流动性风险被定价。王苏生等（2015）研究了流动性风险对企业债利差的影响，发现债券年龄越大，流动性风险越大，债券利差越大。Dick-Nielsen 等（2012）发现流动性因子对债券利差的贡献度在金融危机初期有显著增加。钟宁桦等（2021）认为中国企业债利差主要受信用风险和流动性风险影响。

已有文献研究了两种风险对债券利差的影响。有学者认为利率风险与信用风险间存在交互作用。Cooper 和 Longstaff（1991）研究了违约风险和利率风险对利差的影响。还有学者关注流动性风险与信用风险间交互作用及其对债券利差的影响。Ericsson 和 Renault（2006）、Duffie 和 Singleton（1999）及王安兴等（2012）研究了流动性风险与信用风险间交互作用。Chen 等（2007）、Rossi（2014）及 Kalimipalli 和 Nayak（2012）也认为流动性效应和信用风险效应是混杂在一起的。Ericsson 和 Renault（2006）第一次从理论上研究了流动性风险与信用风险间交互作用，发现流动性风险和信用风险是相关的，当流动性较低时债券违约风险较高。艾春荣等（2015）将流动性与违约风险的相关性引入债券定价模型，发现流动性风险与信用风险间显著正相关，且该两类风险间相互作用对债券利差有显著影响。Wang 和 Wu（2015）通过控制流动性风险与信用风险间交互作用，研究了交易量与债券价格波动性的关系，该关系受到流动性风险与信用风险及两类风险间交互作用影响。He 和 Xiong（2012）建立了流动性和信用风险交互作用模型，并发现市场流动性恶化不仅导致流动性溢价增加，而且导致信用风险溢价增加。He 和 Milbradt（2014）研究了流动性和违约风险的交互作用，发现了违约—流动性循环现象。Chen 等（2018）建立了一个结构性信用风险模型来检验流动性和违约的交互作用对公司债券定价的影响。Gunay（2020）研究了流动性风险和信用风险的交互作用，发现流动性风险对信用风险有重要影响。

以上文献研究是本书研究的基础，虽然流动性风险与信用风险是两类不同的风险，但它们有交互作用，并对债券利差有显著影响。当前文献表明，影响债券利差的因素有流动性风险、信用风险及该两类风险间的交互作用，但流动性风险与信用风险间的交互作用内涵、机理及经济特征有待进一步深入系统地研究。

第四节　债券市场与股票市场联动效应

已有学者研究了股票市场与债券市场的关联效应。早期学者主要关注跨市场波动溢出和收益率溢出。Fleming 等（1998）发现股票市场和债券市场有波动率溢出和流动性关联。Chordia 等（2001）和 Chordia 等（2004）发现股票市场收益率影响自身流动性，且波动率对流动性的影响有跨市场溢出效应。曾志坚和江洲（2007）、王璐和庞皓（2008）也关注了两市场的收益率溢出。

近年一些学者开始关注股票市场和债券市场流动性溢出效应。Chordia 等（2004）、Connolly 等（2007）发现股票市场和债券市场流动性溢出效应显著存在，并且发现两市场流动性存在显著的领先滞后关系和双向因果关系。Jong 和 Driessen（2012）也发现了股票市场与债券市场的流动性溢出效应。王茵田和文志瑛（2010）研究了股票市场和债券市场流动性溢出效应，发现两市场流动性有显著的领先滞后关系和流动性转移现象，宏观环境的变化对两市场流动性有显著影响。杨宝臣和赵亮（2015）研究了股票市场和债券市场流动性溢出效应的非线性动态特征，发现两市场存在显著的流动性溢出效应，市场低迷时宏观环境对两市场流动性影响显著增大。张宗新等（2020）研究了经济政策不确定性对股票债券市场流动性的影响，发现了两市场的流动性溢出和联动效应。

此外，也有学者研究了股票市场和债券市场流动性与收益率的溢出效应。Goyenko（2006）、Goyenko 等（2009）研究了债券市场收益率和股票市场非流动性的关系，发现股票市场非流动性溢价是债券收益利差的一个重要成分。Jong 和 Driessen（2012）也得到了类似的结论，并进一步发现股票市场流动性对债券市场收益利差的影响具有时变特征，不同时期的影响程度不同。曾志坚和罗长青（2008）、王茵田和文志瑛（2010）、刘锋（2012）利用 VAR 和 Granger 因果关系做了类似的研究，他们发现股票市场与债券市场流动性存在因果关系和长期的协整关系。Yang 等（2021）研究了中国银行间市场和交易所市场企业债非违约利差的决定因素，发现股票市场流动性对企业债收益率有溢出效应。

综上所述，债券市场与股票市场不是孤立的，它们之间相互影响，并存在市场联动效应。股票市场流动性会影响债券收益率，且这种溢出效应会随着经济状态和宏观环境的变化而变化。

第五节 本章小结

本章对流动性定义测度及溢价、信用风险定义测度及溢价、流动性风险与信用风险间交互作用及其溢价、债券市场与股票市场联动效应相关中外文文献进行了系统梳理和评述。主要研究结果如下：

第一，流动性通常指的是流动性水平。流动性风险是流动性水平的不确定性，是围绕流动性水平的波动。流动性水平又分为个体流动性和市场流动性及宏观流动性，个体流动性有深度、宽度、即时性和弹性等多维度性。流动性风险的测度一般分为两种方法，一种是将流动性水平在时间滞后性上进行自回归取残差项，另一种是取流动性水平的标准差代表流动性风险。流动性多维度特征决定其难以准确度量，而企业债有交易不活跃、到期日等区别于股票的自身特征。这要求流动性风险及溢价研究应结合债券自身特征选取适当的流动性测度指标。

第二，研究流动性风险溢价的方法主要有两个，通过控制信用风险研究流动性风险与债券利差的关系，或从债券利差中剥离信用风险成分研究流动性风险对非违约利差的影响。

第三，流动性风险与信用风险正相关且存在交互作用，忽略该两类风险间交互作用将导致债券定价与风险测度产生系统性偏差进而影响投资收益，所以认清流动性风险与信用风险间交互作用定价机制具有重要意义。

第四，流动性风险与信用风险间交互作用溢价及其特征有待进一步研究。当流动性风险与信用风险发生变化时，两类风险间交互作用及其溢价该如何变化。危机时期与正常时期、银行间市场与交易所市场该两类风险间交互作用及其溢价特征都值得研究。

第五，流动性风险与信用风险间交互作用、市场流动性与宏观经济对债券利差的影响有待研究。股市流动性不仅对债券收益率影响显著，而且与宏观经济关联密切，跨市场因子与宏观因子对债券利差的影响应该引起重视。

第三章　流动性风险与信用风险交互作用定价机制

本章在随机折现因子和市场摩擦成本两个理论框架下，分别构建了企业债流动性风险与信用风险间交互作用定价模型，系统研究了流动性风险与信用风险间交互作用定价机制及风险来源，丰富和完善了资产定价理论。

第一节　研究基础

流动性风险与信用风险间存在交互作用，且该两类风险间交互作用影响债券利差。将流动性风险与信用风险间交互作用引入债券定价模型，研究该两类风险间交互作用定价机制，对风险测度与债券定价有重要意义。

已有文献发现流动性风险与信用风险间存在交互作用。Ericsson 和 Renault（2006）、Duffie 和 Singleton（1999）及王安兴等（2012）研究发现，流动性风险与信用风险存在交互作用。Ericsson 和 Renault（2006）对流动性风险与信用风险间的相关性从理论上进行了研究，发现当流动性较低时债券违约风险较高。Chen 等（2007）、Rossi（2014）及 Kalimipalli 和 Nayak（2012）也认为，流动性风险和信用风险是混合交织在一起的。艾春荣等（2015）发现流动性风险与信用风险存在正相关，且该两类风险间相互作用对债券利差有显著影响。Wang 和 Wu（2015）研究交易量与债券价格波动性关系时，考虑了流动性风险与信用风险间交互作用对两者关系的影响。He 和 Xiong（2012）建立了流动性和信用风险交互作用模型，并发现，市场流动性恶化不仅导致流动性溢价增加，而且导致信用风险溢价增加。He 和 Milbradt（2014）研究了流动性和违约风险的交互作用，发现了违约—流动性循环现象。Chen 等（2018）建立了一个结构性信用风险模型来检验流动性和违约的交互作用对公司债券定价的影响。Gunay（2020）研究了流动性风险和信用风险的交互作用，发现流动性风险对信用风险有重要影响。

以上文献表明，虽然流动性风险与信用风险是两类不同的风险，但两类风险间存在交互作用，忽略该交互作用将导致债券定价产生偏差。此外，现有文献对流动性风险与信用风险间的交互作用内涵、机理及经济特征研究不够系统，有待进一步深入系统地研究。基于此，本章引入流动性风险与信用风险间交互作用，创新性地从随机折现因子理论和市场摩擦成本理论两个框架下，系统地构建流动性风险与信用风险间交互作用定价模型，以研究流动性风险与信用风险间交互作用定价机制及经济特征。

第二节 基于随机折现因子理论的流动性风险与信用风险交互作用定价模型

一 资产定价理论基础

资产定价模型主要分为均衡定价模型和套利定价模型。研究风险溢价的来源是均衡定价模型的主要目的，主要从影响市场经济结构的宏观经济变量展开，比如资本资产定价模型。但是假设严格，比较难以理解。相比之下，套利定价理论应用更多、更广泛。与其他定价模型相比，随机折现因子模型对条件限定相对较少，更易于应用和理解。处理风险与收益间的关系是资产定价理论的中心问题，在金融市场不存在无风险套利机会的条件下，资产的价格与其未来的收益可以通过随机折现因子联系起来，从而得到基本定价方程。

研究随机折现因子理论的文献已较多，如 Kan 和 Zhou（2010）、Jagannathan 和 Wang（1998，2002）、Cochrane（2001）等。Kan 和 Zhou（2010）认为资本资产定价模型优于随机折现因子模型，而 Jagannathan 和 Wang（1998，2002）认为随机折现因子模型更精确。Cochrane（2001）发现资本资产定价模型与随机折现因子模型精度相近，并在随机折现因子理论框架下重新阐述了整个资产定价理论。之后，娄峰等（2006）、周海林等（2014）也做了相关研究。娄峰等（2006）认为，在金融市场不允许存在套利机会或者无法进行大量套利的前提下，随机折现因子能对经济中所有资产进行定价，并发现随机折现因子模型对于小样本估计更为精确。

Wang 和 Chen（2012）基于随机折现因子理论研究了流动性调整的资本资产定价模型。资本资产定价模型和多因子模型是随机折现因子模型线性化的特殊形式。随机折现因子模型能将不同形式的资产定价模型统一到一个框架下。

随机折现因子的定价方程式为：

$$P_{i,t} = E_t(M_{t+1} X_{i,t+1}) \tag{3-1}$$

其中，$M_{t+1} = f(参数)$ 是随机折现因子；$P_{i,t}$ 为资产 i 在 t 时的价格；$X_{i,t+1}$ 是 $t+1$ 时刻资产 i 的损益情况；E_t 为在当前已知信息条件下的条件期望收益。

假设 $P_{i,t}$ 不为 0，令 $1 + R_{i,t+1} = X_{i,t+1}/P_{i,t}$，则上式又可以表示为：

$$1 = E_t[M_{t+1}(1 + R_{i,t+1})] \tag{3-2}$$

根据 Cochrane（2001）和娄峰等（2006）的研究，可以从两个角度理解随机折现因子定价方程：第一，在离散的状态集中，资产价格等于每个状态的报酬加权平均和；第二，考虑某个经济主体的消费选择最优化的问题，通过求解一阶最优条件可以得到资产价格的表示方式。

二 模型建立

下面基于随机折现因子理论，构建流动性风险与信用风险间交互作用定价模型，以研究该两类风险间交互作用定价机制。现开始构建定价模型。

假设有 N 个主体，$n = 1, 2, 3, \cdots, N$，每个主体都只能存活两期：t 到 $t+1$。

主体 n 在第 t 期有禀赋 W_t，在第 $t+1$ 期有禀赋 W_{t+1}。

假设存在风险资产 $I(i = 1, 2, 3, \cdots, I)$ 和一个无风险资产。一个投资者在 t 时期以价格 $P_{i,t}$ 买了 ξ 份资产 i，并且他会在 $t+1$ 时期以价格 $P_{i,t+1}$ 卖掉该资产，其中隐含流动性风险成本是 $C_{l,i,t+1}$，隐含信用风险成本是 $C_{c,i,t+1}$。

其中，$P_{i,t}$ 代表资产 i 在第 t 期的价格；$P_{i,t+1}$ 代表资产 i 在第 $t+1$ 期的价格；$R_{i,t+1}$ 代表资产 i 在第 t 期的总收益；$R^*_{i,t+1}$ 代表资产 i 在第 $t+1$ 期

的净收益；$L_{i,t+1}$ 代表资产 i 在第 $t+1$ 期的非流动性成本；$C_{i,t+1}$ 代表资产 i 在第 $t+1$ 期的信用风险成本；$R_{M,t+1}$ 代表市场在第 $t+1$ 期的总收益；$R_{M,t+1}^*$ 代表市场在第 $t+1$ 期的净收益；$L_{M,t+1}$ 代表市场在第 $t+1$ 期的非流动性成本；$C_{M,t+1}$ 代表市场在第 $t+1$ 期的信用风险成本。

于是得到资产 i 的总收益：

$$R_{i,t+1} = \frac{P_{i,t+1}}{P_{i,t}} \tag{3-3}$$

资产 i 的净收益：

$$R_{i,t+1}^* = \frac{P_{i,t+1} - C_{l,i,t+1} - C_{c,i,t+1}}{P_{i,t}} = R_{i,t+1} - L_{i,t+1} - C_{i,t+1} \tag{3-4}$$

市场净收益：

$$R_{M,t+1}^* = R_{M,t+1} - L_{M,t+1} - C_{M,t+1} \tag{3-5}$$

其中：

$$L_{i,t+1} = \frac{C_{l,i,t+1}}{P_{i,t}} \tag{3-6}$$

$$C_{i,t+1} = \frac{C_{c,i,t+1}}{P_{i,t}} \tag{3-7}$$

定义该投资者在 t 时期的消费是 C_t，在 $t+1$ 时期的消费是 C_{t+1}。

于是，得到如下包含当前和未来消费的投资者效用函数：

$$U(C_t, C_{t+1}) = U(C_t) + \beta E_t[U(C_{t+1})] \tag{3-8}$$

设 β 是主体的折现因子，它包含了投资者情绪和风险厌恶。

使用如下常用的效用函数：

$$UC = \frac{1}{1-\gamma} C^{1-\gamma} \tag{3-9}$$

其中，γ 是参数，且当 $\gamma \to 1$ 时，

$$UC = \ln C \tag{3-10}$$

假设投资者能够无交易成本地按照自己的意愿买卖足够多的风险资产，他需要选择最优的风险资产交易策略，以最大化自身的效用。

于是，一个投资者的最优决策模型构建如下：

$$\max_{\xi} U(C_t) + E_t \beta U(C_{t+1})$$

$$\text{s.t.} \begin{cases} C_t = W_t - P_{i,t}\xi \\ C_{t+1} = W_{t+1} + (P_{i,t+1} - L_{i,t+1} - C_{i,t+1})\xi \end{cases} \tag{3-11}$$

将约束代入到目标函数，并对 ξ 求导数，令导数等于零，则：

$$U'(W_t-P_{i,t}\xi)(-P_{i,t}) + E_t[\beta U'(W_{t+1}+(P_{i,t+1}-L_{i,t+1}-C_{i,t+1})\xi)(P_{i,t+1}-L_{i,t+1}-C_{i,t+1})] = 0 \quad (3-12)$$

于是，得到一阶条件下最优消费组合策略如下：

$$P_{i,t}U'(W_t-P_{i,t}\xi) = E_t[\beta(P_{i,t+1}-L_{i,t+1}-C_{i,t+1})U'(W_{t+1}+(P_{i,t+1}-L_{i,t+1}-C_{i,t+1})\xi)] \quad (3-13)$$

$$E_t\left[\beta\frac{U'(W_{t+1}+(P_{i,t+1}-L_{i,t+1}-C_{i,t+1})\xi)}{U'(W_t-P_{i,t+1}\xi)}\left(\frac{P_{i,t+1}-L_{i,t+1}-C_{i,t+1}}{P_{i,t}}\right)\right] = 1 \quad (3-14)$$

其中，定义如下数学表达式为投资者第 t 期到 $t+1$ 期的边际替代率，用 m_{t+1} 代表随机折现因子，

$$\beta\frac{U'(W_{t+1}+(P_{i,t+1}-L_{i,t+1}-C_{i,t+1})\xi)}{U'(W_t-P_{i,t}\xi)} \quad (3-15)$$

令 $R^*_{i,t+1} = R_{i,t+1}-L_{i,t+1}-C_{i,t+1} = \dfrac{P_{i,t+1}-L_{i,t+1}-C_{i,t+1}}{P_{i,t}} \quad (3-16)$

于是，一阶条件可以简单地表示为：

$$E_t(R^*_{i,t+1}m_{t+1}) = 1 \quad (3-17)$$

所以，得到以下数学表达式：

$$Cov_t(m_{t+1}, R^*_{i,t+1}) + E_t(R^*_{i,t+1})E_t(m_{t+1}) = 1 \quad (3-18)$$

变形得：

$$E_t(R^*_{i,t+1}) = \frac{1}{E_t(m_{t+1})} - \frac{Cov_t(m_{t+1}, R^*_{i,t+1})}{E_t(m_{t+1})} \quad (3-19)$$

Harvey 和 Siddique（2000）、Wang 和 Chen（2012）认为，假设随机折现因子是线性的不影响研究问题的分析。于是这里也对随机折现因子做线性假设：

$$m_{t+1} = a_t + b_t R^*_{M,t+1} \quad (3-20)$$

假设存在一个条件无风险资产且收益率为 R_F，根据无风险资产、市场组合和 m_{t+1} 的定义，得到如下数学模型：

$$E_t(R_F m_{t+1}) = R_F E_t(m_{t+1}) = 1 \quad (3-21)$$

$$E_t(R^*_{M,t+1}m_{t+1}) = 1 \quad (3-22)$$

$$E_t(m_{t+1}) = \frac{1}{R_F} \quad (3-23)$$

于是有：

$$E_t(R_{M,t+1}-L_{M,t+1}-C_{M,t+1}) = \frac{1}{E_t(m_{t+1})} - \frac{Cov_t(m_{t+1}, R_{M,t+1}-L_{M,t+1}-C_{M,t+1})}{E_t(m_{t+1})}$$

(3-24)

因为：

$$R_F = \frac{1}{E_t(m_{t+1})} \tag{3-25}$$

所以：

$$E_t(R_{M,t+1}-L_{M,t+1}-C_{M,t+1}) = R_F - R_F Cov_t(m_{t+1}, R_{M,t+1}-L_{M,t+1}-C_{M,t+1})$$

(3-26)

将式（3-20）代入式（3-26），得：

$$E_t(R_{M,t+1}-L_{M,t+1}-C_{M,t+1}) = R_F - R_F Cov_t(a_t+b_t(R_{M,t+1}-L_{M,t+1}-C_{M,t+1}), R_{M,t+1}-L_{M,t+1}-C_{M,t+1})$$

(3-27)

因为：

$$Cov_t(a_t+b_t(R_{M,t+1}-L_{M,t+1}-C_{M,t+1}), R_{M,t+1}-L_{M,t+1}-C_{M,t+1})$$
$$= b_t Var_t(R_{M,t+1}-L_{M,t+1}-C_{M,t+1}) \tag{3-28}$$

所以：

$$b_t = \frac{E_t(R_{M,t+1}-L_{M,t+1}-C_{M,t+1}-R_F)}{R_F Var_t(R_{M,t+1}-L_{M,t+1}-C_{M,t+1})} \tag{3-29}$$

$$R_F = \frac{E_t(R_{M,t+1}-L_{M,t+1}-C_{M,t+1}-R_F)}{b_t Var_t(R_{M,t+1}-L_{M,t+1}-C_{M,t+1})} \tag{3-30}$$

且有：

$$R_F = \frac{1}{E_t(m_{t+1})} \tag{3-31}$$

将式（3-30）和式（3-31）代入式（3-19），得：

$$E_t(R_{i,t+1}-L_{i,t+1}-C_{i,t+1}-R_F)$$
$$= \lambda_t \frac{Cov_t(R_{M,t+1}-L_{M,t+1}-C_{M,t+1}, R_{i,t+1}-L_{i,t+1}-C_{i,t+1})}{Var_t(R_{M,t+1}-L_{M,t+1}-C_{M,t+1})} \tag{3-32}$$

其中，如下表达式代表风险溢价：

$$\lambda_t = E_t(R_{M,t+1}-L_{M,t+1}-C_{M,t+1}-R_F) \tag{3-33}$$

（1）当 $Cov(R, L)=0$，$Cov(R, C)=0$，$Cov(C, L)=0$ 时，

$$E_t(R_{i,t+1}-R_F) = E_t(L_{i,t+1}) + E_t(C_{i,t+1}) +$$
$$\lambda_t \frac{Cov_t(R_{M,t+1}, R_{i,t+1})}{Var_t(R_{M,t+1}-L_{M,t+1}-C_{M,t+1})} + \lambda_t \frac{Cov_t(L_{M,t+1}, L_{i,t+1})}{Var_t(R_{M,t+1}-L_{M,t+1}-C_{M,t+1})} +$$

$$\lambda_t \frac{Cov_t(C_{M,t+1}, C_{i,t+1})}{Var_t(R_{M,t+1}-L_{M,t+1}-C_{M,t+1})} \tag{3-34}$$

其中，风险溢价如下：

$$\lambda_t = E_t(R_{M,t+1}-L_{M,t+1}-C_{M,t+1}-R_F) \tag{3-35}$$

于是：

$$E_t(R_{i,t+1})-R_F = E_t(L_{i,t+1})+E_t(C_{i,t+1})+\lambda_t\beta+\lambda_t\beta_{LL}+\lambda_t\beta_{CC} \tag{3-36}$$

其中：

$$\beta = \frac{Cov_t(R_{M,t+1}, R_{i,t+1})}{Var_t(R_{M,t+1}-L_{M,t+1}-C_{M,t+1})} \tag{3-37}$$

以上表达式代表市场收益率与资产收益率的协方差，其经济含义为市场风险与资产组合利率风险的交互作用。

$$\beta_{LL} = \frac{Cov_t(L_{M,t+1}, L_{i,t+1})}{Var_t(R_{M,t+1}-L_{M,t+1}-C_{M,t+1})} \tag{3-38}$$

以上为市场流动性风险成本与资产组合流动性风险成本协方差，含义为市场流动性风险与资产组合流动性风险交互作用，是资产组合受到的流动性风险。

$$\beta_{cc} = \frac{Cov_t(C_{M,t+1}, C_{i,t+1})}{Var_t(R_{M,t+1}-L_{M,t+1}-C_{M,t+1})} \tag{3-39}$$

以上表达式代表市场信用风险成本与资产组合信用风险成本协方差，其经济含义为市场信用风险与资产组合信用风险交互作用，是资产组合受到的信用风险。

风险溢价如下：

$$\lambda_t = E_t(R_{M,t+1}-L_{M,t+1}-C_{M,t+1}-R_F) \tag{3-40}$$

通过以上分析发现，当不考虑市场风险、流动性风险及信用风险间的相关性时，就得到常见的企业债利差模型。多数学者研究企业债利差影响时，假设企业债利差主要由流动性风险溢价和信用风险溢价两部分构成，这实际上就是假设流动性风险与信用风险不相关。

（2）当 $Cov(R, L) \neq 0$，$Cov(R, C) \neq 0$，$Cov(C, L) \neq 0$ 时

$$E_t(R_{i,t+1})-R_F = E_t(L_{i,t+1})+E_t(C_{i,t+1})+\lambda_t\frac{Cov_t(R_{M,t+1}, R_{i,t+1})}{Var_t(R_{M,t+1}-L_{M,t+1}-C_{M,t+1})}+$$

$$\lambda_t\frac{Cov_t(L_{M,t+1}, L_{i,t+1})}{Var_t(R_{M,t+1}-L_{M,t+1}-C_{M,t+1})}+\lambda_t\frac{Cov_t(C_{M,t+1}, L_{i,t+1})}{Var_t(R_{M,t+1}-L_{M,t+1}-C_{M,t+1})}-$$

$$\lambda_t \frac{Cov_t(R_{M,t+1}, L_{i,t+1})}{Var_t(R_{M,t+1}-L_{M,t+1}-C_{M,t+1})} - \lambda_t \frac{Cov_t(L_{M,t+1}, R_{i,t+1})}{Var_t(R_{M,t+1}-L_{M,t+1}-C_{M,t+1})} +$$

$$\lambda_t \frac{Cov_t(C_{M,t+1}, C_{i,t+1})}{Var_t(R_{M,t+1}-L_{M,t+1}-C_{M,t+1})} + \lambda_t \frac{Cov_t(L_{M,t+1}, C_{i,t+1})}{Var_t(R_{M,t+1}-L_{M,t+1}-C_{M,t+1})} -$$

$$\lambda_t \frac{Cov_t(R_{M,t+1}, C_{i,t+1})}{Var_t(R_{M,t+1}-L_{M,t+1}-C_{M,t+1})} - \lambda_t \frac{Cov_t(C_{M,t+1}, R_{i,t+1})}{Var_t(R_{M,t+1}-L_{M,t+1}-C_{M,t+1})} \quad (3-41)$$

其中，如下表达式代表风险溢价：

$$\lambda_t = E_t(R_{M,t+1}-L_{M,t+1}-C_{M,t+1}-R_F) \quad (3-42)$$

进一步可以表示为以下数学模型：

$$E_t(R_{i,t+1}-R_F) = E_t(L_{i,t+1}) + E_t(C_{i,t+1}) + \lambda_t\beta + \lambda_t\beta_{LL} + \lambda_t\beta_{CL} -$$
$$\lambda_t\beta_{RL} - \lambda_t\beta_{LR} + \lambda_t\beta_{CC} + \lambda_t\beta_{LC} - \lambda_t\beta_{RC} - \lambda_t\beta_{CR} \quad (3-43)$$

其中：

$$\beta = \frac{Cov_t(R_{M,t+1}, R_{i,t+1})}{Var_t(R_{M,t+1}-L_{M,t+1}-C_{M,t+1})} \quad (3-44)$$

以上表达式代表市场收益率与资产收益率的协方差，其经济含义为市场风险与资产组合利率风险的交互作用。

$$\beta_{LL} = \frac{Cov_t(L_{M,t+1}, L_{i,t+1})}{Var_t(R_{M,t+1}-L_{M,t+1}-C_{M,t+1})} \quad (3-45)$$

以上为市场流动性风险成本与资产组合流动性风险成本协方差，含义为市场流动性风险与资产组合流动性风险间交互作用，是资产组合受到的流动性风险。

$$\beta_{CC} = \frac{Cov_t(C_{M,t+1}, C_{i,t+1})}{Var_t(R_{M,t+1}-L_{M,t+1}-C_{M,t+1})} \quad (3-46)$$

以上表达式代表市场信用风险成本与资产组合信用风险成本协方差，其经济含义为市场信用风险与资产组合信用风险交互作用，是资产组合受到的信用风险。

$$\beta_{LC} = \frac{Cov_t(L_{M,t+1}, C_{i,t+1})}{Var_t(R_{M,t+1}-L_{M,t+1}-C_{M,t+1})} \quad (3-47)$$

以上表达式代表市场流动性风险成本与资产组合信用风险成本的协方差，经济含义为市场流动性风险和资产组合信用风险交互作用，是资产受到的来自资产本身信用风险导致的交互作用，属于流动性风险与信用风险交互作用的一部分。

$$\beta_{CL} = \frac{Cov_t(C_{M,t+1}, L_{i,t+1})}{Var_t(R_{M,t+1} - L_{M,t+1} - C_{M,t+1})} \tag{3-48}$$

以上表达式代表市场信用风险成本与资产组合流动性风险成本的协方差，其经济含义为市场信用风险和资产组合流动性风险的交互作用，是资产受到的来自资产本身流动性风险导致的交互作用，是流动性风险和信用风险间交互作用的一部分。

$$\beta_{RL} = \frac{Cov_t(R_{M,t+1}, L_{i,t+1})}{Var_t(R_{M,t+1} - L_{M,t+1} - C_{M,t+1})} \tag{3-49}$$

以上表达式代表市场收益率与资产组合流动性风险成本的协方差，其经济含义为市场风险和资产组合流动性风险的交互作用，是资产受到的来自资产本身流动性风险导致的交互作用。

$$\beta_{RC} = \frac{Cov_t(R_{M,t+1}, C_{i,t+1})}{Var_t(R_{M,t+1} - L_{M,t+1} - C_{M,t+1})} \tag{3-50}$$

以上表达式代表市场收益率与资产组合信用风险成本的协方差，其经济含义为市场风险和资产组合信用风险的交互作用，是资产受到的来自资产本身信用风险导致的交互作用。

$$\beta_{LR} = \frac{Cov_t(L_{M,t+1}, R_{i,t+1})}{Var_t(R_{M,t+1} - L_{M,t+1} - C_{M,t+1})} \tag{3-51}$$

以上表达式代表市场流动性风险成本与资产组合收益率的协方差，其经济含义为市场流动性风险和资产组合利率风险的交互作用，是资产受到的来自市场流动性风险导致的交互作用。

$$\beta_{CR} = \frac{Cov_t(C_{M,t+1}, R_{i,t+1})}{Var_t(R_{M,t+1} - L_{M,t+1} - C_{M,t+1})} \tag{3-52}$$

以上表达式代表市场信用风险成本与资产组合收益率的协方差，其经济含义为市场信用风险和资产组合利率风险的交互作用，是资产受到的来自市场信用风险导致的交互作用。

其中，风险溢价如下：

$$\lambda_t = E_t(R_{M,t+1} - L_{M,t+1} - C_{M,t+1} - R_F) \tag{3-53}$$

进一步，该定价方程也可以表示为：

$$E_t(R_{i,t+1} - R_F) = E_t(L_{i,t+1}) + E_t(C_{i,t+1}) + \lambda_t\beta + \lambda_t\beta_L + \lambda_t\beta_C \tag{3-54}$$

其中，β_L 表示流动性风险，β_C 表示信用风险，λ_t 表示风险溢价。具体如下：

$$\beta_L = \beta_{LL} + \beta_{CL} - \beta_{RL} - \beta_{LR} \qquad (3-55)$$
$$\beta_c = \beta_{CC} + \beta_{LC} - \beta_{RC} - \beta_{CR} \qquad (3-56)$$
$$\lambda_t = E_t(R_{M,t+1} - L_{M,t+1} - C_{M,t+1} - R_F) \qquad (3-57)$$

以上数学模型为基于随机折现因子理论推导出的流动性风险与信用风险间交互作用定价模型。下面分析模型中风险的经济含义。

首先，β 为传统的资本资产定价模型中的风险。

其次，资产受到的流动性风险及与流动性风险交互作用的风险有四个来源：β_{LL} 是市场流动性风险成本与资产组合流动性风险成本的协方差；β_{CL} 是市场信用风险成本与资产组合流动性风险成本的协方差；β_{LR} 是市场流动性风险成本与资产组合收益率的协方差；β_{RL} 是市场收益率与资产组合流动性风险成本的协方差。

最后，资产受到的信用风险及与信用风险交互作用的风险有四个来源：β_{CC} 是市场信用风险与资产组合信用风险成本的协方差；β_{LC} 是市场流动性风险成本与资产组合信用风险成本的协方差；β_{CR} 是市场信用风险成本与资产组合收益率的协方差；β_{RC} 是市场收益率与资产组合信用风险成本的协方差。

以上基于随机折现因子推导的流动性风险与信用风险间交互作用定价模型不仅给出了该两类风险间交互作用定价机制，也给出了流动性风险和信用风险及其交互作用的风险来源。

第三节　基于 Acharya-Pedersen 的流动性风险与信用风险交互作用定价模型

一　市场摩擦成本分析

下面基于 Acharya-Pedersen 理论构建流动性风险与信用风险间交互作用定价模型。首先从市场层面和债券个体层面分别对市场风险、流动性风险及信用风险构建市场摩擦成本模型。

已有学者将流动性风险看作市场摩擦成本，并进行了相关研究。Pástor 和 Stambaugh（2003）将股票市场非流动性进行了等权重设置，研究了市场非流动性的一阶自回归模型，并发现有 1% 的显著性水平。而 Acharya 和 Pedersen（2005）基于市场非流动性的自相关特征，考虑了非流动性的二阶自回归过程,并对全样本构建了非流动性残差,研究结果与 Pástor 和 Stambaugh (2003) 相似。相关文献还可以参考 Kim 和 Lee (2014)、Bongaerts 等 (2017)。

Acharya 和 Pedersen (2005) 构建的市场层面的非流动性摩擦成本模型如下:

$$c_{M,t} = \rho_0 + \rho_1 c_{M,t-1} + \rho_2 c_{M,t-2} + \varepsilon_{M,t} \tag{3-58}$$

$$u_{M,t} = \varepsilon_{M,t} \cdot \left(\frac{MV_{M,1}}{MV_{M,t-1}}\right) \tag{3-59}$$

其中,$C_{M,t}$ 是第 t 时期市场非流动性摩擦成本,$U_{M,t}$ 是第 t 时期市场非流动性残差。使用二阶自回归过程的原因是二阶自回归过程能更容易地刻画流动性相关问题。也有学者考虑了消除时间趋势的影响,并构建了随时间调整的二阶自回归过程。如设定第 1 个月市场总价值为基准 $MV_{M,1}$,第 $t-1$ 个月末的市场总价值设定为 $MV_{M,t-1}$,然后用二者比例 $MV_{M,t-1}/MV_{M,1}$ 对二阶自回归过程进行调整。

基于以上研究,现构建市场总价值随时间调整的二阶自回归过程,假设市场总价值基准设定为 $MV_{M,1}$,第 $t-1$ 个月末的市场总价值也设定为 $MV_{M,t-1}$,二者比例 $MV_{M,t-1}/MV_{M,1}$ 作为调整系数。

一方面,从市场层面对市场风险、流动性风险和信用风险构建自回归模型。

市场风险调整的二阶自回归过程模型构建如下:

$$r_t^M \cdot \left(\frac{MV_{t-1}^M}{MV_1^M}\right) = \rho_0^M + \rho_1^M r_{t-1}^M \cdot \left(\frac{MV_{t-1}^M}{MV_1^M}\right) + \rho_2^M r_{t-2}^M \cdot \left(\frac{MV_{t-1}^M}{MV_1^M}\right) + u_{r,t}^M \tag{3-60}$$

其中,r_t^M 代表第 t 个月末的市场收益率;r_{t-1}^M 代表第 $t-1$ 个月末的市场收益率;r_{t-2}^M 代表第 $t-2$ 个月末的市场收益率;MV_1^M 代表第 1 个月市场总价值,作为基准参考;MV_{t-1}^M 代表第 $t-1$ 个月末的市场总价值;二者比例 MV_{t-1}^M/MV_1^M 作为调整系数;回归模型残差 $u_{r,t}^M$ 作为市场收益率残差的表达形式,即:

$$u_{r,t}^M = r_t^M - E_{t-1}(r_t^M) \tag{3-61}$$

从市场层面将市场非流动性看作摩擦成本,应用调整后的二阶自回归过程构建自回归模型。

市场流动性调整的二阶自回归过程模型构建如下:

$$C_{L,t}^M \cdot \left(\frac{MV_{t-1}^M}{MV_1^M}\right) = \rho_{L,0}^M + \rho_{L,1}^M C_{L,t-1}^M \cdot \left(\frac{MV_{t-1}^M}{MV_1^M}\right) + \rho_{L,2}^M C_{L,t-2}^M \cdot \left(\frac{MV_{t-1}^M}{MV_1^M}\right) + u_{L,t}^M$$

(3-62)

其中，$C_{L,t}^M$ 代表第 t 个月末的市场非流动性；$C_{L,t-1}^M$ 代表第 $t-1$ 个月末的市场非流动性；$C_{L,t-2}^M$ 代表第 $t-2$ 个月末的市场非流动性；比例 MV_{t-1}^M/MV_1^M 作为调整系数；回归模型残差 $u_{L,t}^M$ 为市场非流动性残差的表达形式，即：

$$u_{L,t}^M = C_{L,t}^M - E_{t-1}(C_{L,t}^M)$$

(3-63)

从市场层面将市场信用风险看作摩擦成本，应用调整后的二阶自回归过程构建自回归模型。

市场信用风险调整的二阶自回归过程模型构建如下：

$$C_{C,t}^M \cdot \left(\frac{MV_{t-1}^M}{MV_1^M}\right) = \rho_{C,0}^M + \rho_{C,1}^M C_{C,t-1}^M \cdot \left(\frac{MV_{t-1}^M}{MV_1^M}\right) + \rho_{C,2}^M C_{C,t-2}^M \cdot \left(\frac{MV_{t-1}^M}{MV_1^M}\right) + u_{C,t}^M$$

(3-64)

其中，$C_{C,t}^M$ 代表第 t 个月末的市场信用风险；$C_{C,t-1}^M$ 代表第 $t-1$ 个月末的市场信用风险；$C_{C,t-2}^M$ 代表第 $t-2$ 个月末的市场信用风险；比例 MV_{t-1}^M/MV_1^M 作为调整系数；回归模型残差 $u_{C,t}^M$ 作为市场信用风险残差的表达形式，即：

$$u_{C,t}^M = C_{C,t}^M - E_{t-1}(C_{C,t}^M)$$

(3-65)

另一方面，从债券个体层面对收益率、流动性风险和信用风险构建自回归模型。

债券利率风险调整的二阶自回归过程模型构建如下：

$$r_t^i \cdot \left(\frac{MV_{t-1}^i}{MV_1^i}\right) = \rho_0^i + \rho_1^i r_{t-1}^i \cdot \left(\frac{MV_{t-1}^i}{MV_1^i}\right) + \rho_2^i r_{t-2}^i \cdot \left(\frac{MV_{t-1}^i}{MV_1^i}\right) + u_{r,t}^i$$

(3-66)

其中，r_t^i 代表第 t 个月末的债券组合收益率；r_{t-1}^i 代表第 $t-1$ 个月末的债券组合收益率；r_{t-2}^i 代表第 $t-2$ 个月末的债券组合收益率；MV_1^i 代表第 1 个月债券组合总价值，作为基准参考；MV_{t-1}^i 代表第 $t-1$ 个月末的债券组合总价值；二者比例 MV_{t-1}^i/MV_1^i 作为调整系数；回归模型残差 $u_{r,t}^i$ 作为债券组合收益率残差的表达形式，即：

$$u_{r,t}^i = r_t^i - E_{t-1}(r_t^i)$$

(3-67)

从债券个体层面将债券组合非流动性看作摩擦成本，应用调整后的二阶自回归过程构建自回归模型。

债券组合流动性调整的二阶自回归过程模型构建如下：

$$C_{L,t}^i \cdot \left(\frac{MV_{t-1}^i}{MV_1^i}\right) = \rho_{L,0}^i + \rho_{L,1}^i C_{L,t-1}^i \cdot \left(\frac{MV_{t-1}^i}{MV_1^i}\right) + \rho_{L,2}^i C_{L,t-2}^i \cdot \left(\frac{MV_{t-1}^i}{MV_1^i}\right) + u_{L,t}^i$$

（3-68）

其中，$C_{L,t}^i$ 代表第 t 个月末的债券组合流动性；$C_{L,t-1}^i$ 代表第 $t-1$ 个月末的债券组合流动性；$C_{L,t-2}^i$ 代表第 $t-2$ 个月末的债券组合流动性；比例 MV_{t-1}^i/MV_1^i 作为调整系数；回归模型残差 $u_{L,t}^i$ 作为债券组合流动性残差的表达形式，即：

$$u_{L,t}^i = C_{L,t}^i - E_{t-1}(C_{L,t}^i) \tag{3-69}$$

从债券个体层面将债券组合信用风险看作摩擦成本，应用调整后的二阶自回归过程构建自回归模型。

债券组合信用风险调整的二阶自回归过程模型构建如下：

$$C_{C,t}^i \cdot \left(\frac{MV_{t-1}^i}{MV_1^i}\right) = \rho_{C,0}^i + \rho_{C,1}^i C_{C,t-1}^i \cdot \left(\frac{MV_{t-1}^i}{MV_1^i}\right) + \rho_{C,2}^i C_{C,t-2}^i \cdot \left(\frac{MV_{t-1}^i}{MV_1^i}\right) + u_{C,t}^i$$

（3-70）

其中，$C_{C,t}^i$ 代表第 t 个月末的债券组合信用风险；$C_{C,t-1}^i$ 代表第 $t-1$ 个月末的债券组合信用风险；$C_{C,t-2}^i$ 代表第 $t-2$ 个月末的债券组合信用风险；比例 MV_{t-1}^i/MV_1^i 作为调整系数；回归模型残差 $u_{C,t}^i$ 作为债券组合信用风险残差的表达形式，即：

$$u_{C,t}^i = C_{C,t}^i - E_{t-1}(C_{C,t}^i) \tag{3-71}$$

综上所述，本部分得到了市场收益率、市场流动性及市场信用风险的残差值分别作为市场风险、市场流动性风险及市场信用风险的测度，同时得到了债券组合收益率、债券组合流动性及债券组合信用风险的残差值分别作为债券组合利率风险、债券组合流动性风险及债券组合信用风险的测度。

二 模型建立

基于传统的资本资产定价模型，Acharya 和 Pedersen（2005）构建了流动性调整的资本资产定价模型。在他们的框架下，完美的没有交易摩擦成本的资本市场是不存在的，即都是非完美市场，投资者风险厌恶，在有限的财富下，总是最大化期望效用。他们将流动性风险看作市场交易成本的某种形式,给出了流动性调整的资本资产定价模型,并应用于股票市场实证研究,从一个新的视角研究了流动性风险的构成和来源。由于他们考虑的是股票市场,所以没有考虑债券市场违约风险的特殊性。尽管如此,他们的研究视角和思路为本书的研究提供了借鉴。

Acharya 和 Pedersen(2005)构建的流动性调整的资本资产定价模型表现形式如下:

$$E_t(R_{i,t+1}-C_{i,t+1}) = R_F + \lambda_t \frac{Cov_t(R_{M,t+1}-C_{M,t+1}, R_{i,t+1}-C_{i,t+1})}{Var_t(R_{M,t+1}-C_{M,t+1})} \quad (3-72)$$

其中,$\lambda_t = E_t(R_{M,t+1}-C_{M,t+1}-R_F)$ 代表风险溢价,他们推导并展开了以上定价方程,得到如下数学表达式:

$$E_t(R_{i,t+1}) = R_F + E_t(C_{i,t+1}) + \lambda_t \frac{Cov_t(R_{M,t+1}, R_{i,t+1})}{Var_t(R_{M,t+1}-C_{M,t+1})} -$$

$$\lambda_t \frac{Cov_t(R_{M,t+1}, C_{i,t+1})}{Var_t(R_{M,t+1}-C_{M,t+1})} - \lambda_t \frac{Cov_t(C_{M,t+1}, R_{i,t+1})}{Var_t(R_{M,t+1}-C_{M,t+1})} + \lambda_t \frac{Cov_t(C_{M,t+1}, C_{i,t+1})}{Var_t(R_{M,t+1}-C_{M,t+1})}$$

$$(3-73)$$

其中,$R_{i,t+1}$ 是资产组合 i 在第 $t+1$ 期的收益率;$C_{i,t+1}$ 是资产组合 i 在第 $t+1$ 期的非流动性摩擦成本;$R_{M,t+1}$ 是市场在第 $t+1$ 期的收益率;$C_{M,t+1}$ 是市场在第 $t+1$ 期的非流动性摩擦成本;R_F 是无风险利率;λ_t 代表风险溢价。

与传统的资本资产定价模型相比,流动性调整的资本资产定价模型有四个协方差,其中三个协方差都与摩擦成本有关。

具体地,以上流动性调整的资本资产定价模型可以表述成以下形式:

$$E(R_{i,t}-R_{F,t}) = E(C_{i,t}) + \lambda\beta_{1i} + \lambda\beta_{2i} - \lambda\beta_{3i} - \lambda\beta_{4i} \quad (3-74)$$

其中:

$$\beta_{1i} = \frac{Cov(R_{M,t}-E_{t-1}(R_{M,t}), R_{it})}{Var(R_{M,t}-E_{t-1}(R_{M,t})-(C_{M,t}-E_{t-1}(C_{M,t})))} \quad (3-75)$$

以上 β 表达式代表市场收益率与资产组合收益率的协方差,其经济含义为市场风险和资产组合利率风险间的交互作用。

$$\beta_{2i} = \frac{Cov(C_{M,t}-E_{t-1}(C_{M,t}), C_{i,t}-E_{t-1}(C_{i,t}))}{Var(R_{M,t}-E_{t-1}(R_{M,t})-(C_{M,t}-E_{t-1}(C_{M,t})))} \quad (3-76)$$

以上 β 表达式代表市场流动性风险成本与资产组合流动性风险成本的协方差,其经济含义为市场流动性风险与资产组合流动性风险间的交互作用。

$$\beta_{3i}=\frac{Cov(C_{M,t}-E_{t-1}(C_{M,t}),\ R_{it})}{Var(R_{M,t}-E_{t-1}(R_{M,t})-(C_{M,t}-E_{t-1}(C_{M,t})))} \tag{3-77}$$

以上 β 表达式代表市场流动性风险成本与资产组合收益率的协方差，其经济含义为市场流动性风险与资产组合利率风险的交互作用。

$$\beta_{4i}=\frac{Cov(R_{M,t}-E_{t-1}(R_{M,t}),\ C_{i,t}-E_{t-1}(C_{i,t}))}{Var(R_{M,t}-E_{t-1}(R_{M,t})-(C_{M,t}-E_{t-1}(C_{M,t})))} \tag{3-78}$$

以上 β 表达式代表市场收益率与资产组合流动性风险成本的协方差，其经济含义为市场风险与资产流动性风险的交互作用。

$$\lambda=E(\lambda_t)=E(R_{M,t+1}-C_{M,t+1}-R_F) \tag{3-79}$$

以上数学表达式代表风险溢价。

综上所述，β_{1i} 是市场收益率与资产组合收益率的协方差；β_{2i} 是市场流动性风险成本与资产组合流动性风险成本的协方差，即为流动性风险；β_{3i} 是市场流动性风险成本与资产组合收益率的协方差，即为市场流动性风险和资产组合利率风险的交互作用；β_{4i} 是市场收益率与资产组合流动性风险成本的协方差，即为市场风险与资产组合流动性风险的交互作用。

于是，基于 Acharya 和 Pedersen（2005）的研究思路和框架，在非完美市场假设下，本书创新性地将流动性风险和信用风险看作市场摩擦成本的某种形式引入债券定价模型，构建流动性风险与信用风险间交互作用定价模型，以研究流动性风险与信用风险间交互作用定价机制。

下面基于 Acharya 和 Pedersen（2005）的理论，引入流动性风险与信用风险摩擦成本，按照 Acharya 和 Pedersen（2005）方法构建流动性风险与信用风险间交互作用定价模型，具体如下：

$$E_t(R_{i,t+1}-L_{i,t+1}-C_{i,t+1})=R_F+\lambda_t\frac{Cov_t(R_{M,t+1}-L_{M,t+1}-C_{M,t+1},\ R_{i,t+1}-L_{i,t+1}-C_{i,t+1})}{Var_t(R_{M,t+1}-L_{M,t+1}-C_{M,t+1})}$$

$$\tag{3-80}$$

其中，$\lambda_t=E_t(R_{M,t+1}-L_{M,t+1}-C_{M,t+1}-R_F)$ 代表风险溢价。

按照 Acharya 和 Pedersen（2005）的推导过程将以上定价方程展开，得到如下数学表达式：

$$E_t(R_{i,t+1})=R_F+E_t(L_{i,t+1})+E_t(C_{i,t+1})+\lambda_t\frac{Cov_t(R_{M,t+1},\ R_{i,t+1})}{Var_t(R_{M,t+1}-L_{M,t+1}-C_{M,t+1})}+$$

$$\lambda_t \frac{Cov_t(L_{M,t+1}, L_{i,t+1})}{Var_t(R_{M,t+1}-L_{M,t+1}-C_{M,t+1})} + \lambda_t \frac{Cov_t(C_{M,t+1}, L_{i,t+1})}{Var_t(R_{M,t+1}-L_{M,t+1}-C_{M,t+1})} -$$

$$\lambda_t \frac{Cov_t(R_{M,t+1}, L_{i,t+1})}{Var_t(R_{M,t+1}-L_{M,t+1}-C_{M,t+1})} - \lambda_t \frac{Cov_t(L_{M,t+1}, R_{i,t+1})}{Var_t(R_{M,t+1}-L_{M,t+1}-C_{M,t+1})} +$$

$$\lambda_t \frac{Cov_t(C_{M,t+1}, C_{i,t+1})}{Var_t(R_{M,t+1}-L_{M,t+1}-C_{M,t+1})} + \lambda_t \frac{Cov_t(L_{M,t+1}, C_{i,t+1})}{Var_t(R_{M,t+1}-L_{M,t+1}-C_{M,t+1})} -$$

$$\lambda_t \frac{Cov_t(R_{M,t+1}, C_{i,t+1})}{Var_t(R_{M,t+1}-L_{M,t+1}-C_{M,t+1})} - \lambda_t \frac{Cov_t(C_{M,t+1}, R_{i,t+1})}{Var_t(R_{M,t+1}-L_{M,t+1}-C_{M,t+1})} \quad (3-81)$$

其中，$R_{i,t+1}$ 是资产组合 i 在第 $t+1$ 期的收益率；$L_{i,t+1}$ 是资产组合 i 在第 $t+1$ 期的流动性风险摩擦成本；$C_{i,t+1}$ 是资产组合 i 在第 $t+1$ 期的信用风险摩擦成本；$R_{M,t+1}$ 是市场在第 $t+1$ 期的收益率；$L_{M,t+1}$ 是市场在第 $t+1$ 期的流动性风险摩擦成本；$C_{M,t+1}$ 是市场在第 $t+1$ 期的信用风险摩擦成本；R_F 是无风险利率；λ_t 代表风险溢价。

与 Acharya 和 Pedersen（2005）流动性调整的资本资产定价模型相比，本书推导的流动性风险与信用风险间交互作用定价模型有九个协方差，完整刻画了流动性风险、信用风险及其交互作用的来源，其中四个协方差都与流动性风险有关。

具体地，流动性风险与信用风险间交互作用定价模型可以表述成以下形式：

$$E_t(R_{i,t}-R_{F,t})$$
$$=E(L_{i,t})+E(C_{i,t})+\lambda\beta+\lambda\beta_{LL}+\lambda\beta_{CL}-\lambda\beta_{RL}-\lambda\beta_{LR}+\lambda\beta_{CC}+\lambda\beta_{LC}-\lambda\beta_{RC}-\lambda\beta_{CR}$$
$$=E(L_{i,t})+E(C_{i,t})+\lambda\beta+\lambda(\beta_{LL}+\beta_{CL}-\beta_{RL}-R_{LR})+\lambda(\beta_{CC}+\beta_{LC}-\beta_{RC}-\beta_{CR})$$
$$=E(L_{i,t})+E(C_{i,t})+\lambda\beta+\lambda\beta_L+\lambda\beta_C \quad (3-82)$$

$$\beta_L=\beta_{LL}+\beta_{CL}-R_{LR}-\beta_{RL} \quad (3-83)$$

以上 β 表达式，包含资产组合所受到的所有流动性风险来源。四个 β 依次为：β_{LL} 是市场流动性风险成本与资产组合流动性风险成本的协方差；β_{CL} 是市场信用风险成本与资产组合流动性风险成本的协方差；β_{LR} 是市场流动性风险成本与资产组合收益率的协方差；β_{RL} 是市场收益率与资产组合流动性风险成本的协方差。其经济含义将在下面进行分析。

$$\beta_C=\beta_{CC}+\beta_{LC}-\beta_{CR}-\beta_{RC} \quad (3-84)$$

以上 β 表达式，包含资产组合所受到的所有信用风险来源。四个 β 依次为：β_{CC} 是市场信用风险成本与资产组合信用风险成本的协方差；β_{LC}

是市场流动性风险成本与资产组合信用风险成本的协方差;β_{CR}是市场信用风险成本与资产组合收益率的协方差;β_{RC}是市场收益率与资产组合信用风险成本的协方差。其经济含义将在下面进行分析。

$$\lambda_t = E_t(R_{M,t+1} - L_{M,t+1} - C_{M,t+1} - R_F) \tag{3-85}$$

以上数学表达式代表风险溢价。

以上β表达式的经济含义分别如下:

$$\beta = \frac{Cov[R_{M,t} - E_{t-1}(R_{M,t}),\ R_{i,t}]}{Var\{R_{M,t} - E_{t-1}(R_{M,t}) - [L_{M,t} - E_{t-1}(L_{M,t})] - [C_{M,t} - E_{t-1}(C_{M,t})]\}} \tag{3-86}$$

以上β表达式代表市场收益率与资产组合收益率的协方差,其经济含义为市场风险与资产组合利率风险的交互作用。

$$\beta_{LL} = \frac{Cov[L_{M,t} - E_{t-1}(L_{M,t}),\ L_{i,t} - E_{t-1}(L_{i,t})]}{Var\{R_{M,t} - E_{t-1}(R_{M,t}) - [L_{M,t} - E_{t-1}(L_{M,t})] - [C_{M,t} - E_{t-1}(C_{M,t})]\}} \tag{3-87}$$

以上为市场流动性风险成本与资产组合流动性风险成本协方差,含义为市场流动性风险与资产组合流动性风险间交互作用,是资产组合受到的流动性风险。

$$\beta_{CL} = \frac{Cov[C_{M,t} - E_{t-1}(C_{M,t}),\ L_{i,t} - E_{t-1}(L_{i,t})]}{Var\{R_{M,t} - E_{t-1}(R_{M,t}) - [L_{M,t} - E_{t-1}(L_{M,t})] - [C_{M,t} - E_{t-1}(C_{M,t})]\}} \tag{3-88}$$

以上β表达式代表市场信用风险成本与资产组合流动性风险成本的协方差,其经济含义为市场信用风险与资产组合流动性风险的交互作用,属于资产组合受到的来自资产本身流动性风险导致的交互作用,也属于流动性风险和信用风险交互作用的一部分。

$$\beta_{LC} = \frac{Cov[L_{M,t} - E_{t-1}(L_{M,t}),\ C_{i,t} - E_{t-1}(C_{i,t})]}{Var\{R_{M,t} - E_{t-1}(R_{M,t}) - [L_{M,t} - E_{t-1}(L_{M,t})] - [C_{M,t} - E_{t-1}(C_{M,t})]\}} \tag{3-89}$$

以上β表达式代表市场流动性风险成本与资产组合信用风险成本的协方差,其经济含义为市场流动性风险与资产组合信用风险的交互作用,属于资产组合受到的来自资产本身信用风险导致的交互作用,属于流动性风险与信用风险交互作用的一部分。

$$\beta_{CC} = \frac{Cov[C_{M,t}-E_{t-1}(C_{M,t}),\ C_{i,t}-E_{t-1}(C_{i,t})]}{Var\{R_{M,t}-E_{t-1}(R_{M,t})-[L_{M,t}-E_{t-1}(L_{M,t})]-[C_{M,t}-E_{t-1}(C_{M,t})]\}}$$

(3-90)

以上β表达式代表市场信用风险成本与资产组合信用风险成本协方差，其经济含义为市场信用风险与资产组合信用风险交互作用，是资产组合受到的信用风险。

$$\beta_{LR} = \frac{Cov[L_{M,t}-E_{t-1}(L_{M,t}),\ R_{i,t}]}{Var\{R_{M,t}-E_{t-1}(R_{M,t})-[L_{M,t}-E_{t-1}(L_{M,t})]-[C_{M,t}-E_{t-1}(C_{M,t})]\}}$$

(3-91)

以上β表达式代表市场流动性风险成本与资产组合收益率的协方差，其经济含义为市场流动性风险与资产组合利率风险的交互作用，属于资产组合受到的来自市场流动性风险导致的交互作用。

$$\beta_{CR} = \frac{Cov[C_{M,t}-E_{t-1}(C_{M,t}),\ R_{i,t}]}{Var\{R_{M,t}-E_{t-1}(R_{M,t})-[L_{M,t}-E_{t-1}(L_{M,t})]-[C_{M,t}-E_{t-1}(C_{M,t})]\}}$$

(3-92)

以上β表达式代表市场信用风险成本与资产组合收益率的协方差，其经济含义为市场信用风险与资产组合利率风险的交互作用，属于资产组合受到的来自市场信用风险导致的交互作用。

$$\beta_{RL} = \frac{Cov[R_{M,t}-E_{t-1}(R_{M,t}),\ L_{i,t}-E_{t-1}(L_{i,t})]}{Var\{R_{M,t}-E_{t-1}(R_{M,t})-[L_{M,t}-E_{t-1}(L_{M,t})]-[C_{M,t}-E_{t-1}(C_{M,t})]\}}$$

(3-93)

以上β表达式代表市场收益率与资产组合流动性风险成本的协方差，其经济含义为市场风险与资产组合流动性风险的交互作用，属于资产组合受到的来自资产本身流动性风险导致的交互作用。

$$\beta_{RC} = \frac{Cov[R_{M,t}-E_{t-1}(R_{M,t}),\ C_{i,t}-E_{t-1}(C_{i,t})]}{Var\{R_{M,t}-E_{t-1}(R_{M,t})-[L_{M,t}-E_{t-1}(L_{M,t})]-[C_{M,t}-E_{t-1}(C_{M,t})]\}}$$

(3-94)

以上β表达式代表市场收益率与资产组合信用风险成本的协方差，其经济含义为市场风险与资产组合信用风险的交互作用，属于资产组合受到的来自资产本身信用风险导致的交互作用。

将上一部分构建的市场收益率残差$u_{r,t}^M$、市场流动性残差$u_{L,t}^M$、市场

信用风险残差 $u_{C,t}^M$、债券组合收益率残差 $u_{r,t}^i$、债券组合流动性残差 $u_{L,t}^i$ 及债券组合信用风险残差 $u_{C,t}^i$ 分别代入上边推导的九个 β 数学表达式，可简化得：

$$\beta = \frac{Cov(u_{r,t}^M,\ u_{r,t}^i)}{Var(u_{r,t}^M - u_{L,t}^M - u_{C,t}^M)} \tag{3-95}$$

$$\beta_{LL} = \frac{Cov(u_{L,t}^M,\ u_{L,t}^i)}{Var(u_{r,t}^M - u_{L,t}^M - u_{C,t}^M)} \tag{3-96}$$

$$\beta_{CL} = \frac{Cov(u_{C,t}^M,\ u_{L,t}^i)}{Var(u_{r,t}^M - u_{L,t}^M - u_{C,t}^M)} \tag{3-97}$$

$$\beta_{LC} = \frac{Cov(u_{L,t}^M,\ u_{C,t}^i)}{Var(u_{r,t}^M - u_{L,t}^M - u_{C,t}^M)} \tag{3-98}$$

$$\beta_{CC} = \frac{Cov(u_{C,t}^M,\ u_{C,t}^i)}{Var(u_{r,t}^M - u_{L,t}^M - u_{C,t}^M)} \tag{3-99}$$

$$\beta_{LR} = \frac{Cov(u_{L,t}^M,\ u_{r,t}^i)}{Var(u_{r,t}^M - u_{L,t}^M - u_{C,t}^M)} \tag{3-100}$$

$$\beta_{CR} = \frac{Cov(u_{C,t}^M,\ u_{r,t}^i)}{Var(u_{r,t}^M - u_{L,t}^M - u_{C,t}^M)} \tag{3-101}$$

$$\beta_{RL} = \frac{Cov(u_{r,t}^M,\ u_{L,t}^i)}{Var(u_{r,t}^M - u_{L,t}^M - u_{C,t}^M)} \tag{3-102}$$

$$\beta_{RC} = \frac{Cov(u_{r,t}^M,\ u_{C,t}^i)}{Var(u_{r,t}^M - u_{L,t}^M - u_{C,t}^M)} \tag{3-103}$$

综上所述，β 为市场收益率与资产组合收益率的协方差。资产受到的流动性风险有四个来源：β_{LL} 是市场流动性风险成本与资产组合流动性风险成本的协方差；β_{CL} 是市场信用风险成本与资产组合流动性风险成本的协方差；β_{LR} 是市场流动性风险成本与资产组合收益率的协方差；β_{RL} 是市场收益率与资产组合流动性风险成本的协方差。资产受到的信用风险也有四个来源：β_{CC} 是市场信用风险成本与资产组合信用风险成本的协方差；β_{LC} 是市场流动性风险成本与资产组合信用风险成本的协方差；β_{CR} 是市场信用风险成本与资产组合收益率的协方差；β_{RC} 是市场收益率与资产组合信用风险成本的协方差。

第四节 流动性风险与信用风险交互作用定价机制及风险来源

下面根据上一部分推导的流动性风险与信用风险间交互作用定价模型，分析模型中风险的经济含义。基于该定价模型，分析债券定价中的流动性风险构成、信用风险构成及该两类风险间交互作用构成与作用机理，以研究流动性风险与信用风险间交互作用定价机制及风险来源。

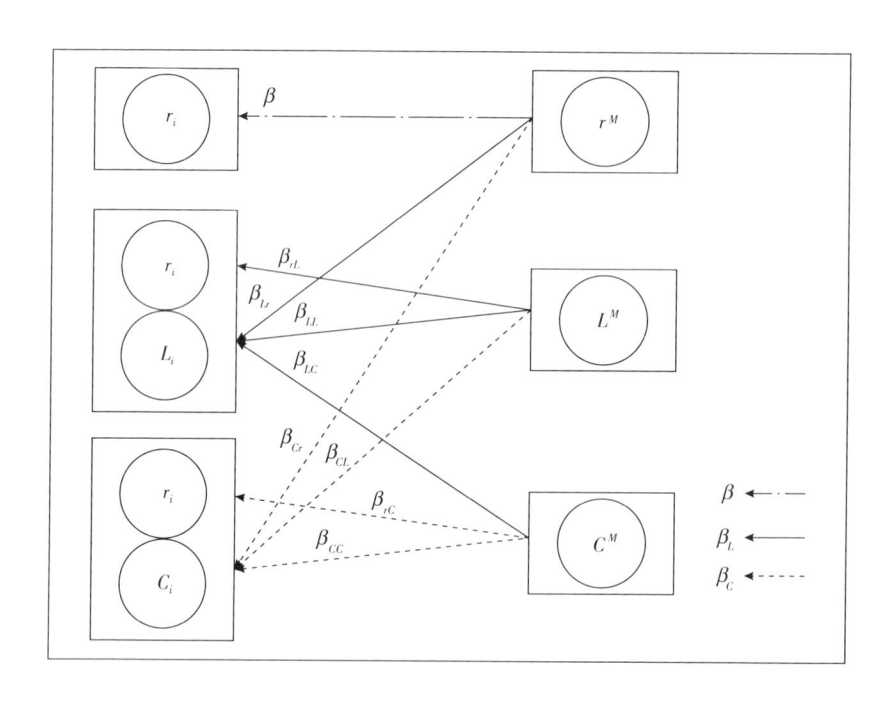

下面给出债券风险来源及流动性风险与信用风险间交互作用机理，如图 3-1 所示。

图 3-1 债券风险来源及流动性风险与信用风险间交互作用定价机制

下面对债券风险来源进行分析。

首先，由图 3-1 可知，债券流动性风险来源渠道有四个：债券利率风险与市场流动性风险交互作用、债券流动性风险与市场风险交互作用、债券流动性风险与市场流动性风险交互作用、债券流动性风险与市场信用风险交互作用。分别是：

$$\beta_{rL} = \frac{Cov(u_{r,t}^M, u_{L,t}^M)}{Var(u_{r,t}^M - u_{L,t}^M - u_{C,t}^M)} \quad (3-104)$$

$$\beta_{Lr} = \frac{Cov(u_{L,t}^i, u_{r,t}^M)}{Var(u_{r,t}^M - u_{L,t}^M - u_{C,t}^M)} \quad (3-105)$$

$$\beta_{LL} = \frac{Cov(u_{L,t}^i, u_{L,t}^M)}{Var(u_{r,t}^M - u_{L,t}^M - u_{C,t}^M)} \quad (3-106)$$

$$\beta_{LC} = \frac{Cov(u_{L,t}^i, u_{C,t}^M)}{Var(u_{r,t}^M - u_{L,t}^M - u_{C,t}^M)} \quad (3-107)$$

其中，债券流动性风险 β_{rL} 和 β_{LL} 的风险来源是市场流动性风险，债券流动性风险 β_{Lr} 的风险来源是市场风险，债券流动性风险 β_{LC} 的风险来源是市场信用风险，即流动性风险与信用风险间交互作用的重要组成部分。

其次，由图3-1可知，债券信用风险影响渠道也有四个：分别是债券信用风险与市场风险交互作用、债券信用风险与市场流动性风险交互作用、债券收益率风险与市场信用风险交互作用、债券信用风险与市场信用风险交互作用。分别是：

$$\beta_{Cr} = \frac{Cov(u_{C,t}^i, u_{r,t}^M)}{Var(u_{r,t}^M - u_{L,t}^M - u_{C,t}^M)} \quad (3-108)$$

$$\beta_{CL} = \frac{Cov(u_{C,t}^i, u_{L,t}^M)}{Var(u_{r,t}^M - u_{L,t}^M - u_{C,t}^M)} \quad (3-109)$$

$$\beta_{rC} = \frac{Cov(u_{r,t}^i, u_{C,t}^M)}{Var(u_{r,t}^M - u_{L,t}^M - u_{C,t}^M)} \quad (3-110)$$

$$\beta_{CC} = \frac{Cov(u_{C,t}^i, u_{C,t}^M)}{Var(u_{r,t}^M - u_{L,t}^M - u_{C,t}^M)} \quad (3-111)$$

其中，债券信用风险 β_{rC} 和 β_{CC} 的风险来源是市场信用风险，债券信用风险 β_{Cr} 的风险来源是市场风险，债券信用风险 β_{CL} 的风险来源是市场流动性风险，即流动性风险与信用风险间交互作用的重要组成部分。

再次，分析可知，传统资本资产定价模型的市场风险 β 如下：

$$\beta = \frac{Cov(u_{r,t}^i, u_{r,t}^M)}{Var(u_{r,t}^M - u_{L,t}^M - u_{C,t}^M)} \quad (3-112)$$

最后，债券流动性风险与信用风险间交互作用有两部分，分别是市场信用风险与债券流动性风险交互作用、市场流动性风险与债券信用风险交互作用。

$$\beta_{LC} = \frac{Cov(u_{L,t}^i, u_{C,t}^M)}{Var(u_{r,t}^M - u_{L,t}^M - u_{C,t}^M)} \quad (3-113)$$

$$\beta_{CL} = \frac{Cov(u_{C,t}^i, u_{L,t}^M)}{Var(u_{r,t}^M - u_{L,t}^M - u_{C,t}^M)} \quad (3-114)$$

特别地，可以得到一种特殊情况下的债券定价机制。如果不考虑市场风险、流动性风险和信用风险间交互作用，那么债券风险来源有三种：市场风险与债券利率风险交互作用、市场流动性风险与债券流动性风险交互作用、市场信用风险与债券信用风险交互作用。

$$\beta = \frac{Cov(u_{r,t}^i, u_{r,t}^M)}{Var(u_{r,t}^M - u_{L,t}^M - u_{C,t}^M)} \quad (3-115)$$

$$\beta_{LL} = \frac{Cov(u_{L,t}^i, u_{L,t}^M)}{Var(u_{r,t}^M - u_{L,t}^M - u_{C,t}^M)} \quad (3-116)$$

$$\beta_{CC} = \frac{Cov(u_{C,t}^i, u_{C,t}^M)}{Var(u_{r,t}^M - u_{L,t}^M - u_{C,t}^M)} \quad (3-117)$$

其中，债券流动性风险来源是市场流动性风险与债券流动性风险交互作用。

$$\beta_{LL} = \frac{Cov(u_{L,t}^i, u_{L,t}^M)}{Var(u_{r,t}^M - u_{L,t}^M - u_{C,t}^M)} \quad (3-118)$$

债券信用风险来源是市场信用风险与债券信用风险交互作用。

$$\beta_{CC} = \frac{Cov(u_{C,t}^i, u_{C,t}^M)}{Var(u_{r,t}^M - u_{L,t}^M - u_{C,t}^M)} \quad (3-119)$$

综上，基于推导的流动性风险与信用风险间交互作用定价模型，本部分系统分析了流动性风险、信用风险及其交互作用来源，研究了流动性风险与信用风险间交互作用定价机制，并为下文的债券定价中流动性风险与信用风险间交互作用溢价特征及债券利差影响因子的实证研究提供了理论基础。

第五节　本章小结

本章在随机折现因子和市场摩擦成本两个理论框架下，分别构建了企业债流动性风险与信用风险间交互作用定价模型，系统研究了流动性风险与信用风险间交互作用定价机制及风险来源，丰富和完善了资产定价理论。

一方面，基于随机折现因子理论，引入流动性风险与信用风险及其交互作用，得到了流动性风险与信用风险间交互作用定价模型。另一方面，基于非完美市场假设，将信用风险和流动性风险作为摩擦成本引入到资产定价模型，基于流动性调整的资产定价模型得到流动性风险与信用风险间交互作用定价模型。最后，基于该定价模型对流动性风险与信用风险间交互作用机制和风险来源进行了分析。流动性风险与信用风险虽然是两类不同的风险，但二者之间存在交互作用，忽略它将对企业债券定价产生系统性偏差。流动性风险与信用风险的交互作用传递渠道是，宏观流动性枯竭时，会导致中观层面的市场流动性变差，市场流动性风险加大，一个传递渠道是直接影响二级市场个体流动性风险加大，另一个传递渠道是使得经济环境变差，影响企业经营状况，企业经营状况变差将导致财务状况变差，企业的违约概率增大，信用风险加大，通过信息传递及信息不对称性，信用风险逐步传递到二级市场，导致流动性风险加大。信用风险与流动性风险间交互作用的传递渠道就是立体的自上而下的流动性风险与信用风险的螺旋循环现象。本部分主要研究结果如下：

第一，当考虑不同类型风险间交互作用时，债券流动性风险主要包括资产流动性风险分别与市场层面的市场风险、流动性风险及信用风险间的交互作用，资产利率风险与市场层面的流动性风险间的交互作用。

第二，当考虑不同类型风险间交互作用时，债券信用风险主要包括资产信用风险分别与市场层面的市场风险、流动性风险及信用风险间的交互作用，资产利率风险与市场层面的信用风险间的交互作用。

第三，当不考虑不同类型风险间的交互作用时，债券流动性风险主要包括资产层面流动性风险与市场层面流动性风险的交互作用，债券信用风险主要包括资产层面信用风险与市场层面信用风险的交互作用。

第四章 基于债券利差理论的流动性风险与信用风险交互作用溢价

本章将流动性风险与信用风险间交互作用引入债券利差模型,基于改进后的债券利差模型以中国银行间与交易所市场企业债为样本,在控制信用风险的情况下,从流动性宽度、深度、即时性、价格冲击和债券生命存续期多个维度,分别对银行间、交易所、子样本及金融危机时期中国企业债券市场流动性风险与信用风险间交互作用溢价及其特征进行了研究。

第一节 研究基础

一 理论基础

认清流动性风险溢价、信用风险溢价及该两类风险间交互作用溢价及其特征,有利于投资者进行风险测度与债券定价。

研究流动性风险溢价和信用风险溢价的文献已较多,但系统研究中国债券市场流动性风险与风险间交互作用溢价的文献较少。从信用风险溢价方面来看,Lin 和 Lin(2011)研究了信用风险溢价,并分析了信用风险对债券利差的影响。Huang 和 Huang(2012)发现信用风险溢价仅仅占债券利差的一小部分。而 Longstaff 等(2005)发现信用风险溢价占债券利差的主要部分。从流动性风险溢价角度,Zou 和 Huang(2009)研究了流动性风险溢价及流动性风险对债券利差的影响。Acharya 等(2013)和 Lin 等(2011)也发现流动性风险被定价。Dick-Nielsen 等(2012)发现流动性溢价在金融危机初期有显著增加。

已有学者关注流动性风险与风险间交互作用。Ericsson 和 Renault(2006)第一次从理论上研究了流动性风险与信用风险间交互作用,发现流动性风险和信用风险是相关的,当流动性较低时债券违约风险较高。

He 和 Xiong（2012）建立了流动性和信用风险交互作用模型，并发现市场流动性恶化不仅导致流动性溢价增加而且导致信用风险溢价增加。He 和 Milbradt（2014）研究了流动性和违约风险的交互作用，发现了违约—流动性循环现象。Chen 等（2018）建立了一个结构性信用风险模型来检验流动性和违约的交互作用对公司债券定价的影响。Gunay（2020）研究了流动性风险和信用风险的交互作用，发现流动性风险对信用风险有重要影响。相比之下，系统研究中国企业债券市场流动性风险与信用风险交互作用溢价的文献较少。艾春荣等（2015）将流动性与违约风险的相关性引入债券定价模型，发现流动性风险与信用风险间显著正相关，且该两类风险间相互作用对债券利差有显著影响。Yang 等（2021）研究了中国企业债券利差的决定因素，发现流动性风险与信用风险间交互作用显著影响企业债券利差。

综上所述，债券利差受流动性风险、信用风险及该两类风险间交互作用影响。系统研究我国债券市场流动性风险与信用风险间交互作用溢价及其特征具有重要的理论与实际意义，研究结果将成为投资者进行投资组合与风险对冲的重要参考。于是，本章以上一章为研究基础，基于债券利差理论，将流动性风险与信用风险间交互作用引入债券利差模型。在新的债券利差模型下，以中国银行间和交易所企业债券数据为样本，研究了流动性风险与信用风险间交互作用溢价及其特征，并分析了金融危机时期该两类风险间交互作用溢价规律。

二 假设

Helwege 等（2014）选取换手率等各种维度的流动性测度指标研究了流动性溢价。换手率是反映流动性即时性维度的重要工具，有的学者通过零收益天数比率构建了流动性测度指标，发现换手率与企业债券利差有负向关系。Dick-Nielsen 等（2012）基于 Roll 测度、换手率、Amihud 测度、零交易天数构建新的流动性测度指标，也得到了换手率与企业债券利差有负向关系的结论。Harris（1994）发现有低价差的资产通常有较高的交易量。陈启欢和杨朝军（2005）发现交易量和交易时间都是市场流动性综合测度指标，且交易量与企业债券利差有负向关系。Lou 和 Shu（2017）发现 Amihud 测量的定价是由交易量成分驱动的，且交易量与企业债券利差有重要影响。交易天数是企业债券常用的流动性测度指标。零交易天数或交易天数及其比例代表债券的交易活跃度程度。如果交易天数较大，表明债券较为活跃。因此，这个测度指标与债券利差负相关。Chen 等（2007）用零交易天数从交易活跃度方面构建了即时性维度的流动性测度，且发现零交易天数越多，企业债券利差越大。Dick-Nielsen 等（2012）基于零交易天数构建了新的流动性测度指标，发现了相似的结论。本书选取换手率、交易量和交易天数作为反映交易活跃度的流动性指标。它们的数值越大，债券交易越活跃，表明债券流动性风险越小，债券利差越小。因此，换手率、交易量和交易天数对企业债券利差有负向关系。企业债券的特征是交易不频繁，且新券比旧券流动性好。当新券发行时，投资者都愿意进行买卖，随着时间的推移，特别是两年以上，投资者经常选择买入并持有，尤其对于接近到期日的债券，往往会选择持有到期。剩余期限代表债券的剩余年限，接近到期日的债券经常持有到期很少交易，所以剩余到期日与企业债券利差有负向关系。基于以上分析，提出假设 H1。

H1：换手率、交易量、交易天数和剩余期限与企业债券利差有负向关系。

Dick-Nielsen 等（2012）、Shin 和 Kim（2015）构建了各种流动性和信用风险测度，研究了企业债券利差的影响因素。参考他们的方法，本部分选择以下指标作为流动性和信用风险测度指标。债券年龄被定义为自发行以来的交易年限。类似剩余到期年限，当债券年龄较大时许多投资者持有到期，债券交易越来越不活跃，债券利差开始变大。学者经常将债券年龄作为流动性测度指标。王苏生等（2015）研究了流动性风险对企业债券利差的影响，发现债券年龄越大，流动性风险越大，债券利差越大。Kargar 和 Lester（2021）利用债券年龄构建了流动性测度指标，研究了 COVID-19 大流行期间公司债券市场的流动性状况，发现债券年龄和债券利差正相关。所以，债券年龄与企业债券利差有正相关关系。Liu（2006）将流动性总结为三个维度，即交易成本、交易速度、价格冲击。苏辛和周勇（2015）基于价格冲击的维度构建市场流动性因子，度量流动性及流动性风险。*Range* 和 *Amihud* 是表示价格冲击的流动性指标。当交易一定量债券时交易引起债券价格变动越大，表明债券流动性越差，债券利差也越大。Downing 等（2005）将极端值考虑进去，从量价关系出发构建了一个 *Range* 测度作为非流动性测度指标，发现它与企业债券利差正相关。Helwege 等（2014）基于价格冲击维度剥离信用风险成分，提取出流动性溢价，研究流动性溢价影响因素。Lou 和 Shu（2017）发现 Amihud 测量对企业债券利差有正向影响，且定价是由交易量成分驱动的。所以，Amihud 和 Range 与企业债券利差正相关。信用评级是常用的信用风险测度指标，它表示债券的信用级别。Shin 和 Kim（2015）将信用评级使用虚拟数值进行编码以量化债券信用级别，发现信用评级越高，企业债券利差越小。Chen 等（2018）发现他们构建的模型在不同信用等级下可以同时匹配平均违约概率、信用利差等指标，发现信用评级与利差显著相关。Chung 等（2019）也认为信用评级是重要的信用风险测度指标。分析可知，当债券的信用越好则设定信用评级对应的虚拟变量数值越小时，债券信用评级的虚拟数值与债券利差有正相关关系。息票率也是常用的信用风险测度指标。Longstaff 等（2005）使用债券息票率作为债券利差违约成分的决定因素，研究表明，债券息票率至少在 10% 显著性水平下显著。Bharath 和 Shumway（2008）给出了债券利差对息票率的回归结果，研究表明息票率与债券利差有显著的正相关关系。Chen 等（2011）和 Lin 等（2011）也发现息票率与债券利差有显著的正相关。Kim 等（2020）研究企业债券利差影响因素时，将信用评级作为信用风险变量，发现息票率越高，债券利差越大。所以，息票率与债券利差有显著的正相关关系。债券的价格波动也可以在一定程度上代表债券的信用风险。因为当一个公司接近违约时，其债务风险也随之增加，这种风险与债券价格波动情况一致。Bharath 和 Shumway（2008）发现债券违约与股票波动率有关。已有研究表明资产历史价格信息可以反映资产的信用状况。如 Hull（2006）使用了企业债券的历史价格波动作为债券信用测度指标。Yang（2021）等将企业债券价格波动率作为信用风险测度指标，发现波动率与企业债券利差有显著的正相关关系。所以，债券价格波动通常与债券利差有正相关关系。基于以上分析，提出假设 H2。

H2：债券年龄、Range 测度、Amihud 测度、信用评级、息票率和波动率与企业债券利差有正向关系。

有学者关注流动性风险与信用风险间交互作用及其对债券利差的影响。Ericsson 和 Renault（2006）、Duffie 和 Singleton（1999）及王安兴等（2012）研究了流动性风险与信用风险间交互作用。Chen 等（2007）、Rossi（2014）及 Kalimipalli 和 Nayak（2012）也认为流动性效应和信用风险效应是混杂在一起的。Ericsson 和 Renault（2006）第一次从理论上研究了流动性风险与信用风险间交互作用，发现流动性风险和信用风险是相关的，当流动性较低时债券违约风险较高。艾春荣等（2015）将流动性与违约风险的相关性引入债券定价模型，发现流动性风险与信用风险间显著正相关，且该两类风险间相互作用对债券利差有显著影响。Wang 和 Wu（2015）通过控制流动性风险与信用风险间交互作用，研究了交易量与债券价格波动性的关系，该关系受到流动性风险与信用风险及两类风险间交互作用影响。He 和 Xiong（2012）建立了流动性和信用风险交互作用模型，并发现市场流动性恶化不仅导致流动性溢价增加而且导致信用风险溢价增加。He 和 Milbradt（2014）研究了流动性和违约风险的交互作用，发现了违约—流动性循环现象。Chen 等（2018）建立了一个结构性信用风险模型来检验流动性和违约的交互作用对公司债券定价的影响。Gunay（2020）研究了流动性风险和信用风险的交互作用，发现流动性风险对信用风险有重要影响。基于以上分析，提出假设 H3。

H3：流动性风险与信用风险间交互作用存在且对企业债券利差有显著影响。

三 指标选取及含义

（一）债券利差

与 Shin 和 Kim（2015）、Yang 等（2021）计算方法一致，企业债券利差被定义为企业债券和对应相同剩余年限国债的收益率之差。在计算企业债券利差时选择具有相同剩余年限的企业债券和国债到期收益率计算利差。数据来自 Wind 数据库。

（二）流动性测度

Dick-Nielsen 等（2012）从多个维度选取了流动性测度指标，Shin 和 Kim（2015）研究了多维度流动性溢价。本部分参考他们的方法，结合企业债券特征和流动性多维度性选取以下七个指标代表流动性风险：换手率、交易量、交易天数、*Amihud* 测度、*Range* 测度、剩余期限和债券年龄。

Shin 和 Kim（2015）、张宗新等（2020）研究了多维流动性测度，本部分参考他们的方法。换手率用 *Turnover* 表示，是在一定时期内市场资产交易的频率，是反映市场交易活跃度最重要的指标之一。交易量用 *Vol* 表示，这里使用市场交易债券的月度数据。交易天数用 *Day* 表示，是企业债券月度交易天数。如果交易天数较大，则表明债券较活跃。*Amihud* 测度是单位交易量对价格的冲击。这里基于 *Amihud*（2002）测度，构建了月度流动性指标来描述非流动性。$Range$ 测度是基于 Downing 等（2005）的研究，将极端值考虑进去从量价关系角度构建月度的非流动性测度。该测度描述了给定交易量的价格波动情况，经济含义是给定交易量下流动性差的债券有较高的价格波动。剩余期限用 $TTMaturity$ 表示，是债券剩余到期时间。剩余到期时间少于 12 个月的债券通常很少进行交易，主要因为这类债券经常被投资者作为投资组合产品持有到期。于是从样本中剔除这类债券。债券年龄用 Age 表示，是债券自发行以来的交易年限，经常作为债券流动性测度指标。因为当新券发行时投资者都愿意进行买卖，随着时间推移，特别是两年以上，投资者经常买入并持有。大年龄债券很少进行交易，尤其接近到期的债券持有者往往会选择持有至到期。

（三）信用风险测度

Chung 等（2019）、Yang 等（2021）研究企业债利差影响因素时，选取了多个信用风险指标。基于他们的研究，本部分选取信用评级、息票率和价格波动作为信用风险测度指标。

信用评级用 $Rating$ 表示，是常用的信用风险测度指标。这里采用了 Shin 和 Kim（2015）的方法对信用评级进行编码，量化信用评级以研究信用风险溢价。具体如下，$AAA=1$，$AA+=2$，…，和 $C=14$，其余低于 C 的信用评级是 15。息票率用 $Coupon$ 表示，数值越大，信用风险越大。相关文献可以参考 Longstaff 等（2005）、Bharath 和 Shumway（2008）、Kim 等（2020）。债券价格波动用 $Volatility$ 表示，在一定程度上反映了信用风险。当一个公司接近违约时，其债务风险也随之增加，这种风险与债券价格波动情况一致。这里使用企业债过去 125 天的历史价格进行计算，其与债券利差有正相关关系。

第二节 样本选取和描述性统计分析

一 企业债券利差的时序特征及描述性统计分析

（一）企业债券利差时序特征

选取中国银行间和交易所债券市场企业债券 2006 年 7 月—2020 年 6 月数据，从 Wind 数据库下载基础数据，并计算了企业债券利差。在中国企业债券市场，AA 级及以上的企业债券具有代表性。下面给出中国企业债券市场 AA 级及以上的企业债券月平均利差时序图，如图 4-1 所示。

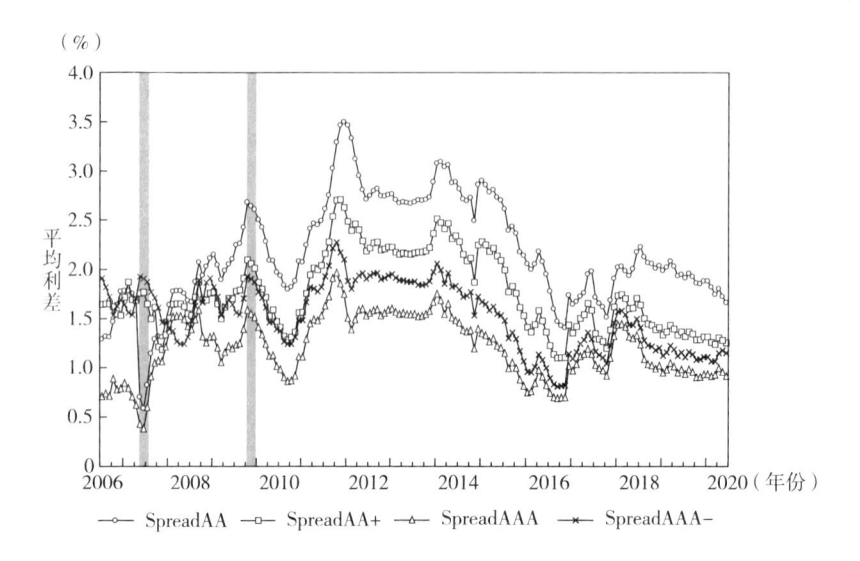

图 4-1　AA 级及以上企业债券月平均利差时序

从图像描述来看，各评级企业债券利差的变化趋势非常相似，主要原因是企业债券利差主要由共同的系统性风险因子决定。正如图 4-1 所示，从 2007 年 5 月到 2010 年 1 月，企业债券月平均利差首先是总体有一段时间下降，之后债券利差总体开始逐步上升，直到 2012 年 3 月达到最大值，接着债券月平均利差开始逐渐下降。从国内外经济环境来看，债券利差从 2007 年 5 月—2010 年 1 月增加的主要原因是国际金融危机的爆发，此时投资者需要更多的风险溢价补偿。而从 2010 年 10 月—2012 年 3 月，企业债券利差增加的原因是金融市场的流动性变小，流动性风险增加，导致债券利差逐渐增加。自 2012 年 4 月以来，中国进行了一系列的金融改革，使得金融市场流动性逐渐变好，市场流动性风险趋于稳定，故企业债券利差慢慢变小。

（二）样本选取和描述性统计分析

本部分选取中国银行间和交易所债券市场企业债券 2006 年 7 月—2016 年 6 月数据为样本，从 Wind 数据库下载基础数据，并计算了各种变量，进行描述性统计分析及实证研究。下面给出各个变量的描述性统计结果，如表 4-1 所示。

表 4-1　　　　　　　企业债券市场样本变量描述性统计

变量	均值	中值	最大值	最小值	标准差	J-B 统计量	概率
Spread	2.5463	2.4940	35.5890	0.0082	1.1275	4558494.0000	0.0001
Turnover	0.0828	0.0362	2.8476	0.0001	0.1332	2378552.0000	0.0001
Vol	87.5034	42.3949	3072.2300	0.0102	133.5900	3004256.0000	0.0001
Day	4.6538	2.0000	23.0000	1.0000	5.3667	38023.8300	0.0001
Amihud	0.0122	0.0003	3.5210	0.0001	0.0798	667000000.0000	0.0001
Range	0.0238	0.0005	8.4091	0.0001	0.1410	685000000.0000	0.0001
TTMaturity	5.4085	5.2932	27.0027	1.0027	2.2759	334283.6000	0.0001
Age	2.2654	1.9123	13.9781	0.0247	1.7405	105440.7000	0.0001
Volatility	0.5004	0.4143	14.4579	0.0002	0.3617	6590932.0000	0.0001
Coupon	6.7952	6.9000	9.3000	3.1700	1.0530	1311.1280	0.0001
Rating	3.3323	4.0000	15.0000	1.0000	1.5065	734923.6000	0.0001

资料来源：Wind 数据库。

表 4-1 对研究样本数据和债券特征进行了描述，包括样本各个变量的平均值、中值、最大值、最小值、标准差、J-B 统计量及概率。这里还给出了银行间和交易所市场子样本的描述性统计，如表 4-2 所示。

表 4-1 给出了银行间和交易所市场样本数据及变量的描述性统计结果。其中，债券利差的平均值约为 2.5463，标准差为 1.1275。从中位数看，债券利差的分布有一个长右尾特征，表明债券利差有明显的右偏斜分布。换手率月平均值是 0.0828，也反映了分布的右尾性特征，而交易量平均值是 87.5034，也具有长右尾分布。交易天数月平均值是 4.6538，标准差为 5.3667。*Amihud* 测度月平均值为 0.0122，反映了分布的右尾特征，*Range* 测度平均值为 0.0238，也存在右尾分布特征。剩余到期年限的平均值是 5.4085 年，中位数是 5.2932 年，同时债券年龄平均值为 2.2654 年，中位数为 1.9123 年。息票率平均值为 6.7952，标准差为 1.0530，而波动率平均值为 0.5004，标准差为 0.3617，其中最小值为 0.0002，最大值为 14.4579。最后，信用评级平均值是 3.3323，标准差

是 1.5065。

表4-2分别给出了银行间市场企业债券和交易所企业债券子样本各变量的描述性统计分析。各个变量的交易数据和债券特征包括平均值、中值、最大值、最小值、标准差、J-B统计量、概率。

表4-2　　银行间市场和交易所市场样本变量描述性统计

变量	均值	中值	最大值	最小值	标准差	J-B统计量	概率
样本A：银行间市场							
$Spread$	2.5096	2.4573	35.5890	0.0426	1.0509	5698549.0000	0.0001
$Turnover$	0.1336	0.0831	2.8476	0.0001	0.1596	688398.1000	0.0001
Vol	140.4558	93.5360	3072.2300	0.2156	158.3323	990405.4000	0.0001
Day	2.1836	2.0000	23.0000	1.0000	1.8135	773954.9000	0.0001
$Amihud$	0.0006	0.0002	0.2801	0.0001	0.0041	7900000000.0000	0.0001
$Range$	0.0007	0.0002	0.3970	0.0001	0.0064	2850000000.0000	0.0001
$TTMaturity$	5.3682	5.3366	19.5464	1.0055	1.9754	42249.4400	0.0001
Age	2.1162	1.7973	12.8027	0.0247	1.5320	16753.9900	0.0001
$Volatility$	0.5062	0.4164	14.4579	0.0002	0.3724	7851420.0000	0.0001
$Coupon$	6.7544	6.8500	9.3000	3.1700	1.0261	416.6442	0.0001
$Rating$	3.3119	4.0000	15.0000	1.0000	1.4338	342050.6000	0.0001
样本B：交易所市场							
$Spread$	2.5895	2.5390	25.0239	0.0082	1.2101	807536.9000	0.0001
$Turnover$	0.0230	0.0068	1.0581	0.0001	0.0447	2630671.0000	0.0001
Vol	25.1699	8.1666	982.3381	0.0102	46.4555	1968262.0000	0.0001
Day	7.5617	5.0000	23.0000	1.0000	6.5723	2868.6750	0.0001
$Amihud$	0.0259	0.0015	3.5210	0.0001	0.1162	68238092.0000	0.0001
$Range$	0.0509	0.0029	8.4091	0.0001	0.2047	71713807.0000	0.0001
$TTMaturity$	5.4559	5.2268	27.0027	1.0027	2.5846	184759.4000	0.0001
Age	2.4411	2.0192	13.9781	0.0548	1.9430	56307.0100	0.0001
$Volatility$	0.4935	0.4105	5.0227	0.0011	0.3486	194009.6000	0.0001

续表

变量	均值	中值	最大值	最小值	标准差	J-B 统计量	概率
Coupon	6.8433	6.9500	9.1000	3.5000	1.0819	993.4332	0.0001
Rating	3.3563	4.0000	15.0000	1.0000	1.5875	361038.9000	0.0001

资料来源：Wind 数据库。

如表 4-2（样本 A）所示。债券利差的平均值为 2.5096，标准差为 1.0509。从中位数来看，债券利差的分布有一个长的右尾特征。换手率为 0.1336，代表换手率较低，且有右尾分布特征，而交易量平均为 140.4558，是交易所市场交易量的近六倍，说明银行间市场交易相对活跃，而其也有一个长的右尾特征。月交易天数平均为 2.1836，标准差为 1.8135，代表银行间市场债券交易天数较少，大宗交易较多。*Amihud* 测度月平均值为 0.0006，也有右尾分布特征，*Range* 测度平均值为 0.0007，也能看出其有右长尾性特征。两个价格冲击维度的流动性测度明显小于交易所市场，主要是因为银行间市场债券大宗交易较多，债券体量较大，从这个角度来看银行间市场流动性较好。剩余期限平均值是 5.3682 年，而中位数是 5.3366 年，而债券年龄平均值为 2.1162 年，中位数为 1.7973 年。息票率平均值为 6.7544，标准差为 1.0261，而价格波动平均值为 0.5062，标准差为 0.3724，最小值为 0.0002，最大值为 14.4579。信用评级的平均数是 3.3119，且标准差为 1.4338。

如表 4-2（样本 B）所示。债券利差平均值为 2.5895，标准差为 1.2101，比银行间市场偏大，且波动性较大，因为交易所市场债券交易不活跃，这是给投资者流动性风险补偿。从中位数来看，债券利差分布有长的右尾特征。换手率月平均值为 0.0230，反映了分布右尾特征，比银行间市场交易不活跃，主要因为银行间市场机构投资者较多。而交易量平均为 25.1699，有长右尾特征。交易天数月平均为 7.5617，标准差为 6.5723，比银行间市场多。*Amihud* 测度月平均值为 0.0259，且有分布的右尾性，而 *Range* 测度平均为 0.0509，也有右尾特征。剩余期限平均是 5.4559 年，中位数是 5.2268 年，而债券年龄平均为 2.4411 年，中位数为 2.0192 年。息票率的平均值为 6.8433，标准差为 1.0819，其数值高于银行间市场，说明交易所市场债券信用风险相对较大。价格波动月平均值为 0.4935，标准差为 0.3486，最小值为 0.0011，最大值为 5.0227。信用评级的平均数是 3.3563，标准差为 1.5875。

综合以上描述性统计分析可知，从债券利差来看，交易所市场债券利差平均偏大，主要是因为交易所市场流动性风险和信用风险较大；从流动性风险来看，银行间市场具有机构投资者多、月度交易天数少、大宗交易、债券体量大，受交易量价格冲击影响小的特征，而银行间市场具有月换手率高、月交易天数多、债券受交易量价格冲击影响大的特征；从信用风险来看，交易所市场债券信用风险平均高于银行间市场。

二 变量相关性分析

下面给出银行间和交易所企业债券样本数据各变量间的两两相关系数，如表 4-3 所示。从表 4-3 来看，换手率和交易量呈较高的正相关，相关系数约为 0.8683，主要是因为换手率较大的债券其交易量一般也较大。而换手率和交易天数呈相对弱的相关性，这是因为银行间市场经常进行大宗交易，月度平均交易天数较少，但是其交易量和换手率比交易所大。交易量和交易天数相关性也有类似的特征。

从表 4-3 来看，$Amihud$ 测度和 $Range$ 测度也呈较高的正相关，其相关系数约为 0.7673，这是因为两者都是基于交易量对价格冲击的经济含义构建的非流动性测度。剩余期限与债券年龄呈负相关，相关系数约为 -0.2945，这主要是因为剩余期限较小的债券一般年龄较大。息票率、波动率和信用评级呈正相关关系。息票率和信用评级间的相关性较高，相关系数为 0.3228，因为信用评级虚拟数值较大代表信用评级较差，其信用风险也较大，投资者购买此类债券需要更多的信用风险补偿，故息票率应该较大。而价格波动率和息票率表现出较弱的相关性，相关系数为 0.0234，因为价格波动率是历史价格波动率，反映了债券过去的市场信息，息票率直接反映的是信用风险。

另外，流动性风险与信用风险指标间也有相关性。债券年龄和息票率间的相关系数是最高的，为 -0.2927，而 $Amihud$ 测度和息票率间的相关性是最弱的，相关系数为 -0.0026。描述性统计分析表明流动性风险与信用风险间存在一定的负相关关系。在表 4-3 各个变量间的相关系数中，换手率和交易量间的相关系数最高，相关系数为 0.8683，而 $Amihud$ 和息票率间的相关性最弱，相关系数为 -0.0026。

下面分别给出银行间市场企业债券和交易所企业债券子样本数据各变量间的相关性分析，如表 4-4 所示。

表 4-3　企业债券市场样本变量间相关性分析

	Turnover	Vol	Day	Amihud	Range	TTMaturity	Age	Volatility	Coupon	Rating
Turnover	1									
Vol	0.8683***	1								
Day	-0.0293***	-0.0268***	1							
Amihud	-0.0926***	-0.0976***	-0.0201	1						
Range	-0.103***	-0.1085***	0.0064	0.7673***	1					
TTMaturity	0.0113	0.0437***	0.1396***	0.0303	0.071	1				
Age	-0.1541***	-0.1232***	0.0741***	0.0274	0.0423	-0.2945***	1			
Volatility	0.049***	0.0798***	0.09***	0.064	0.1036***	0.1158***	0.0583***	1		
Coupon	0.0985	0.0357***	0.0921***	-0.0026	-0.0315	-0.2345***	-0.2927***	0.0234***	1	
Rating	0.104***	0.0198***	0.0655***	0.0063	0.009	-0.1691***	-0.1786***	0.0404***	0.3228***	1

注："*" 代表 10% 显著性水平下显著，"**" 代表 5% 显著性水平下显著，"***" 代表 1% 显著性水平下显著。

表 4-4　银行间市场和交易所市场样本变量间相关性分析

样本 A: 银行间市场

	Turnover	Vol	Day	Amihud	Range	TTMaturity	Age	Volatility	Coupon	Rating
Turnover	1									
Vol	0.8366***	1								
Day	0.4818***	0.5446***	1							
Amihud	-0.0727***	-0.0785***	0.0491***	1						
Range	-0.0643***	-0.0691***	0.1269***	0.7321***	1					
TTMaturity	0.0481***	0.1004***	0.1***	-0.0126	0.0078	1				
Age	-0.1732***	-0.1226***	0.0063***	0.096	0.1307	-0.4944***	1			
Volatility	0.0739***	0.1222***	0.1323***	0.0878	0.071***	-0.008***	0.0791***	1		
Coupon	0.1498	0.0605***	0.0001***	-0.0287	-0.0559	-0.1790***	-0.2096***	0.1176***	1	
Rating	0.1351***	0.0213***	-0.0022***	-0.0236	-0.0445	-0.165***	-0.1398***	0.0243***	0.3378***	1

续表

样本 B: 交易所市场

	Turnover	Vol	Day	Amihud	Range	TTMaturity	Age	Volatility	Coupon	Rating
Turnover	1									
Vol	0.8895***	1								
Day	0.38***	0.3582***	1							
Amihud	-0.1106***	-0.1167***	-0.1214***	1						
Range	-0.1239***	-0.1307***	-0.1018***	0.7608***	1					
TTMaturity	-0.0448***	-0.0212***	0.1788***	0.0363	0.0891	1				
Age	-0.0976***	-0.0785***	0.0424***	0.0139	0.0309	-0.158***	1			
Volatility	-0.0503***	-0.054***	0.1363***	0.0997	0.1632***	0.2388***	0.0427***	1		
Coupon	0.1348	0.0977***	0.123***	-0.0124	-0.0549	-0.2863***	-0.3785***	-0.0871***	1	
Rating	0.1643***	0.0781***	0.0988***	0.0066	0.0106	-0.1742***	-0.216***	0.0595***	0.3074***	1

注："*"代表10%显著性水平下显著，"**"代表5%显著性水平下显著，"***"代表1%显著性水平下显著。

由表4-4结果可知，银行间市场换手率、交易量和交易天数呈正相关，因为这几个变量都反映的流动性交易活动维度，在同一个市场投资者进行交易时换手率高了交易量也会较大，交易活跃了交易天数也会相应增加。换手率、交易量和交易天数之间的相关关系及规律在交易所市场也可以得到验证。在银行间市场换手率和交易量之间有最高的相关系数0.8366，而在交易所市场该数值更高为0.8895，这说明交易活跃度和交易量之间的关系在散户较多的交易所市场更明显。在银行间市场 Amihud 测度与 Range 测度呈正相关且相关系数为0.7321，在交易所市场为0.7608，因为两个测度指标均是基于交易量对价格冲击的经济含义构建的。两个市场剩余期限与债券年龄均呈负相关，该特征在银行间市场更为明显，相关性为-0.4944。在银行间市场，息票率、价格波动及信用评级之间呈正相关，息票率和信用评级的相关系数较高且相关系数为0.3378，价格波动和信用评级的相关性较弱，相关系数为0.0243。在交易所市场，息票率和信用评级的相关系数也比较高，相关系数为0.3074，而价格波动和信用评级的相关性也较弱，相关系数为-0.0871。

另外，在银行间市场流动性风险与信用风险之间有相关性。剩余期限和息票率的相关系数最高，为-0.1790，这反映了银行间市场流动性风险与信用风险的正相关关系。而交易天数与息票率的相关系数最弱，为0.0001。总体上，银行间市场换手率与交易量的相关系数最高，为0.8366，而交易天数与息票率的相关系数最低，为0.0001。在交易所市场流动性风险与信用风险间也有相关性。债券年龄与息票率的相关系数最高，为-0.3785，这反映了交易所市场流动性风险与信用风险的负相关关系。而 Amihud 测度和信用评级间相关性最弱，相关系数为0.0066。总体上，交易所市场换手率和交易量的相关系数最高，为0.8895，而 Amihud 测度和信用评级的相关系数最低，为0.0066。

三 单位根检验

下面对银行间市场和交易所市场样本数据计算的各变量进行单位根检验。给出银行间市场、交易所市场及全部样本的单位根检验结果，包括 ADF 单位根检验统计量和各变量的1%置信水平，如表4-5所示。从 ADF 检验结果来看，所有变量都在1%置信水平下显著，原假设被拒绝。也就是说，所有的变量序列都是平稳序列，样本数据可以进行回归分析，以研究流动性风险与信用风险间交互作用对债券利差的影响。平稳序列可以保证回归结果的有效性。

表 4-5　样本 ADF 单位根检验

	Spread	Turnover	Vol	Day	Amihud	Range	T/Maturity	Age	Volatility	Coupon	Rating
样本 A：银行间市场											
t-统计量	-9.9746***	-31.5022***	-27.1805***	-22.0632***	-157.0229***	-156.2083***	-9.7004***	-14.8666***	-13.1248***	-18.5285***	-33.6873***
概率	0.0001	0.0001	0.0001	0.0001	0.0001	0.0001	0.0001	0.0001	0.0001	0.0001	0.0001
样本 B：交易所市场											
t-统计量	-9.9574***	-31.6225***	-33.1601***	-10.9301***	-53.5030***	-53.5321***	-6.8669***	-22.4293***	-8.6634***	-22.5326***	-75.8180***
概率	0.0001	0.0001	0.0001	0.0001	0.0001	0.0001	0.0001	0.0001	0.0001	0.0001	0.0001
样本 C：企业债市场											
t-统计量	-11.5249***	-18.8832***	-20.0654***	-15.9010***	-43.0203***	-41.7255***	-10.0992***	-22.1840***	-15.6788***	-21.7887***	-58.7438***
概率	0.0001	0.0001	0.0001	0.0001	0.0001	0.0001	0.0001	0.0001	0.0001	0.0001	0.0001

注："*"代表 10% 显著性水平下显著，"**"代表 5% 显著性水平下显著，"***"代表 1% 显著性水平下显著。

第三节 流动性风险溢价和信用风险溢价

Shin 和 Kim（2015）、Yang 等（2021）研究了流动性风险溢价和信用风险溢价，他们从流动性的不同维度选取了流动性测度指标。本部分参考他们的方法，研究了企业债券流动性风险溢价和信用风险溢价。

从三个维度选择流动性测度指标，包括交易活动（$Turnover$，Vol，Day）、价格冲击（$Amihud$，$Range$）和债券年龄（$TTMaturity$，Age），信用风险指标为（$Coupon$、$Rating$ 和 $Volatility$）。从相关性分析可知，流动性测度同一维度的指标具有很强的相关性。如表 4-3 中换手率和交易量间相关系数为 0.8683。为了避免多重共线性，选择不同维度的流动性测度指标建立回归模型。在信用风险指标中，息票率与信用评级间相关性最强，因此选择其中一个作为信用风险指标。所以选择的基本流动性风险与信用风险测度指标如下：Vol、Day、$Range$、Age、$Volatility$ 和 $Coupon$。其他指标用于鲁棒性检验。

为了研究两个市场对实证结果的影响，分别分析了整个样本、银行间市场样本和交易所市场样本，如表 4-6、表 4-7 和表 4-8 所示。在整个样本中，引入虚拟变量以检验银行间市场和交易所市场对实证结果的影响。其中，银行间市场虚拟变量设置为 1，交易所市场虚拟变量设置为 0。流动性风险溢价与信用风险溢价将根据实证结果在下面进行分析。

表 4-6　　　　企业债券流动性风险溢价和信用风险溢价

	1	2	3	4	5	6	7
C	0.0661*	0.0794**	0.3371***	0.0619*	-0.7093***	1.8780***	0.4492***
	(1.93)	(2.32)	(9.61)	(1.81)	(-19.65)	(111.40)	(10.60)
$Dummy$	0.2470***	0.1916***	-0.1402***	0.2481***	0.2548***	0.2205***	0.2362***
	(20.61)	(16.14)	(-13.49)	(20.68)	(20.68)	(18.00)	(20.01)
$Turnover$		0.1270***	1.2667***				0.6847***
		(3.32)	(17.90)				(10.10)
Vol	-0.0003***		-0.0008***	-0.0003***	-0.0001*	-0.0002***	-0.0008***
	(-6.75)		(-11.54)	(-6.71)	(-1.65)	(-5.42)	(-12.09)

续表

	1	2	3	4	5	6	7
Day	0.0569*** (56.57)	0.0546*** (54.45)		0.0569*** (56.65)	0.0530*** (50.78)	0.0593*** (57.77)	0.0581*** (57.64)
Amihud	0.2446*** (4.27)	0.2490*** (4.35)	−0.1406** (−2.40)		0.2098*** (3.57)	0.2148*** (3.67)	0.1062 (1.24)
Range				0.1520*** (4.66)			0.1173** (2.40)
TTMaturity					0.0011 (0.53)		−0.0373*** (−16.44)
Age	−0.1396*** (−51.28)	−0.1368*** (−50.15)	−0.1257*** (−44.88)	−0.1396*** (−51.28)		−0.1726*** (−63.92)	−0.1485*** (−49.79)
Volatility	0.0856*** (6.84)	0.0793*** (6.34)	0.1652*** (12.87)	0.0828*** (6.59)	0.0407*** (3.15)	0.0829*** (6.48)	0.1005*** (8.09)
Coupon	0.3495*** (78.20)	0.3482*** (77.66)	0.3613*** (78.21)	0.3502*** (78.32)	0.4191*** (92.54)		0.2633*** (54.38)
Rating						0.1917*** (62.00)	0.1226*** (38.88)
Aj-R^2	0.2563	0.2557	0.2114	0.2563	0.2150	0.2233	0.2912

注："*"代表10%显著性水平下显著,"**"代表5%显著性水平下显著,"***"代表1%显著性水平下显著。

为了研究流动性风险与信用风险对企业债券利差的影响,用流动性风险指标和信用风险指标对企业债券利差构建回归模型,分别对企业债券市场样本、银行间市场样本和交易所市场样本进行实证研究。

基于以上分析,现构建回归模型如下:

$$Spread_{it} = \alpha + \beta_1 \times Liquidity\ risk\ factors_{it} + \beta_2 \times Credit\ risk\ factors_{it} + \varepsilon_{it} \quad (4-1)$$

其中,$Spread_{it}$ 代表第 i 只债券第 t 期的债券利差;$Liquidity\ risk\ factors_{it}$ 代表第 i 只债券第 t 期的流动性风险因子,包括三个维度的流动性指标,有交易活动(*Turnover*,*Vol*,*Day*)、价格冲击(*Amihud*,*Range*)和债券生命存续期(*TTMaturity*,*Age*);$Credit\ risk\ factors_{it}$ 代表第 i 只债券第 t 期的信用风险因子,用 *Coupon* 和 *Volatility* 两个信用风险指标代替。

整个样本的回归结果见表4-6,而银行间市场和交易所市场的回归结果见表4-7和表4-8。模型1给出了包含基本流动性风险与信用风险指标的回归结果。模型 1 至模型 3 在控制模型 1 中其他变量的情况下，选取了交易活动的流动性风险指标以研究流动性风险溢价。模型 1 和模型 4 在控制模型 1 中其他变量的情况下，选取了价格冲击的流动性指标以研究流动性风险溢价。模型 1 和模型 5 研究了债券年龄维度的流动性风险溢价。模型 1 和模型 6 包含了信用风险指标以研究信用风险溢价的鲁棒性。模型 7 给出了包含所有变量的实证结果。

表 4-7　　　　　　银行间企业债券流动性溢价和信用风险溢价

	1	2	3	4	5	6	7
C	0.2043*** (4.82)	0.2041*** (4.81)	0.3150*** (7.44)	0.2049*** (4.84)	−0.7486*** (−16.18)	2.2367*** (106.95)	0.3095*** (5.44)
$Turnover$		0.1073** (2.51)	0.7616*** (11.25)				0.4388*** (6.44)
Vol	−0.0002*** (−5.13)		−0.0006*** (−8.29)	−0.0002*** (−4.81)	0.0000 (−0.90)	−0.0001*** (−3.07)	−0.0006*** (−7.92)
Day	0.0479*** (12.46)	0.0325*** (8.79)		0.0451*** (11.59)	0.0354*** (9.01)	0.0412*** (10.22)	0.0442*** (11.39)
$Amihud$	11.3751*** (7.86)	12.5973*** (8.72)	13.0328*** (9.04)		8.0311*** (5.43)	10.6564*** (7.02)	5.6937*** (2.74)
$Range$				7.4365*** (8.04)			5.3624*** (4.04)
$TTMaturity$					0.0451*** (14.70)		−0.0109*** (−2.98)
Age	−0.1507*** (−38.34)	−0.1463*** (−37.06)	−0.1436*** (−36.45)	−0.1517*** (−38.50)		−0.1828*** (−44.97)	−0.1510*** (−31.52)
$Volatility$	−0.1220*** (−7.64)	−0.1290*** (−8.11)	−0.0975*** (−6.11)	−0.1190*** (−7.47)	−0.1882*** (−11.59)	−0.0024 (−0.15)	−0.1089*** (−6.88)
$Coupon$	0.3860*** (66.32)	0.3832*** (65.27)	0.3727*** (63.14)	0.3867*** (66.43)	0.4494*** (75.86)		0.3310*** (52.25)
$Rating$						0.1767*** (41.38)	0.0947*** (21.71)
$Aj\text{-}R^2$	0.2244	0.2238	0.2236	0.2245	0.1868	0.1483	0.2432

注："*"代表 10% 显著性水平下显著，"**"代表 5% 显著性水平下显著，"***"代表 1% 显著性水平下显著。

表 4-8　　　　　　交易所企业债券流动性溢价和信用风险溢价

	1	2	3	4	5	6	7
C	0.0413	0.0518	0.0204	0.0381	-0.5055***	1.7362***	0.7839***
	(0.77)	(0.98)	(0.37)	(0.71)	(-9.35)	(77.52)	(12.39)
$Turnover$		2.9874***	9.5998***				5.2806***
		(17.83)	(27.65)				(15.94)
Vol	0.0012***		-0.0043***	0.0012***	0.0016***	0.0011***	-0.0036***
	(7.71)		(-13.00)	(7.71)	(9.57)	(6.77)	(-11.40)
Day	0.0524***	0.0477***		0.0523***	0.0510***	0.0560***	0.0547***
	(45.28)	(41.18)		(45.26)	(42.58)	(48.67)	(47.11)
$Amihud$	0.1837***	0.2144***	-0.0791		0.1806***	0.1975***	0.1475*
	(3.06)	(3.59)	(-1.29)		(2.94)	(3.28)	(1.69)
$Range$				0.0894***			0.0530
				(2.60)			(1.06)
$TTMaturity$					-0.0405***		-0.0645***
					(-13.62)		(-21.34)
Age	-0.1294***	-0.1256***	-0.1056***	-0.1294***		-0.1624***	-0.1434***
	(-33.62)	(-32.78)	(-26.88)	(-33.61)		(-44.42)	(-36.00)
$Volatility$	0.3613***	0.3804***	0.5288***	0.3594***	0.4247***	0.2136***	0.3992***
	(17.86)	(18.91)	(25.87)	(17.62)	(20.20)	(10.56)	(20.01)
$Coupon$	0.3294***	0.3246***	0.3589***	0.3301***	0.3911***		0.2065***
	(47.25)	(46.80)	(50.44)	(47.37)	(56.74)		(27.93)
$Rating$						0.2050***	0.1327***
						(45.77)	(29.23)
Aj-R^2	0.2989	0.3071	0.2590	0.2989	0.2688	0.2949	0.3611

注："*"代表10%显著性水平下显著,"**"代表5%显著性水平下显著,"***"代表1%显著性水平下显著。

根据整个样本的研究结果,如表4-6所示,虚拟变量的估计系数没有显著异于零。也就是说所有的虚拟变量系数在1%水平下显著。这是因为银行间债券市场的投资者需要更多的溢价补偿。银行间债券市场和交易所债券市场的分割现状导致两个市场的投资者具有不同的结构特征,进而两市场投资者有不同的溢价补偿要求。

为了验证结果的可靠性，分别对两个市场进行了实证研究，回归结果见表4-7和表4-8。首先，在控制信用风险（*Volatility*和*Coupon*）情况下，从交易活动、价格冲击和债券年龄三个维度研究了流动性风险溢价。然后，在控制流动性风险情况下，通过信用评级代替息票率进行了信用风险的鲁棒性检验。交易活动维度的流动性风险溢价回归结果在模型1、模型2和模型3中给出。模型1包含基本的流动性风险与信用风险指标。如表4-6（总样本）和表4-7所示，交易量的系数都在1%水平下显著且是负的，符号符合预期。而在表4-8中，模型3交易量的系数是负的，模型1的系数是正的，这表明交易量的系数和利差系数通常情况下是反向关系，当交易量大时流动性也较好，投资者补偿要求较小，和假设一致。Shin和Kim（2015）也得到了一致的结果。此外，虽然换手率和交易天数的回归系数是非常显著的，但符号与预期相反。模型7给出了包含所有变量的回归结果。

模型1和模型4给出了价格冲击维度流动性风险溢价的回归结果。模型1包括基本流动性风险与信用风险测度指标。如表4-6、表4-7和表4-8所示，*Amihud*测度和*Range*的系数是正的且在1%水平下显著。这是因为当一单位债券被交易时价格冲击越大流动性越差，如果投资者持有这种债券，他们需要更多的溢价补偿。该实证结果与Dick-Nielsen等（2012）的研究一致。模型7给出了包含所有变量的回归结果。

Kargar和Lester（2021）利用债券年龄构建了流动性测度指标，研究了公司债券市场的流动性状况。与他们类似，模型1和模型5从债券年龄角度分析了流动性风险溢价。模型1包括基本流动性风险与信用风险指标。从实证结果可知，债券年龄是非常显著的但符号不符合预期，这种情况与模型7类似。这是因为没有考虑流动性风险与信用风险间交互作用对利差的影响。在银行间市场（见表4-7）模型5中，剩余期限并不显著且符号不符合预期，而其他情况下剩余期限是非常显著的且有1%显著性水平，符号也和假设一致。

Chung等（2019）认为信用评级是重要的信用风险测度指标。这里采用他们的方法考虑了信用评级对利差的影响。与模型1相比，模型6通过使用信用评级替换息票率给出了信用风险溢价的鲁棒性分析，研究表明信用评级的回归系数是非常显著的且与利差正相关。研究结果与Chung等（2019）一致。模型7也得到类似的研究结果。这主要因为当投资者投资高信用风险债券时需要更多的风险补偿。此外如模型 1 到模型 7 的实证结果所示,息票率回归系数显著性非常高且系数符号符合预期,这主要是因为信用风险溢价显著存在。

综上所述,中国银行间市场和交易所市场企业债券流动性风险溢价和信用风险溢价显著存在,同时发现银行间市场和交易所市场债券利差存在显著差异,这主要是因为两市场交易频率、交易量、换手率、投资者结构等存在差异。

第四节 流动性风险与信用风险交互作用溢价

He 和 Milbradt(2014)研究了流动性和违约风险的交互作用,发现了违约—流动性循环现象。Chen 等(2018)建立了一个结构性信用风险模型来检验流动性和违约的交互作用对公司债券定价的影响。本部分跟随他们,研究中国企业债券市场流动性风险与信用风险间交互作用溢价。下面引入流动性风险与信用风险间交互作用,研究该两类风险间交互作用溢价及其特征。

文献研究表明流动性风险和信用风险有交互作用,且企业债券利差不仅受流动性风险和信用风险影响,也受到该两类风险间交互作用影响。Shin 和 Kim(2015)认为企业债券利差包括流动性风险溢价和信用风险溢价。基于 He 和 Milbradt(2014)、Chen 等(2018)和上文研究基础,本部分将流动性风险与信用风险间交互作用引入债券利差模型,研究该两类风险间交互作用溢价。交互作用函数代表流动性风险与信用风险间交互作用,改进后的债券利差模型如下:

$$Spread_{it} = \alpha + \beta_1 \times Liquidity\ risk\ factors_{it} + \beta_2 \times Credit\ risk\ factors_{it} + \beta_3 \times Interaction\ function(L,C)_{it} + \varepsilon_{it} \quad (4-2)$$

其中,$Spread_{it}$ 代表第 i 只债券第 t 期的债券利差;$Liquidity\ risk\ factors_{it}$ 代表第 i 只债券第 t 期的流动性风险因子,参考 Dick-Nielsen 等(2012)、Shin 和 Kim(2015),本部分包括三个维度的流动性指标,有交易活动($Turnover$,Vol,Day)、价格冲击($Amihud$,$Range$)和债券生命存续期($TTMaturity$,Age);$Credit\ risk\ factors_{it}$ 代表第 i 只债券第 t 期的信用风险因子,用 $Coupon$ 和 $Volatility$ 两个信用风险指标代替;$Interaction\ function$

$(L, C)_{it}$ 代表第 i 只债券第 t 期的流动性风险与信用风险交互作用函数。

孔东民等（2015）用两个变量的交叉项代表它们间的交互作用，Chung 等（2019）也有类似的用法。基于他们的思路，下面用流动性风险与信用风险的交叉项代表该两类风险间的交互作用，构建模型如下：

$$Spread_{it} = \alpha + \beta_1 \times Liquidity\ risk\ factors_{it} + \beta_2 \times Credit\ risk\ factors_{it} +$$
$$\beta_0 \times (Liquidity\ risk \times Credit\ risk)_{it} + \varepsilon_{it} \quad (4-3)$$

其中，$Spread_{it}$ 代表第 i 只债券第 t 期的债券利差；$Liquidity\ risk\ factors_{it}$ 代表第 i 只债券第 t 期的流动性风险因子，包括三个维度的流动性指标，有交易活动（$Turnover$，Vol，Day）、价格冲击（$Amihud$，$Range$）和债券生命存续期（$TTMaturity$，Age）；$Credit\ risk\ factors_{it}$ 代表第 i 只债券第 t 期的信用风险因子，用 $Coupon$ 和 $Volatility$ 两个信用风险指标代替；$(Liquidity\ risk \times Credit\ risk)_{it}$ 是第 i 只债券第 t 期的流动性风险与信用风险的交叉项，代表该两类风险间交互作用。如果 β_0 显著异于零，说明流动性风险与信用风险间交互作用溢价存在。下面分别基于交易活动维度和子样本对银行间市场与交易所市场企业债券流动性风险与信用风险间交互作用溢价进行实证研究，并分析其溢价特征。

一 基于交易活动维度的溢价分析

Dick-Nielsen 等（2012）研究了企业债券利差的影响因素。参考他们的方法，本部分选取基本的流动性风险与信用风险指标，包括 Vol、Day、$Range$、Age、$Coupon$ 和 $Volatility$，其他交易活动维度的流动性指标用于鲁棒性分析。为了研究银行间和交易所两个市场对实证结果的影响，分别对债券市场、银行间市场和交易所市场样本进行了实证分析，与 Shin 和 Kim（2015）研究方法类似，将银行间市场的虚拟变量设为 1，交易所市场的虚拟变量设为 0。构建模型如下：

$$Spread_{it} = \alpha + \beta_1 \times Liquidity\ risk\ factors_{it} + \beta_2 \times Credit\ risk\ factors_{it} +$$
$$\beta_0 \times (Activity\ liquidity\ risk \times Credit\ risk)_{it} + \varepsilon_{it} \quad (4-4)$$

其中，$Spread_{it}$ 代表第 i 只债券第 t 期的债券利差；$Liquidity\ risk\ factors_{it}$ 代表第 i 只债券第 t 期的流动性风险因子，包括三个维度的流动性指标：交易活动（Vol，Day）、价格冲击（$Amihud$）和债券生命存续期（Age）；$Activity\ Liquidity\ risk$ 代表交易活动维度流动性，包含流动性指标 $Turnover$、Vol 和 Day 中的两个；$Credit\ risk\ factors_{it}$ 代表第 i 只债券第 t 期的信用风险因子，用 $Coupon$ 和 $Volatility$ 两个信用风险指标代替；（$Activity\ liq$-

uidity risk×Credit risk$)_{it}$ 是第 i 只债券第 t 期的流动性风险与信用风险的交叉项，代表该两类风险间交互作用。如果 β_0 显著异于零，说明流动性风险与信用风险间交互作用溢价存在。下面给出实证结果，如表 4-9 和表 4-10 所示。

表 4-9　　　　基于交易活动的企业债券流动性风险与
信用风险间交互作用溢价

	1	2	3	4
C	0.3340***	0.2715***	0.3530***	0.3298***
	(6.96)	(5.78)	(8.66)	(6.87)
Dummy	0.2687***	0.2065***	-0.1371***	0.2494***
	(22.38)	(17.42)	(-13.11)	(20.73)
Turnover		-0.0725	2.2141***	1.7381***
		(-0.30)	(5.24)	(4.28)
Vol	-0.0013***		-0.0018***	-0.0020***
	(-5.38)		(-4.49)	(-5.01)
Day	-0.0108**	-0.0122**		-0.0132**
	(-1.96)	(-2.22)		(-2.42)
Amihud	0.2506***	0.2480***	-0.1368**	0.2487***
	(4.41)	(4.36)	(-2.34)	(4.39)
Age	-0.1349***	-0.1314***	-0.1254***	-0.1313***
	(-49.35)	(-47.86)	(-44.52)	(-47.99)
Volatility	-0.2482***	-0.2266***	0.1438***	-0.2437***
	(-13.70)	(-12.54)	(9.78)	(-13.42)
Coupon	0.3315***	0.3391***	0.3606***	0.3310***
	(49.42)	(51.69)	(66.47)	(49.26)
Turnover×Volatility		0.2046**	-0.3269**	-0.2896*
		(2.28)	(-1.97)	(-1.81)
Turnover×Coupon		0.0081	-0.1077*	-0.0624
		(0.24)	(-1.84)	(-1.11)
Vol×Volatility	0.0005***		0.0005***	0.0008***
	(6.33)		(3.69)	(6.05)
Vol×Coupon	0.0001***		0.0001*	0.0000
	(2.93)		(1.72)	(0.57)

续表

	1	2	3	4
Day×Volatility	0.0614***	0.0615***		0.0611***
	(26.65)	(26.65)		(26.58)
Day×Coupon	0.0052***	0.0050***		0.0055***
	(7.18)	(6.94)		(7.60)
Aj-R^2	0.2682	0.2669	0.2117	0.2723

注:"*"代表10%显著性水平下显著,"**"代表5%显著性水平下显著,"***"代表1%显著性水平下显著。

表4-10 基于交易活动的银行间和交易所企业债券流动性风险与信用风险间交互作用溢价

	银行间市场				交易所市场			
	1	2	3	4	1	2	3	4
C	0.3490***	0.2341***	0.2655***	0.3312***	0.8091***	0.6666***	0.4069***	0.7630***
	(5.63)	(3.83)	(4.80)	(5.32)	(10.59)	(8.83)	(6.91)	(10.16)
Turnover		0.8623***	1.7225***	1.5566***		-1.8768	18.8014***	24.2606***
		(3.14)	(4.34)	(3.93)		(-1.39)	(6.97)	(9.39)
Vol	0.0003		-0.0012***	-0.0004	-0.0114***		-0.0246***	-0.0252***
	(1.15)		(-2.93)	(-0.99)	(-9.98)		(-10.86)	(-11.62)
Day	-0.0676***	-0.0324		-0.0766***	-0.0022	-0.0070		-0.0018
	(-3.08)	(-1.54)		(-3.47)	(-0.31)	(-1.00)		(-0.26)
Amihud	12.8027***	13.4242***	13.4778***	12.9596***	0.2895***	0.3265***	0.0028	0.2956***
	(8.80)	(9.22)	(9.36)	(8.93)	(4.96)	(5.65)	(0.05)	(5.16)
Age	-0.1474***	-0.1443***	-0.1417***	-0.1420***	-0.1309***	-0.1248***	-0.1087***	-0.1252***
	(-37.34)	(-36.25)	(-35.89)	(-35.79)	(-34.87)	(-33.47)	(-28.39)	(-33.83)
Volatility	-0.1971***	-0.1899***	-0.1939***	-0.1967***	-0.1253***	-0.0750***	0.1765***	-0.0762**
	(-8.06)	(-7.76)	(-9.88)	(-8.06)	(-3.83)	(-2.31)	(8.00)	(-2.37)
Coupon	0.3678***	0.3822***	0.3882***	0.3672***	0.2522***	0.2659***	0.3301***	0.2543***
	(41.14)	(43.26)	(49.53)	(40.86)	(23.62)	(25.18)	(43.42)	(24.23)
Turnover× Volatility		0.2945**	-0.2244	-0.3161**		16.3455***	13.1480***	12.1640***
		(2.50)	(-1.43)	(-1.97)		(34.04)	(12.99)	(12.49)
Turnover× Coupon		-0.1400***	-0.1075**	-0.0821*		-0.4313**	-2.2377***	-3.2118***
		(-3.69)	(-1.96)	(-1.50)		(-2.38)	(-6.08)	(-9.09)

续表

	银行间市场				交易所市场			
	1	2	3	4	1	2	3	4
$Vol \times$ Volatility	0.0007*** (6.86)		0.0009*** (6.69)	0.0010*** (7.19)	0.0138*** (31.82)		0.0042*** (4.56)	0.0046*** (5.25)
$Vol \times$ Coupon	-0.0002*** (-4.15)		0.0000 (-0.13)	-0.0002*** (-3.10)	0.0008*** (5.40)		0.0026*** (8.55)	0.0026*** (8.73)
$Day \times$ Volatility	-0.0124 (-1.09)	0.0110 (0.99)		-0.0096 (-0.83)	0.0215*** (6.62)	0.0181*** (5.59)		0.0144*** (4.48)
$Day \times$ Coupon	0.0207*** (6.27)	0.0094*** (3.03)		0.0215*** (6.50)	0.0065*** (6.70)	0.0068*** (7.13)		0.0065*** (6.84)
Aj-R^2	0.2276	0.2247	0.2263	0.2318	0.3426	0.3546	0.3045	0.3649

注:"*"代表10%显著性水平下显著,"**"代表5%显著性水平下显著,"***"代表1%显著性水平下显著。

模型1给出了基本变量的回归结果。模型2和模型3进行了鲁棒性分析。模型4给出了所有交易活动维度的回归结果。根据表4-9的实证结果,虚拟变量在1%的显著性水平下显著,这表明银行间市场和交易所市场企业债券利差存在显著差异,这主要是由于两市场交易活跃度和投资者结构不同导致的债券流动性风险存在差异。

在表4-9中,模型1的回归结果表明Vol的回归系数在1%显著性水平下显著,且符号与预期一致,Coupon的回归系数也是非常显著的。同时,Vol和Coupon的交叉项系数显著异于零,这说明流动性风险与信用风险间交互作用溢价显著存在。艾春荣等(2015)也发现,流动性风险与信用风险间显著正相关,且该两类风险间相互作用对债券利差有显著影响。在模型1中,Volatility的回归系数在较高的显著性水平下显著但符号不符合预期,虽然Vol和Volatility交叉项系数也在较高显著性水平下显著,但不参考该结果。观察回归结果,Vol对利差的影响是减弱的,而Coupon和Vol×Coupon对利差的作用是增强的。

在表4-9中,Day、Coupon和Day×Coupon的回归系数也有相似特征。这说明流动性风险与信用风险反向变化时,该两类风险间交互作用溢价变化与信用风险变化方向一致,这主要是因为信用风险溢价在债券利差中起主导作用。

在表 4-9 模型 2 中，*Day*、*Coupon* 和 *Day*×*Coupon* 的回归系数在较高的显著性水平下显著，这说明 *Day* 和 *Coupon* 的交互作用对企业债券利差影响显著。模型 3 也得到了类似的结果，*Vol* 和 *Volatility* 的交互作用对债券利差有增强作用，同时在 1% 的显著性水平下显著。模型 4 给出了包含交易活动维度所有流动性风险指标的回归结果，发现 *Vol*×*Volatility*、*Day*×*Volatility* 和 *Day*×*Coupon* 都在较高的显著性水平下显著，这说明流动性风险与信用风险间交互作用溢价显著存在。该结果与 Chen 等（2018）的发现一致。

表 4-10 分别给出了银行间市场和交易所市场的实证结果。模型 1 的回归结果表明 *Vol* 的回归系数在交易所市场中在 1% 显著性水平下显著，且符号符合预期，而在银行间市场 *Day* 的回归系数是非常显著的且符号与预期一致。这主要因为银行间市场和交易所市场月度交易量和交易天数增多时其流动性会变好，流动性风险溢价也较小。从模型 1 的结果来看，*Day*×*Coupon* 的回归系数等于零的假设被拒绝，这表明流动性风险与信用风险间交互作用对利差有显著影响，其溢价显著存在。在交易所市场 *Vol*×*Coupon* 的回归系数也有类似的结论。这说明流动性风险与信用风险反向变化时，该两类风险间交互作用溢价变化与信用风险变化方向一致，这主要是因为信用风险溢价在债券利差中起主要作用。这与 Longstaff 等（2005）的研究结论一致。此外，模型 2 和模型 3 进行了稳健性分析，研究结果表明银行间和交易所市场流动性风险与信用风险间交互作用溢价显著存在。模型 4 给出了包含交易活动维度所有流动性指标的回归结果。在银行间市场，*Day*×*Coupon* 的回归系数在较高的显著性水平下显著，而在交易所市场，*Vol*×*Coupon* 的回归系数在较高的显著性水平下显著。Chen 等（2018）也发现了流动性和违约风险的交互作用对公司债券定价有显著影响。

综上所述，在中国企业债券市场流动性风险与信用风险间交互作用溢价显著存在。研究还发现，银行间市场和交易所市场债券利差存在显著差异，这主要是因为两市场交易频率、交易量、换手率、投资者结构等存在差异。

二 基于子样本的溢价分析

参考 Helwege 等（2014）、Yang 等（2021），按照流动性风险和信用风险指标分类，对不同子样本进行实证分析，以研究流动性风险与信用风险间交互作用溢价及其特征。

首先，将流动性风险与信用风险指标分为高、中、低三个级别，再根据流动性风险的不同维度分为不同的子样本，以研究不同风险特征债券的流动性风险与信用风险间交互作用溢价情况。构建模型如下：

$$Spread_{it} = \alpha + \beta_1 \times Liquidity\ risk\ factors_{it} + \beta_2 \times Credit\ risk\ factors_{it} + \beta_0 \times (Different\ dimension\ liquidity\ risk \times Credit\ risk)_{it} + \varepsilon_{it} \quad (4-5)$$

其中，$Spread_{it}$ 代表第 i 只债券第 t 期的债券利差；$Liquidity\ risk\ factors_{it}$ 代表第 i 只债券第 t 期的流动性风险因子，包括交易活动（Vol，Day）、价格冲击（$Amihud$）和债券生命存续期（Age）；$Different\ dimension\ liquidity\ risk$ 代表流动性，包含 Vol、$Amihud$ 和 Age；$Credit\ risk\ factors_{it}$ 代表第 i 只债券第 t 期的信用风险因子，用 $Coupon$ 和 $Volatility$ 两个信用风险指标代替；$(Different\ dimension\ liquidity\ risk \times Credit\ risk)_{it}$ 是第 i 只债券第 t 期的流动性风险与信用风险的交叉项，代表该两类风险间交互作用。如果 β_0 显著异于零，说明流动性风险与信用风险间交互作用溢价存在。下面给出实证结果，如表 4-11 和表 4-12 所示。

表 4-11 给出了基于交易量、$Amihud$ 和债券年龄的九个子样本回归结果。从面板 A 的实证结果来看，Age、$Coupon$ 和 $Age \times Coupon$ 的回归系数都是显著的且符号与预期一致，这表明流动性风险与信用风险间交互作用溢价是存在的。类似的结果也可以从其他变量实证结果得到，如面板 A 中 Vol、$Coupon$ 和 $Vol \times Coupon$ 的回归结果。该研究结果与 He 和 Xiong（2012）的发现一致。面板 B 给出了基于 $Amihud$ 测度的三个子样本回归结果。实证结果与面板 A 相似，$Age \times Coupon$ 的回归系数是显著的且为负，说明流动性风险与信用风险间交互作用对企业债券利差有负相关关系。这说明流动性风险与信用风险都变大时，该两类风险间交互作用溢价变小，这主要是因为在这种情况下该两类风险间交互作用所占比例相对变小。

在表 4-11 面板 C 中，高年龄债券的 $Amihud \times Coupon$ 和低年龄债券的 $Age \times Coupon$ 的回归结果也表明，流动性风险与信用风险间交互作用溢价存在，且相应变量的回归系数关系也满足流动性风险与信用风险都变大时该两类风险间交互作用溢价变小的规律。

表 4-11　基于交易量、Amihud 和债券年龄子样本的企业债流动性风险与信用风险间交互作用溢价

	样本 A: Vol			样本 B: Amihud			样本 C: Age		
	高	中	低	高	中	低	高	中	低
C	−1.0268***	−0.4000***	−0.6494***	−0.6142***	−0.4396*	−0.6475***	0.2471	0.0498	−2.0406***
	(−5.84)	(−3.56)	(−6.10)	(−3.92)	(−1.84)	(−8.50)	(1.16)	(0.33)	(−19.95)
Dummy	0.3600***	0.3715***	0.3015***	0.4950***	0.3671***	0.3201***	0.1926***	0.2973***	0.2909***
	(5.80)	(21.04)	(6.43)	(4.70)	(8.28)	(20.60)	(5.90)	(19.01)	(17.81)
Vol	0.0003	−0.0101***	0.0110	−0.0652	−0.0091	−0.0010***	−0.0010	−0.0008**	0.0001
	(0.76)	(−6.49)	(0.52)	(−1.54)	(−1.24)	(−3.60)	(−1.46)	(−2.47)	(0.49)
Day	0.0947***	0.0616***	0.0341***	0.0259***	0.0466***	0.0621***	0.0583***	0.0608***	0.0373***
	(23.33)	(42.81)	(20.30)	(7.42)	(19.39)	(50.00)	(22.49)	(46.14)	(26.67)
Amihud	−1940.6200***	−83.3530**	0.8493**	0.6793	−12.5975	−280.7775***	1.7829**	−0.0439	−0.9569
	(−5.15)	(−2.24)	(2.27)	(1.58)	(−0.37)	(−3.86)	(2.03)	(−0.09)	(−1.16)
Age	0.2520***	0.2224***	0.2046***	0.2015***	0.1688***	0.1779***	−0.0557	−0.0841	1.0736***
	(6.72)	(10.34)	(9.73)	(5.75)	(5.18)	(10.33)	(−1.30)	(−1.18)	(6.90)
Volatility	0.0909	0.0558	0.1072**	0.1180*	0.1472	−0.0227	−0.4399***	0.8224***	−0.2797***
	(1.32)	(1.16)	(2.38)	(1.85)	(1.52)	(−0.62)	(−4.82)	(12.72)	(−6.19)
Coupon	0.4754***	0.4229***	0.4915***	0.4886***	0.4350***	0.4604***	0.3421***	0.3014***	0.7048***
	(20.58)	(25.74)	(32.98)	(22.75)	(12.88)	(41.73)	(9.34)	(14.22)	(48.18)

续表

	样本 A: Vol			样本 B: Amihud			样本 C: Age		
	高	中	低	高	中	低	高	中	低
Vol× Volatility	-0.0001 (-1.06)	0.0039*** (5.90)	0.0248** (2.95)	0.0188** (2.34)	0.0003 (0.17)	0.0006*** (7.15)	0.0007 (3.51)	0.0006*** (6.76)	0.0000 (-0.02)
Vol× Coupon	-0.0001 -1.44	0.0011*** (5.02)	-0.0054* (-1.82)	0.0015 (0.26)	0.0005 (0.54)	0.0000 (1.02)	0.0002 (1.51)	0.0000 (-0.26)	-0.0001** (-2.47)
Amihud× Volatility	400.6426*** (4.79)	15.0529* (1.94)	-0.0999 (-0.82)	-0.1028 (-0.74)	19.2996 (1.30)	317.0865*** (10.76)	-0.3220 (-1.04)	-0.3831** (-2.21)	0.0986 (0.63)
Amihud× Coupon	238.7952*** (4.60)	9.6909* (1.89)	-0.0996* (-1.96)	-0.0854 (-1.47)	1.5526 (0.32)	23.8625** (2.28)	-0.2105* (-1.83)	0.0782 (1.13)	0.1160 (1.10)
Age× Volatility	0.0498** (2.50)	-0.0736*** (-6.77)	-0.0321*** (-3.11)	-0.0301* (-1.85)	-0.0702*** (-4.14)	-0.0186** (-2.02)	0.0840*** (4.37)	-0.2944*** (-10.13)	0.7791*** (10.95)
Age× Coupon	-0.0648*** (-11.01)	-0.0552*** (-16.27)	-0.0563*** (-16.63)	-0.0522*** (-9.31)	-0.0478*** (-9.00)	-0.0511*** (-18.76)	-0.0175** (-2.19)	0.0096 (0.95)	-0.2350*** (-10.66)
Aj-R^2	0.2512	0.2789	0.2984	0.2518	0.3123	0.2679	0.1349	0.2178	0.4787

注:"*"代表10%显著性水平下显著,"**"代表5%显著性水平下显著,"***"代表1%显著性水平下显著。

表 4-12　基于息票率和交易量子样本的企业债流动性风险与信用风险间交互作用溢价

Coupon	Vol		C	Dummy	Vol	Day	Amihud	Age	Volatility	Coupon	Vol×Coupon	Amihud×Coupon	Age×Coupon	Aj-R²
高	高		-2.0665***	0.4177***	-0.0012	0.0793***	-832.9094	0.9520***	0.7036***	0.5790***	0.0001	109.0945	-0.1525***	0.1360
			(-3.58)	(5.94)	(-0.77)	(17.58)	(-1.34)	(4.32)	(15.89)	(7.95)	(0.36)	(1.40)	(-5.45)	
	低		-0.1327	0.4796***	-0.0576***	0.0532***	-0.5420	1.3198***	0.1143***	0.4020***	0.0071***	0.0987	-0.2061***	0.2191
			(-0.33)	(13.71)	(-4.10)	(25.81)	(-0.37)	(8.64)	(3.58)	(7.84)	(3.99)	(0.52)	(-10.63)	
中	高		-2.2082***	0.3998***	-0.0017	0.0794***	-561.0267	0.9547***	0.7029***	0.5978***	0.0001	75.9640	-0.1528***	0.1386
			(-3.80)	(5.66)	(-1.11)	(17.52)	(-0.90)	(4.33)	(15.85)	(8.15)	(0.70)	(0.97)	(-5.46)	
	低		-0.1795	0.4800***	-0.0585***	0.0538***	-0.5347	1.3125***	0.1103***	0.4073***	0.0072***	0.0984	-0.2052***	0.2211
			(-0.44)	(13.69)	(-4.15)	(26.14)	(-0.36)	(8.63)	(3.46)	(7.92)	(4.03)	(0.52)	(-10.63)	
低	高		-1.9248***	0.3986***	0.0006	0.0728***	184.3172	0.2139***	-0.0110	0.6444***	-0.0001	-41.4980	-0.0524***	0.2195
			(-10.75)	(11.30)	(0.96)	(21.44)	(0.76)	(5.65)	(-0.45)	(21.10)	(-1.37)	(-0.99)	(-7.53)	
	低		-2.6984***	0.2102***	0.0353***	0.0292***	-0.4641	0.2063***	0.1488***	0.8341***	-0.0068***	0.1374	-0.0509***	0.2321
			(-15.46)	(7.75)	(4.92)	(13.58)	(-0.63)	(6.71)	(5.81)	(27.52)	(-5.36)	(1.05)	(-8.53)	

注："*"代表10%显著性水平下显著，"**"代表5%显著性水平下显著，"***"代表1%显著性水平下显著。

参考 Yang 等（2021），在表 4-12 中，根据息票率和交易量的高低将样本分为六个子样本。按照 Coupon 的水平分为三个子样本，然后对每个子样本根据 Vol 的大小再划分成两个子样本。Vol、Amihud、Age 分别与 Coupon 的交叉项作为流动性风险与信用风险间交互作用的测度指标，回归结果见表 4-12。其对应的交叉项分别是 Vol×Coupon、Amihud×Coupon 和 Age×Coupon。从回归结果来看，Age、Coupon 和 Age×Coupon 的回归系数在 1% 显著性水平下显著，这说明流动性风险与信用风险间交互作用溢价显著存在。从变量的系数规律来看，Age 和 Coupon 对债券利差有正向影响而 Age×Coupon 有负向影响，这说明流动性风险与信用风险都变大时该两类风险间交互作用溢价变小。该溢价特征与表 4-11 的研究结果类似。此外，在高息票率和低交易量子样本的回归结果中，Vol、Coupon 和 Vol×Coupon 的回归系数也有相似的规律。该研究结果与艾春荣等（2015）的发现一致。

综上所述，子样本结果发现流动性风险与信用风险间交互作用溢价是存在的，且有这样的特征，流动性风险与信用风险同向变化时，该两类风险间交互作用溢价反向变化。主要是因为该种情况下两类风险间交互作用所占比例反向变化。

第五节　危机时期流动性风险与信用风险交互作用溢价及特征

Dick-Nielsen 等（2012）研究了美国企业债市场金融危机前后流动性溢价的特征。He 和 Xiong（2012）建立了流动性风险和信用风险交互作用模型，并发现市场流动性恶化不仅导致流动性溢价增加而且导致信用风险溢价增加。跟随他们的研究，本部分选择基本的流动性风险与信用风险指标，并用它们的交叉项来代表流动性风险与信用风险间交互作用。参考 Dick-Nielsen 等（2012）的研究方法和中国企业债利差时序特征，本部分把样本期分为危机时期和正常时期。

下面研究危机时期和正常时期流动性风险与信用风险间交互作用溢价特征。具体构建模型如下：

$Spread_{it} = \alpha + \beta_1 \times Liquidity\ risk\ factors_{it} + \beta_2 \times Credit\ risk\ factors_{it} +$

$$\beta_0 \times (Different\ dimension\ liquidity\ risk \times Credit\ risk)_{it} + \varepsilon_{it} \quad (4-6)$$

其中，$Spread_{it}$ 代表第 i 只债券第 t 期的债券利差；$Liquidity\ risk\ factors_{it}$ 代表第 i 只债券第 t 期的流动性风险因子，包括三个维度的流动性指标：交易活动（Vol，Day）、价格冲击（$Amihud$）和债券生命存续期（Age）；$Different\ dimension\ liquidity\ risk$ 代表流动性，包含 Vol、$Amihud$ 和 Age；$Credit\ risk\ factors_{it}$ 代表第 i 只债券第 t 期的信用风险因子，用 $Coupon$ 和 $Volatility$ 两个信用风险指标代替；（$Different\ dimension\ liquidity\ risk \times Credit\ risk$）$_{it}$ 是第 i 只债券第 t 期的流动性风险与信用风险的交叉项，代表该两类风险间交互作用。如果 β_0 显著异于零，说明流动性风险与信用风险间交互作用溢价存在。

下面分别给出考虑流动性风险与信用风险间交互作用和仅考虑流动性风险与信用风险的回归结果，如表 4-13 和表 4-14 所示。在正常时期和金融危机时期，包含流动性风险与信用风险间交互作用的回归模型的 Aj-R^2 都有显著增加。例如，交易所市场在金融危机时期回归方程的 Aj-R^2 涨幅最大，从 0.4797 增加到 0.5389。此外，一些变量在考虑了流动性风险与信用风险间交互作用后开始变得显著，在银行间市场金融危机时期样本回归结果中，由于考虑了流动性风险与信用风险间交互作用，Amihud 测度的 t-统计量从-0.18 增加到 2.36，这表明流动性风险与信用风险间交互作用是企业债利差的重要解释变量。

在企业债样本中，引入虚拟变量来检验银行间市场和交易所市场对实证结果的影响。其中银行间市场虚拟变量设为 1，交易所市场虚拟变量设为 0。如表 4-14 所示，虚拟变量回归系数在较高的显著性水平下显著，这表明在正常时期两个市场企业债利差存在显著差异。然而从表 4-13 的实证结果来看，虚拟变量的系数是不显著的，主要是因为危机时期两市场的结构差异不再是影响债券利差的主要因素，而是流动性风险与信用风险。

在企业债样本危机时期的回归结果中，Age、$Coupon$ 和 $Age \times Coupon$ 的回归系数在 1% 显著性水平下显著，符号也符合预期，而在正常时期 Vol、Age、$Volatility$、$Coupon$、$Vol \times Volatility$、$Age \times Volatility$ 和 $Age \times Coupon$ 的回归系数也在 1% 显著性水平下显著，且符号符合预期。可见流动性风险与信用风险间交互作用溢价显著存在。此外，$Age \times Volatility$ 和 $Age \times Coupon$ 的回归系数从正常时期的-0.0465 和-0.0489 分别提高到了危机时期的 0.0476 和-0.1432，主要原因是流动性风险与信用风险间交互作用对

表 4-13　金融危机期间企业债流动性风险与信用风险交互作用溢价

C	Dummy	Vol	Day	Amihud	Age	Volatility	Coupon	Vol×Volatility	Vol×Coupon	Amihud×Volatility	Amihud×Coupon	Age×Volatility	Age×Coupon	Aj-R²
样本A：银行间市场														
-0.7752***	-0.0942*	0.0002	0.0169**	-0.6452	-0.0261	0.0281	0.4414***							0.2508
(-3.76)	(-1.74)	(1.39)	(2.19)	(-0.18)	(-1.17)	(1.05)	(11.91)							
-1.4162***		-0.0011	0.0254***	250.5998**	0.6686***	-0.0481	0.5860***	0.0000	0.0002	-17.1424	-52.4023**	0.0284	-0.1476***	0.3079
(-4.23)		(-1.01)	(3.33)	(2.36)	(4.15)	(-0.72)	(9.61)	(0.36)	(1.12)	(-1.02)	(-2.45)	(1.15)	(-4.63)	
样本B：交易所市场														
0.2122		0.0017**	-0.0159***	-0.0952	-0.0942***	-0.3329***	0.4367***							0.4797
(0.98)		(2.07)	(-3.56)	(-0.43)	(-7.72)	(-7.58)	(12.36)							
-1.6769***		0.0374***	-0.0157***	2.3959	0.7585***	-0.2697***	0.7879***	-0.0132***	-0.0051***	0.2310	-0.6000	0.0466	-0.1832***	0.5389
(-4.21)		(4.60)	(-3.68)	(1.08)	(5.48)	(-2.84)	(11.57)	(-4.46)	(-4.32)	(0.79)	(-1.18)	(1.51)	(-6.59)	
样本C：企业债市场														
-0.7856***	0.0089	0.0002*	0.0048	-0.1578	-0.0399***	-0.0487**	0.4864***							0.3318
(-5.44)	(0.17)	(1.81)	(1.29)	(-0.68)	(-3.86)	(-2.12)	(19.08)							
-1.6731***		-0.0003	0.0077**	2.8686	0.6149***	-0.1800***	0.6666***	0.0002	0.0000	0.0160	-0.5818	0.0476**	-0.1432***	0.3757
(-6.81)		(-0.33)	(2.10)	(1.23)	(6.03)	(-3.34)	(15.68)	(1.95)	(0.18)	(0.05)	(-1.08)	(2.43)	(-7.09)	

注："*" 代表10%显著性水平下显著，"**" 代表5%显著性水平下显著，"***" 代表1%显著性水平下显著。

表 4-14　正常时期企业债流动性风险与信用风险间交互作用溢价

C	Dummy	Vol	Day	Amihud	Age	Volatility	Coupon	Vol×Volatility	Vol×Coupon	Amihud×Volatility	Amihud×Coupon	Age×Volatility	Age×Coupon	Aj-R²
样本 A：银行间市场															
0.3152***	0.2695***	-0.0003***	0.0567***	12.3903***	-0.1559***	-0.1126***	0.3704***							0.2152
(7.12)	(22.21)	(-6.23)	(12.50)	(8.26)	(-38.74)	(-6.38)	(60.67)							
-1.0200***	0.2840***	0.0005**	0.0488***	56.2229***	0.3410***	-0.0332	0.5801***	0.0009***	-0.0002***	43.9458***	-15.8072***	-0.0490***	-0.0761***	0.2464
(-13.17)	(23.34)	(2.05)	(10.79)	(6.25)	(16.18)	(-0.76)	(50.69)	(9.78)	(-5.82)	(19.31)	(-10.52)	(-4.25)	(-22.29)	
样本 B：交易所市场															
0.4332***		0.0008***	0.0591***	0.2093***	-0.1413***	0.5343***	0.2623***							0.3054
(7.83)		(5.24)	(49.95)	(3.48)	(-36.39)	(24.98)	(35.54)							
0.4403***		-0.0141***	0.0581***	0.2485	-0.0159	0.1669***	0.2952***	0.0143***	0.0011***	-0.3076**	0.0300	0.0033	-0.0221***	0.3449
(5.43)		(-12.46)	(50.05)	(0.62)	(-0.85)	(4.78)	(25.45)	(34.41)	(7.54)	(-2.26)	(0.55)	(0.34)	(-7.73)	
样本 C：企业债市场															
0.2926***	-0.0003***		0.0623***	0.2807***	-0.1472***	0.1807***	0.3099***							0.2516
(8.25)	(-8.69)		(59.92)	(4.85)	(-53.04)	(13.27)	(65.54)							
-0.4970***	0.2840***	-0.0011***	0.0606***	0.9928***	0.1694***	0.2849***	0.4295***	0.0006***	0.0000	-0.1514	-0.0944*	-0.0465***	-0.0489***	0.2618
(-8.78)	(23.34)	(-4.63)	(58.34)	(2.55)	(12.41)	(10.63)	(52.72)	(6.93)	(1.39)	(-1.15)	(-1.79)	(-6.43)	(-22.87)	

注："*"代表10%显著性水平下显著，"**"代表5%显著性水平下显著，"***"代表1%显著性水平下显著。

企业债券利差的影响在金融危机期间增大。研究结果与 Dick-Nielsen 等（2012）一致。

下面分别对银行间市场和交易所市场进行实证研究，分析流动性风险与信用风险间交互作用溢价及其特征。在银行间市场也发现了流动性风险与信用风险间交互作用溢价在金融危机期间增大的规律。在金融危机期间，Age、$Coupon$ 和 $Age \times Coupon$ 的回归系数在 1% 显著性水平下显著，$Amihud$ 和 $Amihud \times Coupon$ 的回归系数在 5% 显著性水平下显著。在正常时期，$Amihud$、Age、$Coupon$、$Amihud \times Coupon$ 和 $Age \times Coupon$ 的回归系数在 1% 显著性水平下显著且符号符合预期。这表明流动性风险与信用风险间交互作用溢价显著存在。

$Amihud \times Coupon$ 和 $Age \times Coupon$ 的回归系数分别从正常时期的 -15.8072 和 -0.0761 增加到金融危机时期的 -52.4023 和 -0.1476，这说明流动性风险与信用风险间交互作用溢价在金融危机期间增大了。He 和 Xiong（2012）也发现市场流动性恶化同时导致流动性溢价增加和信用风险溢价增加。

在交易所市场金融危机期间，Day、Age、$Coupon$ 和 $Age \times Coupon$ 的回归系数在 1% 显著性水平下显著，在正常时期 Vol、$Volatility$、$Coupon$、$Vol \times Volatility$、$Age \times Coupon$ 和 $Vol \times Coupon$ 的回归系数也在 1% 显著性水平下显著。这也说明流动性风险与信用风险间交互作用溢价不容忽视。此外，$Age \times Coupon$ 的回归系数从正常时期的 -0.0221 增加到金融危机时期的 -0.1832，这表明，流动性风险与信用风险间交互作用溢价金融危机时期比正常时期大。相关文献还可以参考 Chen 等（2018）、Gunay（2020）。

综上所述，在正常时期两个市场企业债利差存在显著差异，而在金融危机时期两市场的结构差异不再是影响债券利差的主要因素，而是流动性风险与信用风险及其交互作用。流动性风险与信用风险虽然是两类不同的风险，但二者之间存在交互作用，特别是金融危机时期流动性风险与信用风险间的交互作用对企业债利差的影响显著变大，这说明流动性风险与信用风险间的交互作用对金融危机具有一定的预测作用。本部分研究表明流动性风险与信用风险间的交互作用具有时变特征，可从多维流动性视角构建测度指标探讨流动性风险与信用风险间的交互作用对金融危机的预测。

第六节 鲁棒性检验

一 基于价格冲击的鲁棒性检验

Helwege 等（2014）发现 Range 是一个很好的价格冲击维度的流动性测度，它反映了交易量对价格的冲击。Yang 等（2021）使用 Amihud 测度和 Range 测度研究了企业债流动性溢价。跟随他们，本部分采用的流动性测度指标是 Amihud 测度和 Range 测度。下面通过控制流动性其他维度特征，从价格冲击维度切入，对流动性风险与信用风险间交互作用溢价研究结果进行鲁棒性检验。

首先，选取基本的流动性风险与信用风险测度，包括 Vol、Day、Amihud、Age、Coupon 和 Volatility。通过用 Range 测度替换 Amihud 测度，从流动性的价格冲击维度对研究结果进行鲁棒性检验。选取的信用风险指标是 Coupon 和 Volatility。交叉项是流动性风险与信用风险间交互作用测度指标。构建模型如下：

$$Spread_{it} = \alpha + \beta_1 \times Liquidity\ risk\ factors_{it} + \beta_2 \times Credit\ risk\ factors_{it} +$$
$$\beta_0 \times (Price\ impact\ liquidity\ risk \times Credit\ risk)_{it} + \varepsilon_{it} \quad (4-7)$$

其中，$Spread_{it}$ 代表第 i 只债券第 t 期的债券利差；$Liquidity\ risk\ factors_{it}$ 代表第 i 只债券第 t 期的流动性风险因子，包括三个维度的流动性指标：交易活动（Vol，Day）、价格冲击（Range，Amihud）和债券生命存续期（Age）；$Price\ impact\ liquidity\ risk$ 代表价格冲击维度流动性，包含流动性指标 Amihud 和 Range 中的一个或两个；$Credit\ risk\ factors_{it}$ 代表第 i 只债券第 t 期的信用风险因子，用 Coupon 和 Volatility 两个信用风险指标代替；$(Price\ impact\ liquidity\ risk \times Credit\ risk)_{it}$ 是第 i 只债券第 t 期的流动性风险与信用风险的交叉项，代表该两类风险间交互作用。如果 β_0 显著异于零，说明流动性风险与信用风险间交互作用溢价存在。下面给出实证结果，如表 4-15 所示。

在企业债样本中，将银行间市场虚拟变量设置为 1，交易所市场虚拟变量设置为 0，来检验银行间市场和交易所市场对实证结果的影响。从模型 1 到模型 3 的研究结果来看，虚拟变量的回归系数在较高的显著性水平下显著，这表明两个市场企业债利差存在显著差异，这主要是因为两市

表 4-15 基于价格冲击维度企业债流动性风险与信用风险间交互作用溢价的鲁棒性检验

	企业债市场			银行间市场			交易所市场		
	1	2	3	1	2	3	1	2	3
C	0.0555 (1.61)	0.0571* (1.65)	0.0533 (1.54)	0.1860*** (4.40)	0.1894*** (4.49)	0.1768*** (4.19)	0.0273 (0.50)	0.0251 (0.46)	0.0246 (0.45)
$Dummy$	0.2474*** (20.64)	0.2502*** (20.83)	0.2505*** (20.84)						
Vol	-0.0003*** (-6.79)	-0.0003*** (-6.78)	-0.0003*** (-6.77)	-0.0003*** (-5.89)	-0.0003*** (-5.97)	-0.0003*** (-5.65)	0.0013*** (7.84)	0.0013*** (8.01)	0.0013*** (8.01)
Day	0.0569*** (56.54)	0.0570*** (56.70)	0.0570*** (56.63)	0.0479*** (12.34)	0.0478*** (12.29)	0.0468*** (12.02)	0.0523*** (45.24)	0.0524*** (45.39)	0.0524*** (45.29)
$Amihud$	1.1900*** (3.14)	0.5741*** (2.81)	0.9831* (1.70)	51.1388*** (6.45)	34.0069*** (7.06)	41.3188*** (3.33)	0.9672** (2.41)	0.7470*** (3.44)	0.6071 (1.00)
$Range$			0.2260 (0.71)			19.6406** (2.50)			0.4286 (1.28)
Age	-0.1399*** (-51.33)	-0.1399*** (-51.33)	-0.1399*** (-51.32)	-0.1500*** (-38.31)	-0.1494*** (-38.18)	-0.1495*** (-38.23)	-0.1293*** (-33.62)	-0.1297*** (-33.73)	-0.1295*** (-33.68)
$Volatility$	0.0891*** (7.00)	0.0918*** (7.19)	0.0903*** (7.05)	-0.1565*** (-9.78)	-0.1581*** (-9.92)	-0.1550*** (-9.71)	0.4001*** (19.07)	0.4092*** (19.34)	0.4119*** (19.36)

续表

	企业债市场			银行间市场			交易所市场		
	1	2	3	1	2	3	1	2	3
Coupon	0.3508***	0.3500***	0.3506***	0.3938***	0.3936***	0.3949***	0.3286***	0.3278***	0.3277***
	(77.25)	(76.96)	(76.92)	(67.41)	(67.62)	(67.66)	(45.77)	(45.50)	(45.32)
Amihud× Volatility	-0.2631**		0.0396	38.8328***		-23.1397***	-0.8894***		-0.3006
	(-2.17)		(0.22)	(17.27)		(-3.87)	(-6.90)		(-1.60)
Amihud× Coupon	-0.1123**		-0.1464*	-14.1722***		-2.2058	-0.0304		-0.0677
	(-2.20)		(-1.90)	(-10.47)		(-0.98)	(-0.56)		(-0.84)
Range× Volatility		-0.2660***	-0.2518**		36.2733***	52.1587***		-0.5962***	-0.4727***
		(-3.86)	(-2.40)		(19.31)	(11.11)		(-8.12)	(-4.29)
Range× Coupon		-0.0311	0.0197		-11.6695***	-11.8540***		-0.0264	0.0111
		(-1.20)	(0.49)		(-10.64)	(-6.35)		(-0.95)	(0.26)
Aj-R^2	0.2564	0.2565	0.2566	0.2334	0.2364	0.2371	0.3004	0.3013	0.3013

注："*"代表10%显著性水平下显著,"**"代表5%显著性水平下显著,"***"代表1%显著性水平下显著。

场交易活跃度和投资者结构不同导致的债券流动性风险不同，这就对该研究结果的鲁棒性进行了检验。

下面对银行间市场和交易所市场分别进行的实证研究结果进行分析。模型 1 的研究结果表明，*Amihud*、*Volatility* 和 *Coupon* 的回归系数在 1% 的显著性水平下显著且符号均符合预期，*Amihud*×*Volatility* 和 *Amihud*×*Coupon* 在 5% 显著性水平下显著，这就对流动性风险与信用风险间交互作用溢价的存在性进行了鲁棒性检验。该结果与 Ericsson 和 Renault（2006）的研究结果一致。在模型 2 中，*Amihud* 被 *Range* 替换以检验实证结果的鲁棒性。*Range*、*Volatility*、*Coupon* 和 *Range*×*Volatility* 的回归系数都在 1% 显著性水平下显著且符号符合期望值，实证结果与模型 1 一致。在模型 3 中，*Amihud* 和 *Range* 都被引入回归方程。*Volatility* 和 *Coupon* 的回归系数是非常显著的，*Amihud* 和 *Amihud*×*Coupon* 的系数在 10% 显著性水平下显著，*Range* 的系数不显著，这主要因为 *Amihud* 和 *Range* 有很高的相关性。

在银行间市场，模型 1 的实证结果表明，*Amihud*、*Coupon* 和 *Amihud*×*Coupon* 的回归系数在 1% 显著性水平下显著且符号均符合预期，这表明价格冲击维度流动性风险与信用风险间交互作用对债券利差有显著影响。从回归系数来看，*Amihud* 和 *Coupon* 对债券利差有正向影响，而 *Amihud*×*Coupon* 对债券利差有负向影响。

这表明流动性风险与信用风险都变小时该两类风险间交互作用溢价变大，这主要是因为两类风险都变小时其交互作用所占比例相对变大，反之变小。在模型 2 中，*Amihud* 被 *Range* 替换以检验研究结果的鲁棒性。*Range*、*Coupon* 和 *Range*×*Coupon* 的回归系数在 1% 显著性水平下显著且符号符合预期，研究结果与模型 1 一致。在模型 3 中，*Amihud* 和 *Range* 都被引入回归方程，*Amihud*、*Coupon* 和 *Range*×*Coupon* 的回归系数都在 1% 显著性水平下显著，*Range* 的系数也在 5% 显著性水平下显著。证明了流动性风险与信用风险间交互作用溢价的存在性。

交易所市场研究结果得到了类似的规律。*Coupon* 和 *Volatility* 的回归系数都在 1% 显著性水平下显著且符号符合预期。在模型 1 中，*Amihud* 的回归系数在 5% 显著性水平下显著，而 *Amihud*×*Volatility* 的回归系数在 1% 显著性水平下显著。该研究结果与 Gunay（2020）一致。在模型 3 中，*Amihud* 和 *Range* 的系数都不显著，这主要是因为 *Amihud* 和 *Range* 有较高的共线性。

综上所述，价格冲击维度的鲁棒性检验发现，流动性风险与信用风险间交互作用溢价存在，且具有以下特征，流动性风险与信用风险都变小时，该两类风险间交互作用溢价变大，反之变小；流动性风险与信用风险反向变化时，该两类风险间交互作用溢价变化与信用风险变化方向一致。此外，两市场企业债利差存在显著差异。

二 基于生命存续期的鲁棒性检验

Shin 和 Kim（2015）发现债券年龄显著影响企业债利差。Kargar 和 Lester（2021）利用债券年龄构建了流动性测度指标，研究了公司债券市场的流动性溢价。参考他们的研究，本部分从债券年龄和剩余期限维度对研究结果进行鲁棒性检验。新发行的债券通常有以下特点：交易相对活跃，流动性好，流动性溢价低。而接近到期的债券很少交易，债券持有人通常会选择持有到期，这种债券的流动性风险较大，投资者需要更多的风险补偿，流动性溢价较高。于是，债券年龄和剩余期限（$TTMaturity$）在一定程度上反映了其流动性风险。

选取的基本流动性风险与信用风险指标包括 Vol、Day、$Amihud$、Age、$Coupon$ 和 $Volatility$。用 $TTMaturity$ 代替 Age 进行鲁棒性分析，$Coupon$ 和 $Volatility$ 是信用风险指标。构建模型如下：

$$Spread_{it} = \alpha + \beta_1 \times Liquidity\ risk\ factors_{it} + \beta_2 \times Credit\ risk\ factors_{it} +$$
$$\beta_0 \times (Survival\ time\ liquidity\ risk \times Credit\ risk)_{it} + \varepsilon_{it} \quad (4-8)$$

其中，$Spread_{it}$ 代表第 i 只债券第 t 期的债券利差；$Liquidity\ risk\ factors_{it}$ 代表第 i 只债券第 t 期的流动性风险因子，包括三个维度的流动性指标：交易活动（Vol，Day）、价格冲击（$Amihud$）和债券生命存续期（Age）；$Survival\ time\ liquidity\ risk$ 代表债券生命存续期维度流动性，包括 Age 和 $TTMaturity$ 中的一个或两个；$Credit\ risk\ factors_{it}$ 代表第 i 只债券第 t 期的信用风险因子，用 $Coupon$ 和 $Volatility$ 两个信用风险指标代替；（$Survival\ time\ liquidity\ risk \times Credit\ risk$）$_{it}$ 是第 i 只债券第 t 期的流动性风险与信用风险的交叉项，代表该两类风险间交互作用。如果 β_0 显著异于零，说明流动性风险与信用风险间交互作用溢价存在。下面给出实证结果，如表 4-16 所示。

在企业债样本中，将银行间市场虚拟变量设为 1，交易所市场虚拟变量设为 0，来检验银行间市场和交易所市场对实证结果的影响。如模型 1 至模型 3 研究结果所示，虚拟变量的回归系数在 1%的显著性水平下显著，

表 4-16　基于生命存续期维度企业债流动性风险与信用风险间交互作用溢价的鲁棒性检验

	企业债市场			银行间市场			交易所市场		
	1	2	3	1	2	3	1	2	3
C	-0.7643***	1.7193***	0.5530***	-0.9326***	2.0458***	0.4286***	-0.3704***	1.2133***	0.7995***
	(-15.85)	(25.19)	(5.96)	(-14.93)	(19.84)	(2.88)	(-4.98)	(12.26)	(6.10)
$Dummy$	0.2481***	0.2616***	0.2624***						
	(20.82)	(21.62)	(22.27)						
Vol	-0.0003***	-0.0002***	-0.0003***	-0.0002***	-0.0001***	-0.0002***	0.0013***	0.0011***	0.0007***
	(-7.59)	(-5.38)	(-8.87)	(-4.98)	(-2.88)	(-5.51)	(8.02)	(6.98)	(4.62)
Day	0.0546***	0.0568***	0.0615***	0.0348***	0.0348***	0.0400***	0.0513***	0.0546***	0.0608***
	(54.37)	(55.36)	(60.79)	(9.06)	(9.01)	(10.43)	(44.16)	(46.27)	(52.10)
$Amihud$	0.1962***	0.2385***	0.2810***	9.8489***	9.1389***	10.6748***	0.1662***	0.2161***	0.2621***
	(3.45)	(4.14)	(5.00)	(6.86)	(6.28)	(7.46)	(2.77)	(3.60)	(4.49)
$TTMaturity$		-0.4081***	-0.1900***		-0.4509***	-0.1947***		-0.2922***	-0.1279***
		(-39.23)	(-16.25)		(-26.95)	(-9.90)		(-19.91)	(-8.02)
Age	0.1771***		0.2025***	0.3407***		0.2751***	0.0141		0.0708***
	(13.33)		(13.42)	(16.70)		(11.41)	(0.74)		(3.40)
$Volatility$	0.1937***	0.1954***	0.3307***	0.0348	-0.1663***	-0.0088	0.3431***	0.9275***	0.8851***
	(8.22)	(9.09)	(9.65)	(0.97)	(-6.48)	(-0.17)	(10.60)	(24.03)	(17.45)

续表

	企业债市场			银行间市场			交易所市场		
	1	2	3	1	2	3	1	2	3
Coupon	0.4755***	-0.0041	0.3148***	0.5572***	-0.0024	0.3871***	0.3980***	0.0437***	0.2479***
	(69.57)	(-0.39)	(20.54)	(60.43)	(-0.15)	(15.76)	(37.71)	(2.92)	(11.57)
TTMaturity× Volatility		-0.0067**	-0.0111***		0.0192***	0.0134***		-0.0747***	-0.0712***
		(-2.18)	(-3.44)		(5.33)	(3.46)		(-13.29)	(-12.53)
TTMaturity× Coupon		0.0716***	0.0221***		0.0799***	0.0238***		0.0543***	0.0147***
		(43.43)	(11.08)		(30.08)	(7.15)		(24.15)	(5.50)
Age×Volatility	-0.0314***		-0.0252***	-0.0284***		-0.0248**	0.0055		0.0126
	(-4.52)		(-3.44)	(-2.68)		(-2.14)	(0.56)		(1.26)
Age×Coupon	-0.0503***		-0.0596***	-0.0772***		-0.0707***	-0.0251***		-0.0407***
	(-24.17)		(-23.45)	(-23.40)		(-17.39)	(-8.60)		(-11.62)
Aj-R²	0.2655	0.2469	0.2851	0.2422	0.2147	0.2496	0.3014	0.3033	0.3424

注:"*"代表10%显著性水平下显著,"**"代表5%显著性水平下显著,"***"代表1%显著性水平下显著。

说明两市场债券利差存在显著差异。表4-16还分别给出了银行间市场和交易所市场的回归结果。模型1的回归结果表明，Age、$Volatility$、$Coupon$、$Age \times Volatility$ 和 $Age \times Coupon$ 的回归系数在1%显著性水平下显著，且 Age、$Volatility$ 和 $Coupon$ 的系数均为正，$Age \times Volatility$ 和 $Age \times Coupon$ 的系数都为负。说明流动性风险与信用风险间交互作用溢价存在，且流动性风险与信用风险都变小时，该两类风险间交互作用溢价变大，反之变小。研究结果与艾春荣等（2015）的研究结果一致。

在模型2中，Age 被 $TTMaturity$ 替换，$TTMaturity$ 和 $Volatility$ 的回归系数在1%显著性水平下显著且符号符合预期，而 $TTMaturity \times Volatility$ 的回归系数符号不符合预期。在模型3中，$TTMaturity$ 和 Age 都被考虑进行回归分析，$TTMaturity$、Age、$Volatility$、$Coupon$、$TTMaturity \times Coupon$、$Age \times Volatility$ 和 $Age \times Coupon$ 都在1%显著性水平下显著且符号符合预期。这表明流动性风险与信用风险间交互作用溢价有这样的特征，流动性风险与信用风险都变大时，该两类风险间交互作用溢价变小，反之变大；流动性风险与信用风险反向变化时，该两类风险间交互作用溢价变化与信用风险变化方向一致。

在银行间市场，模型1的研究表明，Age、$Coupon$ 和 $Age \times Coupon$ 的回归系数在1%显著性水平下显著且符号均符合预期，证明了流动性风险与信用风险间交互作用溢价的存在性。Age 和 $Coupon$ 的回归系数是正的，而 $Age \times Coupon$ 的回归系数是负的。说明流动性风险与信用风险都变大时，该两类风险间交互作用溢价变小，反之变大。在模型3中，$TTMaturity$、Age、$Coupon$、$TTMaturity \times Coupon$ 和 $Age \times Coupon$ 的回归系数在1%显著性水平下显著且符号符合预期，说明流动性风险与信用风险间交互作用对企业债券利差的影响是存在的。研究结果与Chen等（2018）一致。

在交易所市场也发现了类似的规律。在模型2中，$TTMaturity$、$Coupon$ 和 $TTMaturity \times Coupon$ 的回归系数在1%显著性水平下显著且符号符合预期。在模型3中，$TTMaturity$、Age、$Coupon$、$TTMaturity \times Coupon$ 和 $Age \times Coupon$ 的回归系数也在1%显著性水平下显著。He 和 Milbradt（2014）、Gunay（2020）也发现了流动性与信用风险交互作用的证据。

综上所述，基于债券生命存续期维度的鲁棒性检验验证了流动性风险与信用风险间交互作用溢价的存在，且验证了以下溢价特征。流动性风险与信用风险都变小时，该两类风险间交互作用溢价变大，反之变小；

流动性风险与信用风险反向变化时，该两类风险间交互作用溢价变化与信用风险变化方向一致。

三　基于信用风险的鲁棒性检验

Chung 等（2019）认为信用评级是重要的信用风险测度指标。Kim 等（2020）研究企业债利差影响因素时，将信用评级作为信用风险变量，发现信用评级对企业债利差影响显著。跟随他们，使用信用评级 *Rating* 替换息票率 *Coupon* 作为信用风险测度指标，对流动性风险与信用风险间交互作用溢价研究结果进行鲁棒性检验。

本部分选取了基本的流动性风险与信用风险指标，并使用交叉项代表交互作用。为了检验危机时期研究结果的鲁棒性，将样本分为金融危机时期和正常时期。构建模型如下：

$$Spread_{it} = \alpha + \beta_1 \times Liquidity\ risk\ factors_{it} + \beta_2 \times Credit\ risk\ factors_{it} + \beta_0 \times (Different\ dimension\ liquidity\ risk \times Credit\ risk)_{it} + \varepsilon_{it} \quad (4-9)$$

其中，$Spread_{it}$ 代表第 i 只债券第 t 期的债券利差；$Liquidity\ risk\ factors_{it}$ 代表第 i 只债券第 t 期的流动性风险因子，包括三个维度的流动性指标：交易活动（*Vol*，*Day*）、价格冲击（*Amihud*）和债券生命存续期（*Age*）；*Different dimension liquidity risk* 代表不同维度的流动性，包括 *Vol*、*Amihud* 和 *Age*；$Credit\ risk\ factors_{it}$ 代表第 i 只债券第 t 期的信用风险因子，用 *Coupon* 和 *Volatility* 代替信用风险；$(Different\ dimension\ liquidity\ risk \times Credit\ risk)_{it}$ 是第 i 只债券第 t 期的流动性风险与信用风险的交叉项，代表该两类风险间交互作用。如果 β_0 显著异于零，说明流动性风险与信用风险间交互作用溢价存在。下面给出实证结果，如表 4-17 所示。

采用 Shin 和 Kim（2015）的研究方法，引入虚拟变量检验银行间市场和交易所市场对实证结果影响的显著性。如表 4-17 所示，在正常时期虚拟变量的回归系数在 1% 的显著性水平下显著，这表明两个市场企业债利差存在显著差异。然而在金融危机期间，虚拟变量的系数并不显著，这说明市场结构差异在金融危机期间对企业债券利差不起主要影响，因为金融危机时期系统风险对债券利差起决定作用。在整个样本期，*Vol*、*Amihud*、*Volatility*、*Rating*、*Vol*×*Volatility*、*Vol*×*Rating*、*Amihud*×*Volatility* 和 *Amihud*×*Rating* 的回归系数都在 1% 显著性水平下显著且符号符合预期，这表明流动性风险与信用风险间交互作用溢价显著存在。研究结果与 Gunay（2020）的结论一致。

表 4-17　基于信用风险的企业债流动性风险与信用风险间交互作用溢价的鲁棒性检验

	C	Dummy	Vol	Day	Amihud	Age	Volatility	Rating	Vol×Volatility	Vol×Rating	Amihud×Volatility	Amihud×Rating	Age×Volatility	Age×Rating	Aj-R²
样本A：全样本															
	1.8930***	0.2326***	-0.0010***	0.0596***	1.8066***	-0.1658***	0.0823***	0.1884***	0.0006***	0.0001***	-0.5708***	-0.3607***	-0.0145**	-0.0002	0.2262
	(76.10)	(18.85)	(-9.22)	(57.82)	(10.05)	(-28.17)	(3.20)	(32.61)	(7.37)	(4.59)	(-4.64)	(-8.63)	(-2.03)	(-0.15)	
样本B：危机时期															
	1.8560***	0.0122	-0.0010***	0.0042	-0.3237	-0.1141***	-0.4597***	0.0459***	0.0004***	0.0008***	0.0218	0.0925	0.1181***	-0.0351***	0.2031
	(22.04)	(0.20)	(-3.47)	(1.02)	(-0.59)	(-5.09)	(-7.99)	(3.07)	(2.86)	(8.12)	(0.08)	(1.29)	(5.44)	(-3.79)	
样本C：正常时期															
	1.7215***	0.2609***	-0.0009***	0.0652***	1.3577***	-0.1362***	0.3131***	0.2076***	0.0006***	0.0000	-0.3170**	-0.2607***	-0.0473***	-0.0059***	0.2419
	(66.63)	(21.14)	(-7.83)	(62.26)	(7.14)	(-22.73)	(11.54)	(33.83)	(7.18)	(1.16)	(-2.38)	(-5.78)	(-6.45)	(-4.06)	

注："*"代表10%显著性水平下显著，"**"代表5%显著性水平下显著，"***"代表1%显著性水平下显著。

如表 4-17 所示，金融危机期间 *Vol*、*Rating* 和 *Vol×Rating* 的回归系数在 1% 显著性水平下显著且符号符合预期，而在正常时期 *Vol*、*Amihud*、*Volatility*、*Rating*、*Vol×Volatility* 和 *Amihud×Rating* 也都在 1% 显著性水平下显著且符号符合预期。这主要是因为无论金融危机时期还是正常时期流动性风险与信用风险溢价都显著存在。此外，从正常时期到金融危机时期 *Age×Volatility* 和 *Age×Rating* 的系数分别从 -0.0473 和 -0.0059 提高到了 0.1181 和 -0.0351，这说明金融危机期间流动性风险与信用风险螺旋式上升，该两类风险间交互作用变大且风险溢价增大。本部分发现与 Yang 等 (2021) 的研究结果一致。

第七节　内生性检验

如果变量具有内生性，那么最小二乘回归结果将是有偏的。为了检验变量是否有内生性问题，下面选取变量指标对流动性风险、信用风险及其交互作用对债券利差的影响构建线性回归模型，对各变量做 Hausman 检验，并分析检验结果。

首先，选取的流动性风险指标包括 *Vol*、*Amihud*、*Age*，信用风险指标包括 *Coupon* 和 *Volatility*。流动性风险与信用风险间交互作用指标包括 *Vol×Coupon*、*Day×Coupon* 和 *Age×Coupon*。引入虚拟变量 *Dummy*，将银行间市场虚拟变量设置为 1，交易所虚拟变量设置为 0，以检验银行间和交易所市场债券利差差异。

下面给出银行间市场和交易所市场企业债流动性风险与信用风险间交互作用溢价结果，如表 4-18 所示。虚拟变量 *Dummy* 的回归系数在 1% 显著性水平下显著，说明银行间市场和交易所市场企业债利差存在显著差异。*Vol* 的回归系数在 1% 显著性水平下显著，且为负值，这与前面假设一致，这是因为交易量越大，说明债券流动性好，需要的风险溢价补偿越小，故债券溢价越小。*Amihud* 的回归系数在 1% 显著性水平下显著，系数值为 0.2252，该指标表示的是交易量对价格冲击的影响，这主要是因为单位交易量对价格冲击越大的债券流动性越差，应该有更多的流动性风险溢价补偿，实证结果符合预期。*Age* 的回归系数在 1% 显著性水平下显著，且数值为正，这主要是因为债券随着年龄的增大交易越来越少，风险溢价增大。该研究结果与 Dick-Nielsen 等（2012）一致。*Coupon* 和 *Volatility* 是信用风险指标，它们的回归系数都是正的，且在 1% 显著性水平下显著，这主要是因为息票率高和波动性大的债券信用风险评级一般比较差，信用风险较大，所以投资者需要更多的信用风险补偿。*Vol×Coupon* 和 *Day×Coupon* 的回归系数在 1% 显著性水平下显著，且均为正值，这说明流动性好而信用评级差的债券流动性风险与信用风险间交互作用溢价较大，这主要是因为债券利差中信用风险溢价起到主导作用，流动性风险与信用风险间交互作用溢价与信用风险溢价变化方向相同。*Age×Coupon* 的回归系数在 1% 显著性水平下显著，且为负值，这说明流动性差而信用评级差的债券流动性风险与信用风险间交互作用溢价较小，这主要是因为流动性风险和信用风险都很大的债券该两类风险间交互作用所占风险比例相对变小。

表 4-18　　　　银行间市场和交易所市场企业债流动性
风险与信用风险间交互作用溢价

解释变量	回归系数	t 统计量值	P 值
C	0.0997	0.8155	0.4148
Dummy	0.4348***	19.3459	0.0000
Vol	−0.0019***	−3.5651	0.0004
Amihud	0.2252***	2.6382	0.0083
Age	0.2451***	6.7217	0.0000
Volatility	0.2352***	9.6488	0.0000
Coupon	0.3510***	20.0120	0.0000
Vol×Coupon	0.0002***	2.7030	0.0069
Day×Coupon	0.0084***	32.0594	0.0000
Age×Coupon	−0.0637***	−11.7748	0.0000

注："*" 代表 10% 显著性水平下显著，"**" 代表 5% 显著性水平下显著，"***" 代表 1% 显著性水平下显著。

为了进一步检验变量是否有内生性问题，下面对各变量做 Hausman 检验，如表 4-19 所示。

表 4-19　　　　各个变量的内生性 Hausman 检验结果

内生性检验变量	残差估计系数	t 统计值	P 值
Vol	2.68E−16	5.09E−13	1
$Amihud$	−2.61E−15	−3.06E−14	1
Age	5.87E−14	1.6E−12	1
$Volatility$	1.36E−14	5.53E−13	1
$Coupon$	4.1E−14	2.27E−12	1
$Vol \times Coupon$	−7.54E−17	−1.05E−12	1
$Day \times Coupon$	−1.3E−17	−4.62E−14	1
$Age \times Coupon$	−8.49E−15	−1.55E−12	1

Hausman 检验的具体方法是：第一，将被检验的变量作为被解释变量，将所有外生变量作为解释变量，进行普通最小二乘回归，得到回归残差项；第二，将残差项替代被检验变量，和所有的解释变量代入回归方程进行回归，如果残差项的回归系数不显著，说明该变量不具有内生性，反之，具有内生性。下面对各变量进行 Hausman 检验，以检验各变量是否有内生性。

现对各变量进行内生性检验，按照上面的 Hausman 检验方法，每个变量进行两次回归分析，将每个变量的 Hausman 检验结果进行整理，具体如表 4-19 所示。从检验结果来看，各个变量的概率 P 值均是 1，且 t 统计量都非常小，这说明各变量都不具有内生性。

综上所述，流动性风险、信用风险及其交互作用对债券利差影响的回归模型中各变量都不具有内生性，最小二乘估计结果是有效的。

第八节　本章小结

本章将流动性风险与信用风险间交互作用引入债券利差模型，基于改进后的债券利差模型以中国银行间与交易所市场企业债为样本，在控制信用风险情况下,从流动性宽度、深度、即时性、价格冲击和债券生命存续期多个维度,分别对银行间、交易所、子样本及金融危机时期研究了中国企业债市场流动性风险与信用风险间交互作用溢价及其特征。主要研究发现如下:

第一,在中国企业债市场,流动性风险与信用风险间交互作用溢价显著存在,且各种鲁棒性检验均发现该结果是稳健的。

第二,流动性风险与信用风险间交互作用溢价有以下特征。流动性风险与信用风险都变小时,该两类风险间交互作用溢价变大,这主要是因为两类风险都变小时其交互作用所占比重相对变大,反之变小;流动性风险与信用风险反向变化时,该两类风险间交互作用溢价变化与信用风险变化方向一致,这主要是因为信用风险溢价起主导作用。

第三,在危机时期,流动性风险与信用风险间交互作用溢价会比正常时期增大,这主要是因为金融危机时期流动性风险与信用风险彼此交互影响更加强烈;在金融危机期间,银行间市场和交易所市场债券利差的差异性会减小,因为此时系统风险对债券利差起主导作用。

第四,银行间市场主要是机构投资者,交易所市场主要是个人交易者,两个市场由于投资者结构不同,导致流动性差异明显,所以在研究银行间市场和交易所市场企业债定价时应更加关注两市场的流动性差异及对企业债利差的影响。

第五章 基于跨市场角度的债券利差分解及影响因素

本章从跨市场层面和宏观经济影响角度，研究了跨市场流动性与宏观因子对债券定价的影响。通过选取信用风险特征相同的企业债配对组，剥离债券"信用利差"中信用风险成分，得到非违约利差，并研究其影响因素。流动性风险与信用风险是企业债利差的重要影响因素，信用风险在影响企业债利差中起到主要作用。在非违约利差的影响因素中，个体债券流动性仅仅解释了一小部分非违约利差，市场因子和宏观因子对非违约利差影响起到主导作用，流动性风险与信用风险间的交互作用对非违约利差有重要影响。

第一节 研究基础

上文已经推导了考虑个体、市场层面的流动性风险和信用风险间交互作用的企业债定价模型，并实证检验了流动性风险和信用风险间交互作用对企业债利差的解释作用和时变特征。本章在考虑流动性风险和信用风险间交互作用的基础上，对企业债利差进一步分解，从跨市场角度，引入股票市场与债券市场的彼此联动和宏观因子，实证跨市场流动性与宏观因子对企业债非违约利差的影响，有利于认清企业债利差中非违约成分的微观、宏观层面的影响因素及其作用程度。

股票市场与债券市场相互影响，且与宏观因子密切相关，都对债券收益率有影响。已有学者发现股票市场流动性对债券收益率有显著影响。Goyenko（2006）、Goyenko 等（2009）发现股票市场非流动性溢价是债券收益利差的重要成分。Jong 和 Driessen（2012）发现股票市场流动性对债券市场收益利差的影响具有时变特征。也有学者研究了股票市场和债券市场流动性溢出效应。Chordia 等（2004）、Connolly 等（2007）发现股票市场和债券市场流动性溢出效应显著存在。Jong 和 Driessen（2012）也发现了股票市场与债券市场的流动性溢出效应。曾志坚和罗长青（2008）、王茵田和文志瑛（2010）、刘锋（2012）利用 VAR 和 Granger 因果关系做了类似的研究，他们发现股票市场与债券市场流动性存在因果关系和长期协整关系。而学者发现两市场的流动性溢出效应受宏观因子的影响。王茵田和文志瑛（2010）研究了股票市场和债券市场流动性溢出效应，宏观环境的变化对两市场流动性有显著影响。杨宝臣和赵亮（2015）研究了股票市场和债券市场流动性溢出效应的非线性动态特征，发现两市场存在显著的流动性溢出效应，市场低迷时宏观环境对两市场流动性影响显著增大。张宗新等（2020）研究了经济政策不确定性对股票、债券市场流动性的影响，发现了两市场的流动性溢出和协同运动。

债券市场与股票市场不是孤立的，它们之间相互影响并存在市场联动效应，股票市场流动性会影响债券收益率，且这种溢出效应会随着经济状态和宏观环境的变化而变化。主要是因为市场上存在系统性流动性因子。已有研究表明流动性包括系统流动性和个体流动性。学者们已经给出了系统性风险被定价的证据。Hasbrouck 和 Seppi（2001）发现流动性有一个共同的系统性因子。Sadka（2006）发现系统性流动性风险溢价是存在的。Han 和 Zhou（2016）发现非违约成分和宏观经济条件存在关联关系，这说明流动性成分与宏观因子有关。Yang 等（2021）研究了中国企业债利差的决定因素，发现系统性流动性因子是存在的。

综上所述，跨市场因子与宏观因子关联密切且影响债券利差。于是，本章在控制流动性风险与信用风险间交互作用下，通过选取信用风险特征相同的企业债构建配对组，剥离债券"信用利差"中信用风险成分，得到非违约利差，分别研究了个体流动性、跨市场因子及宏观因子对债券非违约利差的影响。

第二节　模型建立

一　流动性风险与信用风险指标选取

Shin 和 Kim（2015）、Díaz 和 Escribano（2020）发现流动性具有多维

度的特征。参考他们的研究，本部分从流动性的不同维度选取以下几个流动性指标：换手率（$Turnover$）、交易量（Vol）、交易天数（Day）、$Amihud$ 测度、$Range$ 测度。$Turnover$ 是市场资产在一定时间内换手的频率，是反映市场交易活动的最重要的指标之一。Vol 是通过将交易总额除以发行期的月份数来计算的。Day 定义为相应月份的交易天数，交易天数较大表明债券越活跃。$Amihud$ 测度和 $Range$ 测度是非流动性指标，来描述债券价格冲击维度的流动性信息。以上流动性指标都是基于日数据计算的月度平均值。参考 Chung 等（2019）、Yang 等（2021），选取 $Rating$ 和 $Coupon$ 为两个信用风险测度指标。$Rating$ 是每个债券的信用评级，仍采用信用评级编码方法：AAA = 1，AA + = 2，…，和 C = 14，设定信用评级在 C 以下的编码为 15。这样就可以量化债券的信用评级。$Coupon$ 是指单个债券的息票率，是常用的债券信用风险指标。基础数据来自 Wind 数据库。

二 模型建立

Dick-Nielsen 等（2012）、Helwege 等（2014）发现债券利差不仅受流动性风险和信用风险影响，还受跨市场因子和宏观因子的影响，如股票流动性影响债券收益率。本部分跟随 Helwege 等（2014），通过剥离债券"信用利差"中的信用风险成分提取出非违约成分，作为非违约利差的测度指标，分析跨市场流动性和宏观因子对债券非违约利差的影响，发现跨市场因子和宏观因子被显著定价。

Dick-Nielsen 等（2012）和 Shin 和 Kim（2015）发现，流动性风险与信用风险对企业债利差有显著影响，并通过控制信用风险研究了流动性对债券利差的影响。而 Longstaff 等（2005）利用 CDS 市场中的残差，剥离信用风险成分，提取出流动性风险成分。基于 Dick-Nielsen 等（2012）的研究，Helwege 等（2014）通过研究债券配对组研究了流动性溢价。然而他们的研究没有考虑流动性风险与信用风险间交互作用。中国企业债市场流动性风险与信用风险间交互作用系统性研究相对较少。

本部分研究流动性风险与信用风险间交互作用、跨市场因子及宏观因子对企业债利差分解后的非违约成分的影响。Ericsson 和 Renault（2006）发现违约风险和流动性之间存在正相关关系。Rossi（2014）发现一旦考虑了流动性风险与信用风险之间的相关性，债券利差受信用风险的影响更大。Chen 等（2018）建立了一个结构性信用风险模型来检验流动性和违约的交互作用对公司债券定价的影响。Gunay（2020）研究了流动性风险和信用风险的交互作用，发现流动性风险对信用风险有重要影响。因此，在模型（5-1）中引入了流动性风险与信用风险对企业债券利差的交互作用，用交互函数表示。构建模型如下：

$$Spread_{it} = \alpha + \beta \times Liquidity\ risk\ factors_{it} + \chi \times Credit\ risk\ factors_{it} + \gamma \times Interaction\ function(Liquidity\ risk, Credit\ risk)_{it} + \varepsilon_{it} \quad (5-1)$$

其中，$Spread_{it}$ 代表第 i 只债券第 t 期的债券利差；$Liquidity\ risk\ factors_{it}$ 代表第 i 只债券第 t 期的流动性风险因子；$Credit\ risk\ factors_{it}$ 代表第 i 只债券第 t 期的信用风险因子；$Interaction\ function(Liquidity\ risk, Credit\ risk)_{it}$ 是第 i 只债券第 t 期的流动性风险与信用风险交互作用函数。

参考 Dick-Nielsen 等（2012）和 Helwege 等（2014）的研究，以同一公司发行的、相同年龄、到期日、信用评级和息票率的债券构建配对组，通过配对差分剥离信用风险成分。模型（5-2）给出了剥离信用风险后的回归模型，具体如下：

$$DSMB_{it} = \alpha + \beta \times DLMB_{it} + \gamma \times DIFMB_{it} + \varepsilon_{it} \quad (5-2)$$

其中，$DSMB_{it}$ 是第 i 个债券配对组的利差差异，$DLMB_{it}$ 是第 i 个债券配对组的非流动性差异。$DIFMB_{it}$ 是第 i 个债券配对组的交互函数的差异，代表流动性风险与信用风险间交互作用差异。考虑中国企业债实际情况，本章实证研究选取银行间市场和交易所市场同一只企业债在两个市场指标的价差作为配对结果。如果代表流动性风险与信用风险间交互作用的交互函数是线性的，那么 Helwege 等（2014）的模型是这里构建的模型（5-2）的特殊情况。

第三节 样本选取和描述性统计分析

一 市场因子、信用因子、流动性与信用风险交互作用时序特征

基于 2006 年 7 月—2020 年 6 月银行间和交易所市场企业债和股票市场交易数据，计算了市场因子、信用因子、流动性与信用风险间交互作用。下面给出市场因子、信用因子、流动性与信用风险间交互作用的时序特征，如图 5-1 所示。

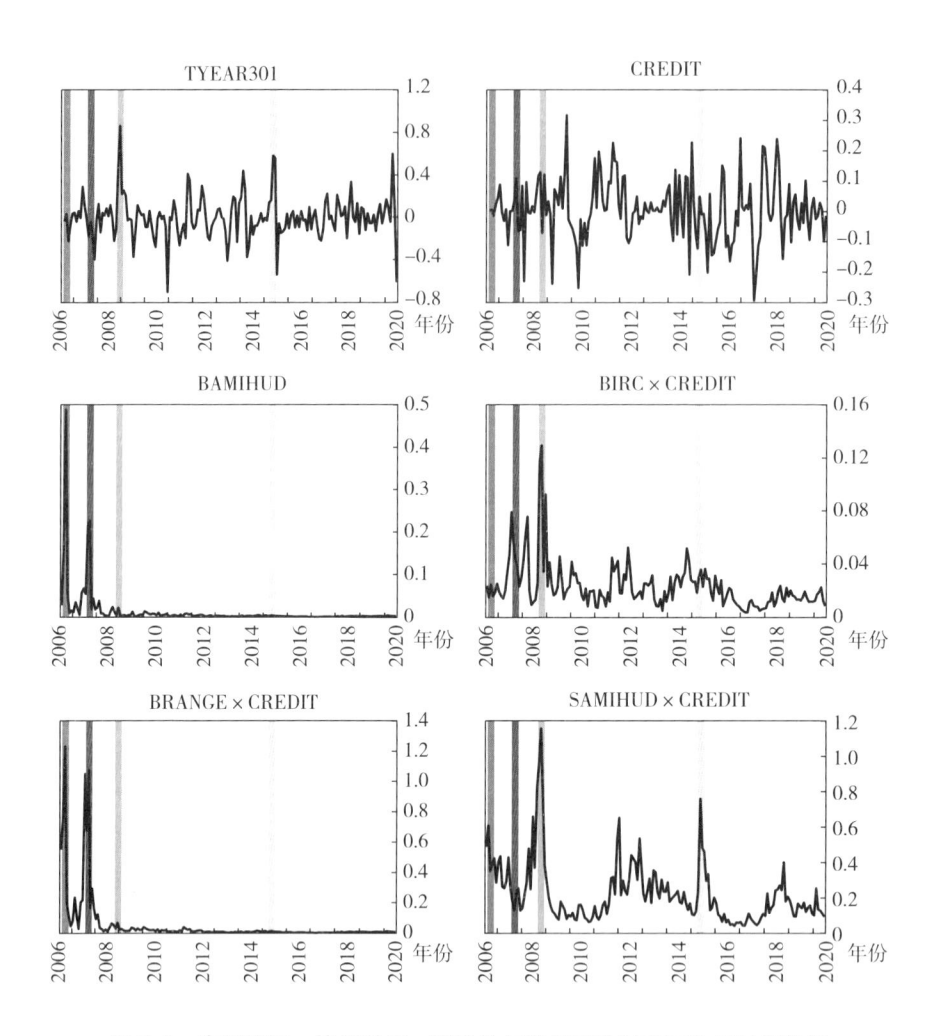

图 5-1 市场因子、信用因子、流动性与信用风险间交互作用时序特征

Fama 和 French（1993）提出了债券二因子模型，他们认为市场因子和信用因子是影响债券定价的重要因素。参考 Fama 和 French（1993）、Shin 和 Kim（2015）的方法，计算了债券市场的市场因子、信用因子及流动性测度。具体如下：*TYEAR*301 代表市场因子，*CREDIT* 代表信用因子，*BAMIHUD* 代表债券市场流动性，*BIRC*×*CREDIT* 代表债券市场价格冲击维度的流动性与信用风险间的交互作用，*BRANGE*×*CREDIT* 代表债券市场量—价冲击维度的流动性与信用风险间的交互作用，*SAMIHUD*×*CREDIT* 代表股票市场量—价冲击维度的流动性与信用风险间的交互作用。

从图 5-1 可以看出，从 2007 年下半年开始，债券市场流动性风险开始加大，信用风险也开始增大，同时债券市场价格冲击维度和量—价冲击维度的流动性风险与信用风险间的交互作用开始增大。在金融危机后期，股票市场量—价冲击维度和债券市场价格冲击维度的流动性与信用风险间的交互作用开始增大，市场风险和信用风险也开始逐渐增大。这背后的逻辑是，在 2008 年的金融危机前期，一开始是流动性风险开始增大，紧接着是信用风险开始增大，导致了流动性风险和信用风险的交互作用开始增大。在金融危机后期，债券市场的风险传染到了股票市场，产生了债市与股市的联动和溢出效应。导致了股票市场和债券市场流动性与信用风险间交互作用螺旋式上升。与 2008 年全球金融危机类似，在 2015 年中国股市危机期间，股票市场量—价冲击维度的流动性与信用风险间的交互作用也开始增大，这说明股票市场与债券市场的联动和流动性溢出效应不能被忽略。

二 样本选取和描述性统计分析

本部分以 2006 年 7 月—2016 年 6 月银行间和交易所市场企业债数据为样本，从 Wind 数据库下载了基础数据，参考 Helwege 等（2014），删除没有交易的债券，剔除剩余期限少于一年的债券。最后得到了银行间和交易所债券市场债券数据作为研究样本。此外，参考 Shin 和 Kim（2015）的方法，收集的相关数据包括发行交易量、交易日、到期收益率、最高价、最低价、平均价、剩余期限、年龄、信用评级、息票率等，并基于以上数据计算了各变量。下面进行描述性统计分析和实证研究。

下面给出实证研究所需各个变量的描述性统计分析和样本特征，如表 5-1 所示。包括每个变量的平均值、中值、最大值、最小值、标准差、J-B 统计量和概率。

如表 5-1 所示。企业债利差的平均值为 2.7281，标准差为 1.1285。从中位数可以看出，债券利差的分布有长右尾特征。*Turnover* 每月平均值为 0.0724，也反映了分布的右尾特征，而 *Vol* 平均值为 79.2567，也有一个长右尾分布。*Day* 月平均值为 4.6155，标准差为 5.3099。*Amihud* 测度的月度平均值为 0.0153，有右尾分布特征，*Range* 测度的月平均值为 0.0256，也有右长尾分布特征。*Time-To-Maturity* 平均值为 5.1315 年，中位数为 5.1808 年，*Age* 平均值为 2.1097 年，中位数为 1.8603 年。*Coupon* 的平均值为 7.0229，标准差为 0.9200。平均信用评级是

3.4575，标准差为 1.2309。

表 5-1　　　　　　　　　　样本变量的描述性统计

	均值	中值	最大值	最小值	标准差	J-B 统计量	概率
Spread	2.7281	2.6652	35.5890	0.0506	1.1285	2479641.0000	0.0001
Turnover	0.0724	0.0311	2.1587	0.0001	0.1204	934967.7000	0.0001
Vol	79.2567	36.6094	2810.1350	0.0102	125.5374	1289959.0000	0.0001
Day	4.6155	2.0000	23.0000	1.0000	5.3099	11975.5100	0.0001
Amihud	0.0153	0.0004	3.5210	0.0001	0.1019	106000000.0000	0.0001
Range	0.0256	0.0006	5.6814	0.0001	0.1602	108000000.0000	0.0001
Time-To-Maturity	5.1315	5.1808	17.1973	1.0685	1.6668	4235.8130	0.0001
Age	2.1097	1.8603	12.5890	0.0932	1.3961	5600.3490	0.0001
Coupon	7.0229	7.0000	9.1000	3.5000	0.9200	259.2570	0.0001
Rating	3.4575	4.0000	15.0000	1.0000	1.2309	219525.1000	0.0001

资料来源：Wind 数据库。

三　变量的相关性分析

下面给出流动性指标的相关性分析和债券配对组流动性指标差异的相关性分析，如表 5-2 所示。债券交易活动在一定程度上代表债券的流动性水平，如 *Turnover*、*Vol* 和 *Day*。下面分析它们间的相关性，为实证研究提供借鉴。

表 5-2　　　　　　　　　　流动性指标的相关性分析

	Turnover	*Vol*	*Day*	*Amihud*	*Range*
样本 A：流动性					
Turnover	1.0000				
Vol	0.8724***	1.0000			
Day	0.0238***	0.0249***	1.0000		
Amihud	-0.0880***	-0.0925***	-0.0344***	1.0000	
Range	-0.0941***	-0.0989***	-0.0172***	0.8343***	1.0000

续表

	Turnover_diff	Vol_diff	Day_diff	Amihud_diff	Range_diff
样本B：流动性差异					
Turnover_diff	1.0000				
Vol_diff	0.8661***	1.0000			
Day_diff	0.2082***	0.2555***	1.0000		
Amihud_diff	-0.1425***	-0.1052***	-0.1270***	1.0000	
Range_diff	-0.1205***	-0.0862***	-0.1096***	0.8307***	1.0000

注："*"代表10%显著性水平下显著，"**"代表5%显著性水平下显著，"***"代表1%显著性水平下显著。

从样本A可知，$Turnover$和Vol呈高度正相关且相关系数为0.8724，这主要是因为它们都是交易活跃度维度的流动性指标。而$Turnover$和Day弱相关，且Vol和Day也有弱相关，因为交易天数多或少与交易量和换收益没有直接相关性，如在银行间市场债券月度平均交易天数虽然比交易所市场少，但是月平均交易量比交易所市场大很多，这是因为银行间市场机构投资者多，具有交易次数少但每笔交易大的特征。类似于样本A，在样本B中也可以得到相似的结论。$Turnover\_diff$和Vol_diff也有较高的正相关关系且相关系数为0.8661。$Turnover\_diff$和Day_diff也有弱相关性且相关系数为0.2082，Vol_diff和Day_diff相关系数相对较大，但也只有0.2555。$Amihud$和$Range$通常用来测度交易量对价格的冲击。如表5-2所示，$Amihud$和$Range$呈正相关且相关系数为0.8343，而$Amihud\_diff$和$Range\_diff$也有高的正相关性，相关系数为0.8307。$Amihud$和$Range$高度相关的主要原因是两个变量经济含义一致，都是描述债券交易量对价格冲击的影响。此外，在样本B中$Turnover\_diff$和Vol_diff有最高的相关性且相关系数为0.8661，而Vol_diff和$Range\_diff$相关性最低，其相关系数是-0.0862。

第四节 流动性描述

下面给出债券配对组流动性指标的描述性统计分析，如表5-3所示。

在样本 A 中，全部企业债配对组流动性差异的描述性统计被给出，包括中位数、平均值、最小值、最大值、标准差、J-B 统计量、概率。高评级和低评级债券配对组的描述性统计在样本 B 和样本 C 中给出。

表 5-3　　　　　　　　债券配对组流动性指标的描述性统计

	均值	中值	最大值	最小值	标准差	J-B 统计量	概率
样本 A：全样本							
$Turnover\_diff$	-0.0972	-0.0568	0.6881	-2.1164	0.1529	164007.4000	0.0001
Vol_diff	-106.2037	-63.5312	527.2476	-2808.4630	158.4403	283567.2000	0.0001
Day_diff	4.9148	2.0000	22.0000	-12.0000	6.4997	964.8958	0.0001
$Amihud\_diff$	0.0294	0.0012	3.5206	-0.2771	0.1424	13802006.0000	0.0001
$Range\_diff$	0.0498	0.0025	5.6514	-0.1763	0.2239	14038398.0000	0.0001
样本 B：高评级							
$Turnover\_diff$	-0.0749	-0.0435	0.3059	-1.4227	0.1211	44359.4900	0.0001
Vol_diff	-96.0034	-57.8675	392.7113	-2808.4630	148.9268	318762.9000	0.0001
Day_diff	4.6691	2.0000	22.0000	-11.0000	6.2821	392.0431	0.0001
$Amihud\_diff$	0.0239	0.0009	3.3447	-0.0378	0.1382	7660864.0000	0.0001
$Range\_diff$	0.0430	0.0018	4.8422	-0.0393	0.2170	5477773.0000	0.0001
样本 C：低评级							
$Turnover\_diff$	-0.1079	-0.0648	0.6881	-2.1164	0.1649	97938.2000	0.0001
Vol_diff	-111.0498	-67.0638	527.2476	-2526.0090	162.5571	96771.0800	0.0001
Day_diff	5.0315	3.0000	22.0000	-12.0000	6.5980	592.4450	0.0001
$Amihud\_diff$	0.0320	0.0015	3.5206	-0.2771	0.1443	7172313.0000	0.0001
$Range\_diff$	0.0530	0.0028	5.6514	-0.1763	0.2270	8748478.0000	0.0001

如样本 A 所示。$Turnover\_diff$ 的平均值为-0.0972，标准差为 0.1529。从中值可以看出，$Turnover\_diff$ 的分布有右长尾特征。Vol_diff 的平均值为-106.2037，也有右长尾特征。Day_diff 的平均值为 4.9148，标准差为 6.4997。$Amihud\_diff$ 月度平均值为 0.0294，也反映了分布的右长尾特征，$Range\_diff$ 的平均值为 0.0498，同样有右长尾分布特征。

在样本 B 中，$Turnover\_diff$ 平均值为-0.0749，中位数为-0.0435，而在样本 C 中，$Turnover\_diff$ 平均值为-0.1079，中位数为-0.0648。这表明在我国企业债市场低评级债券相对更活跃。在样本 B 和样本 C 中，类似的结果也可以发现，如 Vol_diff 和 Day_diff。在样本 B 中，高评级债券配

对组的 Vol_diff 平均值是 -96.0034，标准差是 148.9268，而低评级债券配对组的 Vol_diff 平均值是 -111.0498，标准差为 162.5571，并且 Day_diff 平均值是 4.6691，标准差是 6.2821。而在样本 C 中，Day_diff 平均值为 5.0315，标准差为 6.5980。$Amihud\_diff$ 和 $Range\_diff$ 代表价格冲击维度的流动性测度指标。在样本 B 中，$Amihud\_diff$ 的月度平均值为 0.0239，$Range\_diff$ 的平均值为 0.0430。然而，在样本 C 中，$Amihud\_diff$ 和 $Range\_diff$ 平均值分别为 0.0320 和 0.0530，这表明，在中国企业债券市场低评级债券交易量对价格冲击大于高评级债券。

第五节 个体流动性对非违约利差的影响

Helwege 等（2014）研究了美国企业债市场个体债券流动性溢价。流动性溢价是债券非违约利差的重要成分，首先从债券个体层面上分析流动性对债券非违约利差的影响。

下面给出基于未剥离信用风险的实证结果，如表 5-4 所示。在控制信用风险、流动性风险与信用风险间相互作用情况下，研究了流动性指标对债券利差的边际影响。研究样本分别为企业债、高评级企业债和低评级企业债。在控制流动性风险与信用风险间相互作用情况下，使用每个流动性指标直接对企业债利差进行回归分析。交叉项代表流动性风险与信用风险间相互作用。

表 5-4　　　　　　　　流动性对企业债利差的边际影响

	Vol	Day	$Range$	$Vol \times Coupon$	$Day \times Coupon$	$Range \times Coupon$
高评级	-0.0022***	0.0809***	-0.1267	0.0003***	-0.0045*	0.0387
	(-3.06)	(4.51)	(-0.26)	(2.93)	(-1.82)	(0.52)
低评级	-0.0015**	0.2109***	1.4225**	0.0002*	-0.0197***	-0.1700**
	(-1.98)	(11.55)	(2.26)	(1.83)	(-8.06)	(-1.97)
全样本	-0.0018***	0.1596***	0.5125	0.0002***	-0.0132***	-0.0461
	(-3.41)	(12.03)	(1.34)	(3.02)	(-7.37)	(-0.85)

注："*"代表 10% 显著性水平下显著，"**"代表 5% 显著性水平下显著，"***"代表 1% 显著性水平下显著。

下面给出剥离信用风险的样本实证结果，即企业债配对组的实证结果，如表 5-5 所示。在剥离信用风险情况下，控制流动性风险与信用风险间相互作用，研究流动性指标对非违约利差的边际影响。研究样本分别为企业债、高评级企业债和低评级企业债。在控制流动性风险与信用风险间相互作用情况下，使用每个企业债配对组流动性指标直接对企业债利差进行回归分析。其中，交叉项代表流动性风险与信用风险间相互作用，Aj-R^2 是全样本回归方程对应的结果。

在表 5-4 和表 5-5 中，基于式（5-1）和式（5-2）的方法，控制流动性风险与信用风险间交互作用，每个回归分析仅用一种流动性测度指标，研究非违约利差的边际影响。Vol_diff、Day_diff 和 $Range\_diff$ 作为配对组的流动性差异测度指标以避免多重共线性，并且由于流动性风险与信用风险的非线性函数关系，交互函数不能被去掉。基于式（5-1），表 5-4 给出了流动性指标对非违约利差影响的估计结果，其中 $DSMB$ 为因变量且包含子样本和全样本的结果。

表 5-5　企业债配对组流动性指标对非违约利差的边际影响

	Vol_diff	Day_diff	$Range\_diff$	$Vol\_diff \times Coupon$	$Day\_diff \times Coupon$	$Range\_diff \times Coupon$
高评级	-0.0010**	0.0529***	0.1678	0.0001**	-0.0075***	-0.0149
	(-2.15)	(4.75)	(0.52)	(2.11)	(-4.92)	(-0.30)
低评级	-0.0014**	0.0764***	0.4507	0.0002**	-0.0099***	-0.0473
	(-2.36)	(5.28)	(0.87)	(2.07)	(-5.21)	(-0.66)
全样本	-0.0012***	0.0647***	0.2682	0.0001***	-0.0086***	-0.025
	(-2.93)	(6.71)	(0.91)	(2.62)	(-6.71)	(-0.60)
Aj-R^2（%）	0.2387	0.7718	0.1243	0.2406	0.7978	0.1445

注："*"代表 10%显著性水平下显著，"**"代表 5%显著性水平下显著，"***"代表 1%显著性水平下显著。

在表 5-4 和表 5-5 的全样本中，当信用风险完全被控制后，流动性指标的系数是更小的。表 5-5 中的流动性估计效果总是低于表 5-4 中的估计效果。在表 5-4 和表 5-5 的全样本中，Vol 的系数从 -0.0018 下降到 -0.0012，而 Day 的系数从 0.1596 下降到 0.0647，这说明交易量作为流动性风险指标解释了一部分信用风险溢价，这说明流动性风险和信用风险是混杂在一起的，即流动性风险与信用风险联系密切。研究结果与 Rossi（2014）及 Kalimipalli 和 Nayak（2012）一致。在表 5-4 和表 5-5 的高评级债券和低评级债券子样本实证结果中，类似的规律也可以发现。表 5-5 的流动性指标的系数总是比表 5-4 的流动性指标的系数小。例如，在表 5-4 和表 5-5 的高评级债券中 Vol 的系数从 -0.0022 下降到 -0.0010，而在低评级债券中 Vol 的系数从 -0.0015 下降到 -0.0014。在表 5-4 和表 5-5 的高评级债券中，Day 的系数从 0.0809 下降到 0.0529，而在低评级债券中 Day 的系数从 0.2109 下降到 0.0764。

从交易量对价格冲击维度来看，表 5-4 的低评级债券 $Range$ 的系数在 5% 显著性水平下显著。根据表 5-4 和表 5-5 的实证结果，流动性风险与信用风险间交互作用对非违约利差有显著影响。例如，在表 5-5 的全样本中，$Vol\_diff \times Coupon$ 和 $Day\_diff \times Coupon$ 的回归系数在 1% 显著性水平下显著。研究结果与艾春荣等（2015）一致。

如表 5-4 和表 5-5 所示，一部分非违约利差被流动性指标解释，证实了流动性溢价是非违约利差的重要组成。基于流动性风险与信用风险间交互作用存在的分析，非违约利差中也应该有流动性风险与信用风险间交互作用溢价成分。为了进一步验证该结论，下面做了相关回归分析，如表 5-6 和表 5-7 所示。

表 5-6 和表 5-7 中的模型 1 给出了不包含流动性风险与信用风险间交互作用的回归结果。表 5-6 中模型 1 的回归结果表明，Vol 的回归系数在 1% 水平下显著，且符号符合预期，而 $Range$ 的回归系数也是非常显著的。研究结果与 Dick-Nielsen 等（2012）一致。表 5-7 中模型 1 给出了不考虑流动性风险与信用风险间交互作用的流动性指标差异对非违约利差影响的回归结果。研究表明，Vol_diff 的回归系数在 1% 水平下显著，而 $Range\_diff$ 回归系数在 10% 水平上显著。此外，表 5-6 中模型 1 的 $Aj\text{-}R^2$ 是 19.4355%，而表 5-7 中模型 1 的 $Aj\text{-}R^2$ 仅为 0.1540%，这表明流动性指标仅仅解释了非违约利差的一小部分，该结果与 Helwege 等（2014）的研究一致，他们发现在美国债券市场前者为 52%，后者仅为 4%。这是因为非违约利差主要受跨市场因子和宏观因子影响。

下面从非违约利差的构成角度，分析其中是否存在流动性风险与信用风险间交互作用溢价。构建模型并进行了实证分析。在表 5-6 的模型 2 中，

表 5-6 流动性指标对企业债利差的影响

模型	C	Vol	Day	Range	Vol×Coupon	Day×Coupon	Range×Coupon	Aj-R² (%)
1	-0.1002 (-1.49)	-0.0003*** (-3.54)	0.0633*** (32.38)	0.1523*** (2.77)				19.4355
2	0.0268 (0.34)	-0.0019*** (-3.51)	0.0636*** (32.50)	0.1530*** (2.79)	0.0002*** (3.02)			19.4831
3	-0.5341*** (-5.97)	-0.0003*** (-3.76)	0.1600*** (12.06)	0.1429*** (2.60)		-0.0132*** (-7.37)		19.7471
4	-0.1094 (-1.60)	-0.0003*** (-3.55)	0.0632*** (32.31)	0.4717 (1.24)			-0.0461 (-0.85)	19.4338
5	-0.4169*** (-4.16)	-0.0018*** (-3.39)	0.1598*** (12.05)	0.3451 (0.90)	0.0002*** (2.87)	-0.0132*** (-7.34)	-0.029 (-0.53)	19.7878

注："*"代表10%显著性水平下显著,"**"代表5%显著性水平下显著,"***"代表1%显著性水平下显著。

表 5-7 企业债配对组流动性指标对非违约利差的影响

模型	C	Vol_diff	Day_diff	Range_diff	Vol_diff× Coupon	Day_diff× Coupon	Range_diff× Coupon	Aj-R² (%)
1	0.1166*** (7.77)	-0.0002*** (-2.95)	0.0003 (0.21)	0.0804* (1.86)				0.1540
2	0.1214*** (8.04)	-0.0012*** (-3.06)	0.0008 (0.50)	0.0824* (1.91)	0.0001*** (2.62)			0.2406
3	0.1248*** (8.32)	-0.0002*** (-3.37)	0.0639*** (6.66)	0.0752* (1.74)		-0.0086*** (-6.71)		0.7978
4	0.1165*** (7.77)	-0.0002*** (-2.97)	0.0003 (0.20)	0.2541 (0.86)			-0.025 (-0.60)	0.1445
5	0.1270*** (8.41)	-0.0007* (-1.82)	0.0616*** (6.31)	0.0416 (0.14)	0.0001 (1.32)	-0.0082*** (-6.31)	0.005 (0.12)	0.7942

注:"*"代表10%显著性水平下显著,"**"代表5%显著性水平下显著,"***"代表1%显著性水平下显著。

$Vol\times Coupon$ 系数是非常显著的且 $Aj\text{-}R^2$ 是 19.4831%，这个数值高于表 5-6 中模型 1 的 19.4355%，这说明流动性风险与信用风险间交互作用溢价是债券非违约利差的重要组成。在表 5-7 的模型 2 中也可得到类似结论，$Vol\_diff\times Coupon$ 系数在 1% 显著性水平下显著，且 $Aj\text{-}R^2$ 是 0.2406%，这个数值高于表 5-7 中模型 1 的 0.1540%。表 5-6 的模型 2 回归方程的 $Aj\text{-}R^2$ 大于表 5-7 的模型 2 回归方程的 $Aj\text{-}R^2$，这表明流动性指标仅仅解释了非违约利差一部分，这是因为跨市场因子与宏观因子是非违约利差的重要解释变量。类似结论也可参考表 5-6 和表 5-7 的模型 3。

综上研究了非违约利差的影响因素。从债券个体层面来看，债券个体流动性风险解释了非违约利差的一部分，研究还发现非违约利差中包含了流动性风险与信用风险间交互作用溢价。但从解释力上来看，两个变量对非违约利差仅仅解释了一小部分。

第六节　跨市场因子对非违约利差的影响

Helwege 等（2014）和 Moshirian 等（2017）发现市场流动性对非违约利差有重要影响。张宗新等（2020）发现股票市场与债券市场彼此联动，且市场流动性影响债券流动性溢价。这主要是因为债券市场存在系统性流动性因子，且系统性流动性因子影响单个债券的流动性，进而影响债券利差。已有学者发现系统性流动性因子的证据。Chordia 等（2004）给出了债券市场系统性流动性因子的证据，他们发现该因子与同期股票市场系统性流动性因子有相关性。

跟随 Helwege 等（2014）、张宗新等（2020），本部分研究中国企业债市场跨市场因子对非违约利差的影响。下面给出市场流动性因子对非违约利差影响的实证结果，如表 5-8 所示。BML_Vol 是企业债市场的月交易量；BML_Range 和 BML_Amihud 是基于 $Range$ 测度和 $Amihud$ 测度的债券市场流动性指标。SML_Range 是基于 $Range$ 测度的股票市场流动性指标。t 统计量在括号中给出。下面对实证结果进行分析。

表 5-8 给出了债券配对组流动性差异对非违约利差影响的实证结果。Helwege 等（2014）研究了股票市场流动性对企业债利差的影响。为了

表 5-8 市场流动性对非违约利差的影响

模型	1	2	3	4	5	6	7	8	9	10	11
C	-0.1116*** (-9.65)	-0.0958*** (-9.72)	-0.1146*** (-9.81)	0.1865*** (4.06)	-0.1204*** (-8.56)	-0.1744*** (-8.29)	-0.0042 (-0.21)	0.2120*** (4.60)	-0.0140 (-0.68)	-0.0629** (-2.37)	0.0999 (1.50)
Vol_diff	-0.0002*** (-3.16)		-0.0002*** (-2.99)	-0.0002*** (-3.58)	-0.0002*** (-3.00)	-0.0002*** (-3.02)	-0.0002*** (-2.97)	-0.0002*** (-3.43)	-0.0002*** (-2.99)	-0.0002*** (-3.00)	-0.0002*** (-3.36)
Range_diff		0.0007** (2.11)	0.0796* (1.85)	0.0812* (1.89)	0.0782* (1.81)	0.0733* (1.70)	0.0798* (1.86)	0.0810* (1.89)	0.0764* (1.78)	0.0737* (1.71)	0.0784* (1.83)
BML_Vol				-0.0070*** (-6.78)				-0.0055*** (-5.20)			-0.0045*** (-3.89)
BML_Range					0.1158 (0.74)				0.2905* (1.84)		-0.6361* (-1.79)
BML_Amihud						1.6570*** (3.42)				1.6061*** (3.32)	2.5794** (2.28)
SML_Range							-0.5954*** (-6.90)	-0.4767*** (-5.35)	-0.6203*** (-7.11)	-0.5911*** (-6.86)	-0.4368*** (-4.65)
Aj-R² (%)	0.1326	0.0510	0.1681	0.8264	0.1614	0.3251	0.8503	1.2292	0.8849	0.9970	1.2797

注:"*"代表10%显著性水平下显著,"**"代表5%显著性水平下显著,"***"代表1%显著性水平下显著。

研究跨市场因子对非违约利差的影响，本部分将债券市场流动性和股票市场流动性作为市场流动性因子考虑进模型中。*Vol_diff* 和 *Range_diff* 是流动性差异，且它们分别代表了流动性交易活动和价格冲击维度。如表 5-6 和表 5-7 所示，流动性指标解释了非违约利差的一部分，这是因为非违约利差受到其他重要因子的影响。

债券市场流动性是系统性流动性风险的重要组成部分，下面验证其是否是非违约利差的解释变量。从两个维度选择债券市场流动性指标，即交易活动和价格冲击，包括 *BML_Vol*、*BML_Range* 和 *BML_Amihud*，以研究债券市场流动性对非违约利差的解释力。*BML_Vol* 是企业债市场的月度交易量；*BML_Range* 和 *BML_Amihud* 是基于 *Range* 测度和 *Amihud* 测度构建的企业债市场流动性指标。

模型 1 至模型 3 给出了基本回归模型且模型 3 回归方程 Aj-R^2 是 0.1681%。在模型 4 至模型 6 中，市场流动性指标被引入到回归模型中，以研究市场因子对非违约利差的影响。在模型 4 中，*BML_Vol* 的回归系数在 1% 水平下显著，且当债券市场流动性因子被考虑后回归方程的 Aj-R^2 从 0.1681% 增加到了 0.8264%。这表明债券市场流动性显著提高了非违约利差的解释力并被定价。作为流动性指标，*BML_Vol* 代表交易活动维度流动性，而 *BML_Range* 和 *BML_Amihud* 代表价格冲击维度流动性。在模型 6 中 *BML_Amihud* 的回归系数在 1% 显著性水平下显著，且回归方程的 Aj-R^2 从 0.1681% 增加到了 0.3251%。这一结论与模型 4 的结论相似。

文献研究表明债券市场和股票市场有流动性溢出效应。有学者发现跨市场流动性会影响非违约利差。Chordia 等（2004）研究了国债和股票市场的流动性联动，发现债券和股票市场流动性显著相关。Goyenko 和 Ukhov（2009）发现了债券和股票市场之间流动性关联的证据。

考虑到债券市场与股票市场间的溢出效应和联动效应，在模型 7 中用股票市场的流动性指标去解释非违约利差。*Vol_diff* 和 *Range_diff* 作为流动性指标，*SML_Range* 是一个基于 *Range* 测度构建的股票市场非流动性指标。实证结果表明，模型 7 的 Aj-R^2 为 0.8503%，与模型 3 相比有显著增加。类似结论也可以在模型 8 至模型 10 中发现。这表明债券配对组非违约利差能显著被股票市场信息解释，即跨市场流动性对债券非违约利差有显著影响。

类似的结果也由 Chordia 等（2004）得到。模型 11 给出了包含所有流动性和市场流动性指标的回归结果。*Vol_diff* 系数在 1% 显著性水平下显著且符号也符合预期。*BML_Vol* 和 *SML_Range* 系数也都在 1% 显著性水平下显著，且模型 11 的 Aj-R^2 是 1.2797%。

综上所述，债券市场流动性显著地解释了非违约利差。从跨市场层面来看，股票市场流动性对债券非违约利差有显著影响，即跨市场流动性溢价存在。

第七节　宏观因子对非违约利差的影响

宏观因子与市场流动性密切相关。Ludvigson 和 Ng（2009）发现了宏观因子和债券风险溢价之间的关联。Bhati 和 De Zoysa（2012）、Vodova（2013）及 Chen 和 Phuong（2013）发现货币政策对市场流动性有负影响。Aspachs 等（2005）、Dinger（2009）和 Vodova（2011）发现 GDP 与市场流动性负相关。此外，一些学者发现通货膨胀和市场流动性也密切相关（Tseganesh，2012；Moussa，2015）。下面研究宏观因子是否能很好地解释债券非违约利差。

Fama 和 French（1993）提出债券二因子模型，认为市场因子和信用因子是影响债券定价的重要因素。Helwege 等（2014）发现宏观变量对美国企业债利差有显著的影响。Huang 和 Shi（2021）研究了影响企业债的各种因素。

跟随他们的研究方法，本部分加入宏观变量研究。下面给出宏观变量对非违约利差影响的实证结果，如表 5-9 所示。*Year102* 是 10 年期国债收益率和 2 年期国债收益率之差。*Month3* 是 3 个月国库券利率，*S10year* 是债券市场指数收益率和 10 年期国债利率之差。*CPI* 是消费者物价指数增量，*GDP* 是国内生产总值增量，*M0* 是货币流通量增量。交叉项是流动性风险与信用风险间交互作用。t 统计量在括号中给出。下面给出相关回归结果，如表 5-9 所示。

模型 1 考虑了债券市场和股票市场流动性。*BML_Vol* 和 *SML_Range* 系数在 1% 显著性水平下显著且回归方程 Aj-R^2 是 1.3540%。*BML_Vol* 回归系数为负，主要是因为债券市场流动性好，流动性溢价小，非违约利

表 5—9　宏观变量对非违约利差的影响

模型	1	2	3	4	5	6	7	8	9	10	11	12
C	0.2153***	0.1716***	0.4121***	0.7383***	0.2056***	0.7311***	0.2094***	0.6477***	1.1909***	1.1874***	1.4116***	1.2038***
	(4.68)	(3.58)	(7.09)	(7.47)	(4.32)	(5.98)	(4.55)	(4.55)	(7.24)	(7.22)	(9.33)	(7.40)
Vol_diff	-0.0014***	-0.0013***	-0.0013***	-0.0013***	-0.0014***	-0.0016***	-0.0015***	-0.0013***	-0.0013***	-0.0013***	-0.0013***	-0.0013***
	(-3.59)	(-3.45)	(-3.44)	(-3.45)	(-3.54)	(-4.01)	(-3.81)	(-3.32)	(-3.43)	(-3.42)	(-3.48)	(-3.42)
Range_diff	0.0821*	0.0794*	0.0788*	0.0735*	0.0815*	0.0818*	0.0866**	0.0750*				
	(1.92)	(1.85)	(1.84)	(1.72)	(1.90)	(1.91)	(2.02)	(1.75)				
Amihud_diff									0.0682	0.1779***	0.1769***	0.1786***
									(1.60)	(2.65)	(2.64)	(2.66)
BML_Vol	-0.0056***	-0.0061***	-0.0061***	-0.0079***	-0.0057***	-0.0056***	-0.0044***		-0.0083***	-0.0083***	-0.0092***	-0.0084***
	(-5.28)	(-5.64)	(-5.72)	(-6.99)	(-5.34)	(-5.29)	(-3.90)		(-6.87)	(-6.89)	(-7.86)	(-7.02)
SML_Range	-0.4888***	-0.4637***	-0.3327***	-0.2812***	-0.5349***	-0.2313**	-0.2592**		-0.0843	-0.0810	-0.2119*	
	(-5.49)	(-5.19)	(-3.57)	(-2.95)	(-5.04)	(-2.19)	(-2.41)		(-0.72)	(-0.69)	(-1.91)	
Year102		0.1141***						0.0635	0.1262**	0.1236**	0.1138**	0.1247**
		(3.26)						(1.26)	(2.48)	(2.42)	(2.23)	(2.45)
Month3			-0.0907***					-0.0523**	-0.0369	-0.0377	-0.0473*	-0.0379
			(-5.53)					(-2.12)	(-1.50)	(-1.53)	(-1.93)	(-1.54)

续表

模型	1	2	3	4	5	6	7	8	9	10	11	12
$S10year$				0.1276***				0.1025***	0.1395***	0.1387***	0.1067***	0.1428***
				(5.97)				(4.27)	(5.51)	(5.48)	(4.53)	(5.80)
CPI					0.0111			0.0800***	0.1045***	0.1042***	0.0967***	0.1020***
					(0.80)			(4.76)	(6.03)	(6.02)	(5.62)	(5.99)
GDP						−0.0766***		−0.0397	−0.0701***	−0.0697***	−0.1168***	−0.0698***
						(−4.55)		(−1.58)	(−2.76)	(−2.75)	(−5.45)	(−2.75)
$M0$							−0.0156***	−0.0308***	−0.0193***	−0.0191***		−0.0204***
							(−3.79)	(−6.11)	(−3.49)	(−3.46)		(−3.90)
$Vol\_diff \times Coupon$	0.0002***	0.0002***	0.0002***	0.0002***	0.0002***	0.0002***	0.0002***	0.0002***	0.0002***	0.0002***	0.0002***	0.0002***
	(3.09)	(2.96)	(2.94)	(2.97)	(3.04)	(3.49)	(3.29)	(2.87)	(2.91)	(2.92)	(2.99)	(2.92)
Aj-R² (%)	1.3540	1.4942	1.7830	1.8564	1.3487	1.6405	1.5476	2.1232	2.8054	2.8696	2.7119	2.8771

注:"*"代表10%显著性水平下显著,"**"代表5%显著性水平下显著,"***"代表1%显著性水平下显著。

差小，然而 SML_Range 的回归系数也是负的，这是因为股票市场和债券市场有溢出效应，也就是说当股票市场流动性差时债券市场流动性好，此时债券市场流动性溢价小，非违约利差就小。

在模型 2 至模型 7 中，宏观变量被考虑进去以研究宏观因子对非违约利差的影响。参考 Helwege 等（2014），本部分选取了以下三个宏观变量：$Year102$、$Month3$ 和 $S10year$。$Year102$ 是 10 年期国债收益率和 2 年国债收益率之差。$Month3$ 是 3 个月国债收益率，而 $S10year$ 是债券市场指数收益率和 10 年期国债利率之差。

在模型 2 至模型 4 中，$Year102$、$Month3$ 和 $S10year$ 的系数分别是 0.1141、-0.0907 和 0.1276，且都有 1% 的显著性水平，同时回归方程的 $Aj-R^2$ 与模型 1 相比都显著提高了。这说明宏观因子对非违约利差有显著影响。在模型 5 至模型 7 中也得到了类似的结论。CPI 消费者物价指数作为宏观因子来解释非违约利差，研究发现在模型 8 至模型 12 中 CPI 的系数都在 1% 显著性水平下显著。这表明 CPI 可以很好地解释债券非违约利差，因为宏观因子是非违约利差的解释变量。GDP 是常用的宏观因子代理指标，模型 6 的实证结果表明 GDP 的系数是非常显著的且 $Aj-R^2$ 也被显著提高了。货币流通量是重要的宏观变量，用 $M0$ 代表货币流通量。模型 7 的实证结果表明，$M0$ 的系数是非常显著的且 $Aj-R^2$ 是 1.5476%，这说明宏观因子对非违约利差有显著影响。研究结果与 Helwege 等（2014）一致。

在模型 8 中所有宏观因子被考虑进去以研究宏观因子对非违约利差的影响。在模型 9 中宏观因子和市场因子都被考虑进去进行了实证分析，实证研究发现 $Range\_diff$ 的回归系数不显著，这意味着在中国企业债券市场非违约利差对考虑了极端值的流动性指标不敏感。在模型 10 至模型 12 中，$Range\_diff$ 被 $Amihud\_diff$ 替换以分析实证结果的稳健性，研究表明 $Amihud\_diff$ 的系数也是非常显著的。在模型 9 中，SML_Range 的系数不显著，类似的结果也可以从模型 10 得到。在模型 11 中，SML_Range 的系数在 10% 显著性水平下显著。这是因为宏观因子包含了股票市场的信息。宽松的货币政策会导致股市更好的流动性。此外，在模型 1 至模型 12 中，交叉项代表流动性风险与信用风险间交互作用，$Vol\_diff \times Coupon$ 的系数都在 1% 显著性水平下显著，这表明流动性风险与信用风险间交互作用被定价了。研究结果与 Gunay（2020）一致。

由于宏观因子包含了股票市场的信息，下面剔除 SML_Range 再进行实证分析，模型 12 给出了回归分析的结果。回归模型的 $Aj\text{-}R^2$ 是 2.8771%，且比只考虑单个债券流动性回归模型的 $Aj\text{-}R^2$ 提高了，这表明流动性指标仅仅解释了一小部分非违约利差，非违约利差还受到未知因子即跨市场因子和宏观因子的影响。该研究结果与 Helwege 等（2014）一致。这主要是因为中国债券市场存在系统性流动性因子，它影响债券市场上单个债券的流动性进而影响债券利差。

第八节 鲁棒性检验

一 基于价格冲击的鲁棒性检验

跨市场因子和宏观因子解释了债券非违约利差的主要部分，该研究结果是否稳健，下面基于价格冲击维度进行鲁棒性检验。

Yang 等（2021）发现 Amihud 测度和 Range 测度影响企业债利差。本部分用 Amihud 测度代替 Range 测度从价格冲击维度研究跨市场因子和宏观因子解释债券非违约利差的鲁棒性。下面给出研究结果，如表 5-10 所示。

在模型 1 中，Vol 的回归系数是 -0.0002，在 1% 显著性水平下显著且符号符合预期，$Amihud$ 回归系数也在 1% 显著性水平下显著且符号符合预期。在模型 2 中，BML_Vol 系数在 1% 水平下显著，且回归方程的 $Aj\text{-}R^2$ 提高到了模型 1 的 3.6 倍，这表明市场流动性对非违约利差有显著的影响。在模型 3 中，$Year102$ 和 $S10year$ 的回归系数分别为 0.1389 和 0.1521，并在 1% 显著性水平下显著，这表明宏观因子对非违约利差的影响是显著的。在模型 4 中也能得到类似的结论，$Year102$、$S10year$、CPI、GDP、$M0$ 的回归系数也都在 1% 显著性水平下显著。此外，模型 3 和模型 4 的回归方程的 $Aj\text{-}R^2$ 分别为 1.9262% 和 2.7850%，与模型 1 相比显著提高了。这也表明宏观因子对非违约利差的影响是显著的。研究结果与 Helwege 等（2014）一致。

模型 5 给出了流动性风险与信用风险间交互作用溢价的实证结果。$Vol \times Coupon$ 系数为 0.0002，且在 1% 显著性水平下显著，而 $Day \times Coupon$ 系数在 5% 显著性水平下显著，模型 5 回归方程的 $Aj\text{-}R^2$ 与模型 4 相比有

表 5-10 基于价格冲击维度的鲁棒性检验

模型	C	Vol_diff	Amihud_diff	BML_Vol	BML_Amihud	Year102	S10year	CPI	GDP	M0	Vol×Coupon	Day×Coupon	Aj-R² (%)
1	-0.1156*** (-9.93)	-0.0002*** (-2.83)	0.2063*** (3.04)										0.2539
2	0.1504*** (2.58)	-0.0002*** (-3.38)	0.2062*** (3.05)	-0.0066*** (-5.98)	0.5113 (0.99)								0.9137
3	0.7654*** (7.43)	-0.0002*** (-3.09)	0.1840*** (2.73)	-0.0094*** (-8.14)	0.0816 (0.16)	0.1389*** (3.97)	0.1521*** (7.64)						1.9262
4	1.1722*** (7.24)	-0.0002*** (-3.45)	0.1678** (2.50)	-0.0078*** (-6.16)	1.0574* (1.89)	0.1814*** (5.05)	0.1522*** (6.52)	0.1085*** (6.25)	-0.0870*** (-3.19)	-0.0201*** (-3.82)			2.7850
5	1.2203*** (7.51)	-0.0015*** (-3.78)	0.1846*** (2.74)	-0.0078*** (-6.23)	1.0654* (1.90)	0.1760*** (4.91)	0.1487*** (6.37)	0.1081*** (6.23)	-0.0069*** (-3.54)	-0.0205*** (-3.90)	0.0002*** (3.23)	0.0004** (2.09)	2.9413

注："*"代表10%显著性水平下显著，"**"代表5%显著性水平下显著，"***"代表1%显著性水平下显著。

明显地提高。这表明在中国企业债券市场流动性风险与信用风险间交互作用溢价显著存在。该结果与艾春荣等（2015）的研究结果一致。此外，模型1至模型5的实证结果表明，在中国企业债券市场 $Amihud\_diff$ 的系数都是非常显著的。

综上所述，用 $Amihud$ 测度代替 $Range$ 测度，基于价格冲击维度的鲁棒性研究结果表明，跨市场因子和宏观因子是债券非违约利差的解释变量，该研究结果是稳健的。

二 基于交易活动的鲁棒性检验

Shin 和 Kim（2015）发现交易活动是流动性的一个重要维度。下面用 $Turnover\_diff$ 替换 Vol_diff 以从交易活动维度研究跨市场因子和宏观因子解释债券非违约利差的鲁棒性。下面给出相关研究结果，如表5-11所示。

模型1至模型5的实证结果表明，$Turnover\_diff$ 系数在1%显著性水平下均显著，且符号都符合预期。模型1的回归方程的 $Aj\text{-}R^2$ 是0.2989%，而模型2的回归方程的 $Aj\text{-}R^2$ 是0.9703%，且 BML_Vol 系数在1%显著性水平下显著。这表明市场流动性对非违约利差有很好的解释力，该结果是稳健的。该结果与 Helwege 等（2014）一致。

在模型3中，$Year102$ 和 $S10year$ 系数分别为0.1379和0.1520，并在1%显著性水平下显著，而在模型4中，$Year102$、$S10year$、CPI、GDP 和 $M0$ 系数也在1%显著性水平下显著。这表明宏观因子对非违约利差有显著影响。此外，模型3和模型4的回归方程的 $Aj\text{-}R^2$ 分别为1.9797%和2.8449%，比模型1明显改善，这表明宏观因子对非违约利差有较强的解释力，实证结果是稳健的。研究结果与张宗新等（2020）一致。

在表5-11中，流动性风险与信用风险间交互作用也被考虑进去以研究这两类风险间交互作用溢价是否存在。类似的结果也在模型5中获得。$Turnover\times Coupon$ 系数为0.2129，且在1%水平下显著，而 $Day\times Coupon$ 系数在5%水平下显著，模型5的回归方程的 $Aj\text{-}R^2$ 是3.0494%，这个数值显著大于模型4。这表明中国企业债券市场中的流动性风险与信用风险间交互作用显著被定价。研究结果与艾春荣等（2015）一致。此外，模型1至模型5的实证结果表明，$Amihud\_diff$ 系数都是非常显著的。表5-11的实证结果表明，研究结果是稳健的。

表 5-11　基于交易活动维度的鲁棒性检验

模型	C	Turnover_diff	Amihud_diff	BML_Vol	BML_Amihud	Year102	S10year	CPI	GDP	MO	Turnover×Coupon	Day×Coupon	Aj-R² (%)
1	-0.1175*** (-10.27)	-0.2111*** (-3.33)	0.1942*** (2.85)										0.2989
2	0.1518*** (2.61)	-0.2488*** (-3.92)	0.1924*** (2.83)	-0.0067*** (-6.04)	0.5053 (0.97)								0.9703
3	0.7668*** (7.44)	-0.2305*** (-3.64)	0.1709*** (2.53)	-0.0094*** (-8.20)	0.0772 (0.15)	0.1379*** (3.94)	0.1520*** (7.64)						1.9797
4	1.1780*** (7.28)	-0.2526*** (-4.01)	0.1536*** (2.28)	-0.0078*** (-6.21)	1.0611* (1.89)	0.1805*** (5.03)	0.1519*** (6.51)	0.1089*** (6.27)	-0.0879*** (-3.23)	-0.0200*** (-3.81)			2.8449
5	1.2328*** (7.59)	-1.8679*** (-4.35)	0.1659*** (2.45)	-0.0079*** (-6.31)	1.0650* (1.90)	0.1738*** (4.85)	0.1495*** (6.41)	0.1079*** (6.22)	-0.0978*** (-3.58)	-0.0208*** (-3.95)	0.2129*** (3.76)	0.0005 (2.17)	3.0494

注："*"代表10%显著性水平下显著，"**"代表5%显著性水平下显著，"***"代表1%显著性水平下显著。

第五章 基于跨市场角度的债券利差分解及影响因素

综上所述，用 $Turnover\_diff$ 替换 Vol_diff，基于交易活跃度维度的鲁棒性研究结果表明，跨市场因子和宏观因子是债券非违约利差的解释变量，该研究结果是稳健的。

三 基于子样本的鲁棒性检验

Yang 等（2021）研究了中国企业债市场的子样本检验。跟随他们，本部分根据息票率、信用评级和债券年龄的高、低构建子样本，以研究跨市场因子和宏观因子解释债券非违约利差的鲁棒性。下面给出子样本的鲁棒性检验结果，如表 5-12 所示。

在样本 A 中，高信用评级的子样本实证结果表明，$Turnover\_diff$、BML_Vol、$S10year$、CPI、GDP 和 $Turnover \times Coupon$ 系数在 1% 显著性水平下显著。这说明在中国企业债券市场，市场流动性和宏观因子对非违约利差有显著影响，且流动性风险与信用风险间交互作用溢价显著存在。研究结果与 Helwege 等（2014）一致。此外，在低信用评级的子样本中 BML_Amihud 的系数在 5% 显著性水平下显著，而在高信用评级的子样本中 BML_Amihud 的系数在 10% 显著性水平下显著。这表明低信用等级债券的非违约利差更易受到跨市场因子的影响。

在样本 A 中，在低信用评级的子样本中，$Year102$ 和 $M0$ 的系数在 1% 显著性水平下显著，而在高信用评级的子样本中，$Year102$ 和 $M0$ 的系数在 5% 显著性水平下显著，这表明低信用等级债券的非违约利差更易受到宏观因子的影响。

从样本 B 的实证结果中也能得到类似的结果。在样本 B 中，样本根据息票率高低被分为两个子样本。高息票率子样本实证结果显示，BML_Vol、$Year102$、$S10year$、CPI、GDP 和 $Turnover \times Coupon$ 系数都在 1% 显著性水平下显著，在低息票率子样本中 BML_Vol、$Year102$、$S10year$、CPI 和 $Day \times Coupon$ 系数也都在 1% 显著性水平下显著。这说明在中国企业债券市场，市场流动性和宏观因子对非违约利差有显著影响，且流动性风险与信用风险间交互作用溢价是显著存在的。此外，在高息票率的子样本中 BML_Amihud 的系数在 10% 显著性水平下显著，而在低息票率的子样本中 BML_Amihud 的系数不显著。这表明高息票率债券的非违约利差更易受到市场因子的影响。

在样本 C 中，根据债券的年龄得到两个子样本。在高年龄子样本中，BML_Amihud、$S10year$、CPI 和 $M0$ 的系数不显著，而在低年龄子样本中，它

表 5-12　基于子样本的鲁棒性检验

	C	Turnover_diff	Amihud_diff	BML_Vol	BML_Amihud	Year102	S10year	CPI	GDP	MO	Turnover×Coupon	Day×Coupon	Aj-R² (%)
样本 A: Rating													
AAA/AA+/AA-	1.2343*** (6.31)	-2.0444*** (-3.28)	-0.0043 (-0.05)	-0.0061*** (-3.71)	0.9437* (1.93)	0.1036** (2.19)	0.1209*** (4.04)	0.0895*** (4.15)	-0.1134*** (-3.73)	-0.0154** (-2.20)	0.2361*** (2.77)	0.0003 (1.10)	4.1287
低于 AA-	0.9919*** (3.90)	-1.7687*** (-3.17)	0.2425*** (2.72)	-0.0080*** (-4.44)	3.8813** (2.35)	0.2064*** (4.25)	0.1763*** (5.40)	0.1094*** (4.45)	-0.0682 (-1.57)	-0.0221*** (-3.07)	0.2009*** (2.75)	0.0005* (1.75)	2.8918
样本 B: Coupon													
高	1.7312*** (7.02)	-3.2292*** (-3.83)	0.1344* (1.72)	-0.0066*** (-3.71)	2.9872* (1.84)	0.1584*** (3.33)	0.1054*** (3.26)	0.1454*** (5.92)	-0.2240*** (-5.36)	-0.0138** (-2.04)	0.3689*** (3.51)	0.0001 (0.58)	4.8757
低	1.0946*** (4.65)	-1.1450 (-1.13)	0.2120* (1.77)	-0.0080*** (-4.26)	0.4732 (0.72)	0.1594*** (2.98)	0.1699*** (5.00)	0.0818*** (3.31)	-0.0583 (-1.54)	-0.0205** (-2.48)	0.1162 (0.74)	0.0022*** (5.28)	2.5693
样本 C: Age													
高	1.3399*** (3.83)	-2.2194*** (-2.80)	0.1800* (1.81)	-0.0079*** (-3.04)	0.0040 (0.00)	0.2025*** (3.14)	0.0579 (1.13)	0.0467 (1.21)	-0.1491** (-2.07)	-0.0094 (-0.91)	0.2434** (2.27)	0.0001 (0.35)	1.7487
低	1.6669*** (9.04)	-1.4557*** (-3.22)	0.1303 (1.42)	-0.0084*** (-6.70)	1.5824*** (3.21)	0.1670*** (4.20)	0.2511*** (9.72)	0.1492*** (8.75)	-0.1065*** (-4.09)	-0.0291*** (-5.48)	0.1737*** (2.95)	0.0007*** (3.26)	6.2333

注: "*"代表10%显著性水平下显著, "**"代表5%显著性水平下显著, "***"代表1%显著性水平下显著。

们的系数在1%显著性水平下显著。这主要是因为高年龄债券通常被投资者作为资产配置，因此其非违约利差受宏观因子影响较小，而低年龄债券交易更为活跃，对宏观因子比较敏感。在高年龄的子样本中，$Day \times Coupon$ 系数不显著，$Turnover \times Coupon$ 系数在5%显著性水平下显著，而在低年龄的子样本中它们的系数在1%显著性水平下显著。这表明低年龄债券流动性风险与信用风险间交互作用对非违约利差影响更强烈。

此外，子样本回归方程 $Aj\text{-}R^2$ 是比较高的，最高为6.2333%，最低为1.7487%，这些 $Aj\text{-}R^2$ 远高于仅仅考虑流动性指标的回归方程的 $Aj\text{-}R^2$。这表明流动性指标仅仅解释了非违约利差的一小部分，市场流动性和宏观因子对非违约利差有显著的影响。主要原因是存在系统流动性因子，它影响债券市场上单个债券的流动性。宏观因子和股票市场流动性通过影响债券市场的系统性流动性因子进而影响非违约利差。研究结果与Chordia 等（2004）、Brockman 等（2009）和 Mancini 等（2013）一致。

在样本A中，高信用评级债券子样本和低信用评级债券子样本 $Turnover \times Coupon$ 的系数分别为0.2361和0.2009，且都在1%的显著性水平下显著。在样本B中，高信用评级债券子样本 $Turnover \times Coupon$ 的系数为0.3689，且在1%显著性水平下显著，而低信用评级债券子样本 $Day \times Coupon$ 系数也在1%显著性水平下显著。在样本C中，高年龄债券子样本 $Turnover \times Coupon$ 系数为0.2434，且在5%显著性水平下显著，而低年龄债券子样本 $Turnover \times Coupon$ 和 $Day \times Coupon$ 系数也在1%显著性水平下显著。

以上实证结果表明，流动性风险与信用风险间交互作用显著被定价。主要原因是，虽然流动性风险和信用风险是两种不同类型的风险，但它们之间交互影响。Ericsson 和 Renault（2006）发现，流动性风险与信用风险是相互关联的，当市场流动性较差时，债券的信用风险较大，这表明流动性风险与信用风险是相关的。Duffie 和 Singleton（1999）和 Wang 和 Wu（2015）也得到了类似的结论。

综上所述，跨市场因子和宏观因子是债券非违约利差的解释变量。低信用等级债券的非违约利差更易受到跨市场因子与宏观因子的影响。高年龄债券通常被投资者作为资产配置其非违约利差受宏观因子影响较小，而低年龄债券交易更为活跃，对宏观因子比较敏感。此外，低年龄债券流动性风险与信用风险间交互作用对非违约利差影响更强烈。

第九节　本章小结

本章从跨市场层面和宏观经济影响角度，研究了跨市场流动性与宏观因子对债券定价的影响。通过选取信用风险特征相同的企业债配对组，剥离债券"信用利差"中信用风险成分，得到非违约利差，并研究其影响因素。流动性风险与信用风险是企业债利差的重要影响因素，信用风险在影响企业债利差中起到主要作用。在非违约利差的影响因素中，个体债券流动性仅仅解释了一小部分非违约利差，市场因子和宏观因子对非违约利差影响起到主导作用，流动性风险与信用风险间的交互作用对非违约利差有重要影响。本部分主要研究结果具体如下：

第一，非违约利差主要影响因素是市场因子与宏观因子，而债券个体流动性不起主导作用。这说明债券收益率较大地受到市场信息与宏观政策信息的冲击，投资者进行企业债投资组合时，应重视市场信息变化及宏观政策调整。

第二，从跨市场层面引入股票市场流动性，发现其不仅与宏观因子联系紧密，而且对债券非违约利差有显著影响，这主要是因为股票市场、债券市场及宏观经济间因有系统性流动性因子彼此联动。

第三，基于债券流动性多个维度的实证研究及鲁棒性检验均发现，跨市场因子和宏观因子是债券非违约利差的解释变量。低信用等级债券的非违约利差更易受到跨市场因子与宏观因子的影响。低年龄债券的非违约利差更易受宏观因子影响，且低年龄债券流动性风险与信用风险间交互作用对非违约利差影响更强烈。

第六章 总结与展望

第一节 主要研究内容及结论

流动性风险与信用风险虽然是两种不同类型风险，但彼此间存在交互作用。忽略流动性风险与信用风险间的交互作用，将引起企业债定价产生偏差。因此，系统深入地研究流动性风险与信用风险间的交互作用定价机制及特征具有重要的理论意义与现实意义。

本书围绕企业债定价中的流动性风险、信用风险及其交互作用，分别对流动性风险与信用风险间交互作用的内涵、定价机制、溢价及其特征进行了深入系统的分析，创新性地从两个框架下推导出了一致的流动性风险与信用风险间交互作用定价模型，并进一步对中国企业债市场进行了大量的实证检验，最后在控制流动性风险与信用风险间交互作用下研究了跨市场因子、宏观因子对债券非违约利差的影响。实证检验结果支持了本书推导的流动性风险与信用风险间交互作用定价模型，鲁棒性检验结果是稳健的。主要研究内容如下：

第一，对企业债流动性定义测度及溢价、信用风险定义测度及溢价、流动性风险与信用风险交互作用、流动性溢出效应相关中外文文献进行了系统梳理和评述。研究发现，流动性多维度特征决定其难以准确度量；流动性风险溢价与信用风险溢价广泛存在；流动性风险与信用风险间存在交互作用；股市与债市间存在流动性溢出。

第二，将流动性风险与信用风险间交互作用引入债券定价模型，分别基于随机折现因子理论和市场摩擦成本理论，构建了流动性风险与信用风险间交互作用定价模型，研究了这两类风险间交互作用定价机制，丰富和完善了资产定价理论。研究表明，两个理论框架构建的定价模型是一致的;当考虑不同类型风险间的交互作用时,债券流动性风险主要包括四个方面:资产流动性风险分别与市场层面的市场风险、流动性风险及信用风险间的交互作用,资产利率风险与市场流动性风险间的交互作用;而债券信用风险也主要包括四个方面:资产信用风险分别与市场层面的市场风险、流动性风险及信用风险间的交互作用,资产利率风险与市场信用风险间的交互作用;流动性风险与信用风险间交互作用主要包括:资产流动性风险与市场信用风险间交互作用、资产信用风险与市场流动性风险间交互作用;当不考虑不同类型风险间的交互作用时,债券流动性风险或信用风险主要包括资产层面和市场层面的流动性风险或信用风险。

第三,基于债券利差理论,将流动性风险与信用风险间交互作用引入债券利差模型,从流动性多维度特征出发,研究了银行间与交易所市场企业债流动性风险与信用风险间交互作用溢价及其特征,并分析了危机时期该两类风险间交互作用溢价规律。以中国银行间和交易所市场企业债为样本,在控制信用风险下,从流动性宽度、深度、即时性、价格冲击和债券生命存续期多个维度,分别对银行间、交易所、子样本及金融危机时期进行了实证研究,分析了流动性风险与信用风险间交互作用溢价及其特征,并进行了鲁棒性检验,检验结果是稳健的。研究发现,中国企业债市场流动性风险与信用风险间交互作用溢价存在;流动性风险与信用风险都变小时,该两类风险间交互作用溢价变大,这主要是因为两类风险都变小时其交互作用所占比重相对变大,反之变小;流动性风险与信用风险反向变化时,该两类风险间交互作用溢价变化与信用风险变化方向一致,这主要是因为信用风险溢价起主导作用。此外,流动性风险与信用风险间交互作用在金融危机时期比正常时期大,这主要是因为金融危机时期流动性风险与信用风险彼此交互影响更加强烈。此时,若投资者忽略该两类风险间交互作用会令其对企业债定价及风险测度出现显著系统性偏差,影响投资收益。

第四,基于跨市场角度,引入股票市场流动性风险及宏观经济因子,完善了债券利差分解理论,厘清了债券利差主要影响因子来源。以银行间与交易所市场企业债数据为样本,构建配对组,通过配对差分,剥离企业债"信用利差"中信用风险成分,得到非违约利差,作为企业债"信用利差"中非违约成分的测度指标。进一步,在控制流动性风险与信用风险间交互作用下，研究了非违约利差的影响因素，并进行了鲁棒性检验，检验结果是稳健的。研究发现，非违约利差主要影响因子是市场因子和宏观因子，低信用评级债券的非违约利差更易受到市场因子与宏观因子影响，这主要是因为债券收益率较大地受到市场信息与宏观政策信息的冲击，投资者进行企业债投资组合时应重视市场信息变化及宏观政策调整；股票市场流动性不仅对债券非违约利差有显著影响，而且与宏观因子联系紧密，这主要是因为股票市场、债券市场及宏观经济间有系统性流动性因子；流动性风险与信用风险间交互作用对非违约利差影响显著，投资者进行债券定价与风险测度时应对其重视。

最后，基于本书研究，对我国企业债市场建设给出如下政策建议：第一，信用风险是影响企业债利差的主要因素，我国企业债信用评级制度建立还不完善，建议政策制定者完善企业债评级管理；第二，我国企业债市场交易不频繁，流动性比较差，影响投资者交易和精准定价，建议政策制定者加强企业债交易管理，为企业债市场提供流动性；第三，由于历史原因，我国企业债市场存在分割现象，不利于价格发现。政策制定者应在合适的时机促进银行间市场和交易所市场融合，有利于我国债券市场长远健康发展。

第二节　进一步研究展望

尽管本书对企业债定价中的流动性风险、信用风险及其交互作用相关问题进行了比较系统的研究，但因时间因素和笔者水平有限，该领域相关研究总体上还有许多工作需要做。结合本书的相关工作和笔者对从事的国家自然科学基金项目研究的理解，提出以下值得进一步研究的问题和方向：

第一，从多维度特征出发，对企业债与公司债定价中的流动性风险与信用风险间交互作用及其溢价特征进行对比研究，是一个值得研究的方向。

第二，不同的债券市场对债券定价有不同影响，如银行间和交易所债券市场投资者结构差异对企业债券定价影响。不同市场间企业债券流动性风险与信用风险间交互作用的时变特征也是一个值得研究的问题。

第三，认清系统性流动性因子、跨市场及宏观经济间联动机理，有利于在整个金融风险体系下进行债券定价和风险管理。基于跨市场流动性溢出效应下的投资组合管理也值得进一步研究。

参考文献

艾春荣、张奕、崔长峰：《债券流动性与违约风险相关性溢价及实证研究》，《管理科学学报》2015年第5期。

陈启欢、杨朝军：《证券市场流动性综合指标及计量理论》，《数量经济技术经济研究》2005年第8期。

陈青、李子白：《我国流动性调整下的CAPM研究》，《数量经济技术经济研究》2008年第6期。

陈颖、纪晓峰：《重新审视危机后的信用风险和市场风险相关性》，《金融研究》2009年第11期。

崔长峰、刘海龙：《基于债权终止的可违约债券定价》，《中国管理科学》2012年第4期。

高强、邹恒甫：《企业债与公司债二级市场定价比较研究》，《金融研究》2015年第1期。

韩国文、杨威：《股票流动性风险测度模型的构建与实证分析》，《中国管理科学》2008年第2期。

胡秋灵、马丽：《我国股票市场和债券市场波动溢出效应分析》，《金融研究》2011年第10期。

纪志宏、曹媛媛：《信用风险溢价还是市场流动性溢价：基于中国信用债定价的实证研究》，《金融研究》2017年第2期。

金春雨、张浩博：《货币政策对股票市场流动性影响时变性的计量检验——基于TVP-VAR模型的实证分析》，《管理评论》2016年第3期。

孔东民、孔高文、刘莎莎：《机构投资者、流动性与信息效率》，《管理科学学报》2015年第3期。

李宏、王刚、路磊：《股票流动性能够解释收益反转之谜吗?》，《管理科学学报》2016年第8期。

李焰、曹晋文：《对我国国债市场流动性的实证研究》，《财贸经济》

2005年第9期。

梁丽珍、孔东民:《中国股市的流动性指标定价研究》,《管理科学》2008年第3期。

刘锋:《我国证券市场流动性溢出效应的实证研究》,《技术经济与管理研究》2012年第6期。

刘星:《中华优秀传统文化传承发展研究》,中国社会科学出版社2024年版。

娄峰、奉立城、陈素亮:《随机折现因子方法与CAPM关于风险溢价的实证比较》,《数量经济技术经济研究》2006年第5期。

芦彩梅、苏丹华:《债券利率风险与信用风险对信用价差的交互影响研究》,《现代财经(天津财经大学学报)》2016年第12期。

任兆璋、李鹏:《中国企业债券价差个体性影响因素的实证分析》,《华南理工大学学报》(社会科学版)2006年第1期。

史永东、丁伟、袁绍锋:《市场互联、风险溢出与金融稳定——基于股票市场与债券市场溢出效应分析的视角》,《金融研究》2013年第3期。

苏辛、周勇:《流动性、流动性风险与基金业绩——基于我国开放式基金的实证研究》,《中国管理科学》2015年第7期。

孙彬、杨朝军、于静:《融资流动性与市场流动性》,《管理科学》2010年第1期。

谭地军、田益祥、黄文光:《流动性补偿、市场内及跨市场"流动性转移"行为》,《金融研究》2008年第9期。

王安兴、解文增、余文龙:《中国公司债利差的构成及影响因素实证分析》,《管理科学学报》2012年第5期。

王璐、庞皓:《中国股市和债市波动的溢出效应——基于交易所和银行间市场的实证研究》,《金融论坛》2008年第4期。

王明涛、庄雅明:《股票市场流动性风险计量模型研究》,《中国管理科学》2011年第2期。

王苏生、黄杰敏、黄杰勇等:《基于流动性风险的公司债券价差决定因素实证分析》,《管理工程学报》2015年第3期。

王雄元、张春强、何捷:《宏观经济波动性与短期融资券风险溢价》,《金融研究》2015年第1期。

王茵田、文志瑛：《股票市场和债券市场的流动性溢出效应研究》，《金融研究》2010 年第 3 期。

王周伟、王衡：《货币政策、银行异质性与流动性创造——基于中国银行业的动态面板数据分析》，《国际金融研究》2016 年第 2 期。

吴文锋、芮萌、陈工孟：《中国股票收益的非流动性补偿》，《世界经济》2003 年第 7 期。

谢赤、曾志坚：《股票市场流动性溢价的实证研究》，《数量经济技术经济研究》2005 年第 9 期。

闫昌荣：《基于流动性调整 CAViaR 模型的风险度量方法》，《数量经济技术经济研究》2012 年第 3 期。

杨宝臣、赵亮：《中国股票市场与债券市场间流动性溢出效应的非线性动态特征》，《技术经济》2015 年第 9 期。

袁晨、傅强：《我国金融市场间投资转移和市场传染的阶段时变特征——股票与债券、黄金间关联性的实证分析》，《系统工程》2010 年第 5 期。

曾志坚、江洲：《关于我国股票市场与债券市场收益率联动性的实证研究》，《当代财经》2007 年第 9 期。

曾志坚、罗长青：《股票与债券市场流动性联动的实证研究》，《财经理论与实践》2008 年第 4 期。

张金清、李徐：《流动性风险与市场风险的集成度量方法研究》，《系统工程学报》2009 年第 2 期。

张宗新、林弘毅、李欣越：《经济政策不确定性如何影响金融市场间的流动性协同运动？——基于中国金融周期的视角》，《统计研究》2020 年第 2 期。

钟宁桦、陈姗姗、马惠娴、王姝晶：《地方融资平台债务风险的演化——基于对"隐性担保"预期的测度》，《中国工业经济》2021 年第 4 期。

钟宁桦、唐逸舟、王姝晶、沈吉：《散户投资者如何影响债券价格？——基于交易所同一只信用债的价格差分析》，《金融研究》2018 年第 1 期。

周芳、张维：《中国股票市场流动性风险溢价研究》，《金融研究》2011 年第 5 期。

周海林、王庆、吴鑫育:《动态经验投影随机折现因子的估计方法——对 Rosenberg-Engle 的扩展》,《财贸研究》2014 年第 1 期。

Abdullah A. Aljughaiman, Tam Nguyen, Vu Trinh, Anqi Du, "The Covid-19 Outbreak, Corporate Financial Distress and Earnings Management", *International Review of Financial Analysis*, Vol. 88, 2023.

Afshin Haghighi, Lei Zhang, Barry Oliver, Robert Faff, "Information Acquisition and Market Liquidity: Evidence from EDGAR Search Activity", *Global Finance Journal*, Vol. 57, 2023.

Agustí Segarra and Mercedes Teruel, "High-growth firms and innovation: an empirical analysis for Spanish firms", *Small Business Economics*, Vol. 43, 2014.

Ajit Dayanandan, Donker Han, Karahan Gökhan, "Do voluntary disclosures of bad news improve liquidity?", *The North American Journal of Economics and Finance*, Vol. 40, 2017.

Albert S. Kyle and Jean-Luc Vila, "Noise trading and takeovers", *The Journal of Economics*, Vol. 22, No. 1, 1991.

Albert S. Kyle, "Continuous auctions and insider trading", *Econometrica*, Vol. 53, No. 6, 1985.

Alessandra Guariglia and Pei Liu, "To what extent do financing constraints affect Chinese firms' innovation activities?", *International Review of Financial Analysis*, Vol. 36, 2014.

Alex Coad, Agustí Segarra, Mercedes Teruel, "Innovation and firm growth:Does firm age play a role?", *Research Policy*, Vol. 45, No. 2, 2016.

Alex Edmans, "Blockholder trading, market efficiency, and managerial myopia", *The Journal of Finance*, Vol. 64, No. 6, 2011.

Alex Edmans, "Blockholders and corporate governance", *Annual Review of Financial Economics*, Vol. 6, No. 1, 2014.

Alexander W. Butler, Gustavo Grullon, James P. Weston, "Stock market liquidity and the cost of issuing equity", *Journal of Financial and Quantitative Analysis*, Vol. 40, No. 2, 2005.

Allaudeen Hameed, WenJin Kang, S. Viswanathan, "Stock market declines and liquidity", *The Journal of Finance*, Vol. 65, No. 1, 2010.

Amar Bhide, "The hidden costs of stock market liquidity", *Journal of Financial Economics*, Vol. 34, No. 1, 1993.

Amy K. Edwards, Lawrence E. Harris, Michael S. Piwowar, "Corporate bond market transaction costs and transparency", *Journal of Finance*, Vol. 62, No. 3, 2007.

Anamika Singh and Anil Kumar Sharma, "An empirical analysis of macroeconomic and bank-specific factors affecting liquidity of Indian banks", *Future Business Journal*, Vol. 2, No. 1, 2016.

Ananth Madhavan and Seymour Smidt, "An analysis of changes in specialist inventories and quotations", *Journal of Finance*, Vol. 48, No. 5, 1993.

Anat R. Admati and Paul Pfleiderer, "A theory of intraday patterns: Volume and price variability", *Review of Financial Studies*, Vol. 1, No. 1, 1988.

Andrei Shleifer and Robert W. Vishny, "Management entrenchment: The case of manager-specific investments", *Journal of Financial Economics*, Vol. 25, No. 1, 1989.

Anne Beyer, Daniel A. Cohen, Thomas Z. Lys, Beverly R. Walther, "The financial reporting environment: Review of the recent literature", *Journal of Accounting and Economics*, Vol. 50, No. 2-3, 2010.

Ansgar H. Belke, Ingo G. Bordon, Torben W. Hendricks, "Monetary policy, global liquidity and commodity price dynamics", *The North American Journal of Economics and Finance*, Vol. 28, 2014.

Antonio Díaz and Ana Escribano, "Measuring the multi-faceted dimension of liquidity in financial markets-A literature review", *Research in International Business and Finance*, Vol. 51, 2020.

Arnaud Bervas, "Market liquidity and its incorporation into risk management", *Financial Stability Review*, Vol. 8, No. 5, 2006.

Arthur Warga, "Bond returns, liquidity, and missing data", *Journal of Financial and Quantitative Analysis*, Vol. 27, No. 4, 1992.

Athanasios Geromichalos and Lucas Herrenbrueck, "Monetary policy, asset prices, and liquidity in over-the-counter markets", *Journal of Money, Credit and Banking*, Vol. 48, No. 1, 2016.

Avi Goldfarb and Catherine Tucker, "Digital economics", *Journal of*

Economic Literature, Vol. 57, No. 1, 2019.

Baochen Yang, Zijian Wu, Yunpeng Su, "The Determinants of the Non-defaultable Spreads of Corporate Bonds Evidence from China", *Discrete Dynamics in Nature and Society*, Vol. 2021, 2021.

Benjamin Bennett, René Stulz, Zexi Wang, "Does the stock market make firms more productive?", *Journal of Financial Economics*, Vol. 136, No. 2, 2020.

Benjamin E. Hermalin and Michael S. Welsbach, "Information disclosure and corporate governance", *The Journal of Finance*, Vol. 67, No. 1, 2012.

Bernard S. Black, Inessa Love, Andrei Rachinsky, "Corporate governance indices and firms' market values: Time series evidence from Russia", *Emerging Markets Review*, Vol. 7, No. 4, 2006.

Bhaskar Chakravorti, Ravi Shankar Chaturvedi, Ajay Bhalla, "Which countries are leading the data economy", *Harvard Business Review*, Vol. 1, 2019.

Brian J. Bushee, "Do institutional investors prefer near-term earnings over long-run value?", *Contemporary Accounting Research*, Vol. 18, No. 2, 2001.

Brian J. Bushee, "The influence of institutional investors on myopic R&D investment behavior", *Accounting Review*, Vol. 73, No. 3, 1998.

Campbell R. Harvey and Akhtar Siddique, "Conditional skewness in asset pricing tests", *The Journal of Finance*, Vol. 55, No. 3, 2000.

Can Huang, Hung-Yi Huang, Kung-Cheng Ho, "Media coverage and stock liquidity: Evidence from China", *International Review of Economics & Finance*, Vol. 89, 2024.

Carole Comerton-Forde, Terrence Hendershott, Charles M. Jones, Pamela C. Moulton, Mark S. Seasholes, "Time variation in liquidity: The role of market-maker inventories and revenues", *The Journal of Finance*, Vol. 65, No. 1, 2010.

Charles W. L. Hill and Scott A. Snell, "External control, corporate strategy, and firm performance in research-intensive industries", *Strategic Management Journal*, Vol. 9, No. 6, 1988.

Chengsheng Jin, Zhenglong Cong, Zhen Dan, Tidong Zhang, "COVID-19, CSR, and performance of listed tourism companies", *Finance Research Letters*, Vol. 57, 2023.

Chong-En Bai, Jiangyong Lu, Zhigang Tao, "The multitask theory of state enterprise reform: Empirical evidence from China", *American Economic Review*, Vol. 96, No. 2, 2006.

Christian Leuz, Dhananjay Nanda, Peter D. Wysocki, "Earnings management and investor protection: an international comparison", *Journal of Financial Economics*, Vol. 69, No. 3, 2003.

Christoph Wegener, Robinson Kruse, Tobias Basse, "The walking debt crisis", *Journal of Economic Behavior & Organization*, Vol. 157, 2019.

Christoph Wegener, Tobias Basse, Philipp Sibbertsen, Duc Khuong Nguyen, "Liquidity risk and the covered bond market in times of crisis: empirical evidence from Germany", *Annals of Operations Research*, Vol. 282, No. 1, 2019.

Christopher Hanes, "The liquidity trap and US interest rates in the 1930s", *Journal of Money, Credit and Banking*, Vol. 38, No. 1, 2006.

Dan Covitz and Downing Chris, "Liquidity or credit risk? The determinants of very short-term corporate yield spreads", *The Journal of Finance*, Vol. 62, No. 5, 2007.

David Andolfatto and Fernando M. Martin, "Information disclosure and exchange media", *Review of Economic Dynamics*, Vol. 16, No. 3, 2013.

David A. Dubofsky and John C. Groth, "Exchange listing and stock liquidity", *Journal of Financial Research*, Vol. 7, No. 4, 1984.

David A. Lesmond, Joseph P. Ogden, Charles A. Trzcinka, "A new estimate of transaction costs", *Review of Financial Studies*, Vol. 12, No. 5, 1999.

David M. Holley, "Information disclosure in sales", *Journal of Business Ethics*, Vol. 17, No. 6, 1998.

David T. Coe and Elhanan Helpman, "International R&D spillovers", *European Economic Review*, Vol. 39, No. 5, 1995.

Dion Bongaerts, Frank De Jong, Joost Driessen, "An asset pricing appRoach to liquidity effects in corporate bond markets", *The Review of Financial Studies*, Vol. 30, No. 4, 2017.

Dongheon Shin, Baeho Kim, "Liquidity and credit risk before and after the global financial crisis: Evidence from the Korean corporate bond market",

Pacific-Basin Finance Journal, Vol. 33, 2015.

Dongho Song, "Bond market exposures to macroeconomic and monetary policy risks", *The Review of Financial Studies*, Vol. 30, No. 8, 2017.

Douglas W. Diamond and Robert E. Verrecchia, "Disclosure, liquidity, and the cost of capital", *The Journal of Finance*, Vol. 46, No. 4, 1991.

Duffie Duffie and Kenneth J. Singleton, "Modeling term structures of defaultable bonds", *The Review of Financial Studies*, Vol. 12, No. 4, 1999.

Edith Hotchkiss and Gergana Jostova, "Determinants of corporate bond trading: A comprehensive analysis Quarterly", *Journal of Finance*, Vol. 7, No. 2, 2017.

Edwin J. Elton, Martin J. Gruber, Deepak Agrawal, Christopher Mann, "Explaining the rate spread on corporate bonds", *The Journal of Finance*, Vol. 56, No. 1, 2001.

Eric K. Clemons, Sashidhar P. Reddi, Michael C. Row, "The impact of information technology on the organization of economic activity: The 'move to the middle' hypothesis", *Journal of Management Information Systems*, Vol. 10, No. 2, 1993.

Ernst Maug, "Large shareholders as monitors: Is there a trade-off between liquidity and control?", *The Journal of Finance*, Vol. 53, No. 1, 1998.

Eugene F. Fama and Kenneth R. French, "Common risk factors in the returns on stocks and bonds", *Journal of financial economics*, Vol. 33, No. 1, 1993.

Fang Lee Cooke, "Enterprise culture management in China: Insiders' perspective", *Management and Organization Review*, Vol. 4, No. 2, 2008.

Fariborz Moshirian, Xiaolin Qian, Claudia Koon Ghee Wee, Bohui Zhang, "The determinants and pricing of liquidity commonality around the world", *Journal of Financial Markets*, Vol. 33, 2017.

Fischer Black, "Toward a fully automated stock exchange", *Financial Analysts Journal*, Vol. 27, No. 4, 1971.

Francis A. Longstaff and Eduardo S. Schwartz, "A simple approach to valuing risky fixed and floating rate debt", *Journal of Finance*, Vol. 50, No. 3, 1995.

Francis A. Longstaff, "The Flight-to-Liquidity Premium in US Treasury

Bond Prices", *Journal of Business*, Vol. 77, No. 3, 2004.

Frank De Jong and Joost Driessen, "Liquidity risk premia in corporate bond markets", *The Quarterly Journal of Finance*, Vol. 2, No. 2, 2012.

Frank de Jong and Joost Driessen, "Liquidity risk premia in corporate bond markets", *The Quarterly Journal of Finance*, Vol. 2, No. 2, 2012.

Fu-Lai Lin, Sheng-Yung Yang, Terry Marsh, Yu-Fen Chen, "Stock and bond return relations and stock market uncertainty: Evidence from wavelet analysis", *International Review of Economics & Finance*, Vol. 55, 2017.

Garrett P. Sonnier, Leigh McAlister, Oliver J. Rutz, "A dynamic model of the effect of online communications on firm sales", *Marketing Science*, Vol. 30, No. 4, 2011.

Gary Pisano, "Profiting from innovation and the intellectual property revolution", *Research Policy*, Vol. 35, No. 8, 2006.

Gordon J. Alexander, Amy K. Edwards, Michael G. Ferri, "The determinants of trading volume of high-yield corporate bond", *Journal of Financial Markets*, Vol. 3, No. 2, 2000.

Guangqiang Liu and Boyang Liu, "How digital technology improves the high-quality development of enterprises and capital markets: A liquidity perspective", *Finance Research Letters*, Vol. 53, 2023.

G. Andrew Karolyi, Kuan-Hui Lee, Mathijs A. van Dijk, "Understanding commonality in liquidity around the world", *Journal of Financial Economics*, Vol. 105, No. 1, 2012.

Hamid Sakaki and Surendranath Rakesh Jory, "Institutional investors' ownership stability and firms' innovation", *Journal of Business Research*, Vol. 103, 2019.

Hans Degryse, "The total cost of trading Belgian shares: Brussels versus London", *Journal of Banking & Finance*, Vol. 23, No. 9, 1999.

Hawfeng Shyu, Feng Gao, Peng Wu, Song Zhu, "Earnings dispersion in the spotlight: the effects of media coverage on stock liquidity", *Pacific-Basin Finance Journal*, Vol. 60, 2020.

He Xianjie, Wang Xiaoyu, Zhao Hailong, Chen Xinyuan, "On information disclosure of listed companies through new media: An empirical analysis based on microblog", *Journal of Finance and Economics*, Vol. 42, No. 3, 2016.

Hee-Joon Ahn and Yan Leung Cheung, "The intraday patterns of the spread and depth in a market without market makers: The stock exchange of Hong Kong", *Pacific-Basin Finance Journal*, Vol. 7, No. 5, 1999.

Henry H. Huang, Hung-Yi Huang, Jeffrey J. Oxman, "Stock liquidity and corporate bond yield spreads: Theory and evidence", *Journal of Financial Research*, Vol. 38, No. 1, 1989.

Hidemichi Fujii and Shunsuke Managi, "Trends and priority shifts in artificial intelligence technology invention: A global patent analysis", *Economic Analysis and Policy*, Vol. 58, 2018.

Hoang Luong, Fariborz Moshirian, Lily Nguyen, Xuan Tian, Bohui Zhang, "How do Foreign Institutional Investors Enhance Firm Innovation?", *Journal of Financial and Quantitative Analysis*, Vol. 52, No. 4, 2017.

Hongtao Chen, Xiumei Fang, Erwei Xiang, Xiaojia Ji, Maolin An, "Do online media and investor attention affect corporate environmental information disclosure? Evidence from Chinese listed companies", *International Review of Economics & Finance*, Vol. 86, 2023.

Huayu Shen, Mengyao Fu, Hongyu Pan, Zhongfu Yu, Yongquan Chen, "The impact of the COVID-19 pandemic on firm performance", *Emerging Markets Finance and Trade*, Vol. 56, No. 10, 2020.

Huayu, Shen, Mengyao Fu, Hongyu Pan, Zhongfu Yu, Yongquan Chen, "The Impact of the COVID-19 Pandemic on Firm Performance", *Emerging Markets Finance and Trade*, Vol. 56, No. 10, 2020.

Hui Chen, Rui Cui, Zhiguo He, Konstantin Milbradt, "Quantifying liquidity and default risks of corporate bonds over the business cycle", *The Review of Financial Studies*, Vol. 31, No. 3, 2018.

Huixiang Zeng, Hangxin Ran, Qiong Zhou, Youliang Jin, Xu Cheng, "The financial effect of firm digitalization: Evidence from China", *Technological Forecasting and Social Change*, Vol. 183, 2022.

Huwei Wen, Qiming Zhong, Chien-Chiang Lee, "Digitalization, competition strategy and corporate innovation: Evidence from Chinese manufacturing listed companies", *International Review of Financial Analysis*, Vol. 82, 2022.

Ian A. Cooper and Antonio S. Mello, "The default risk of swaps", *Journal of Finance*, Vol. 46, No. 2, 1991.

Ignacio Arango and Diego A. Agudelo, "How does information disclosure affect liquidity? Evidence from an emerging market", *The North American Journal of Economics and Finance*, Vol. 50, 2019.

Ines Chaieb, Vihang Errunza, Hugues Langlois, "How is liquidity priced in global markets?", *The Review of Financial Studies*, Vol. 34, No. 9, 2021.

Itay Goldstein and Liyan Yang, "Good disclosure, bad disclosure", *Journal of Financial Economics*, Vol. 131, No. 1, 2019.

Jack Bao, Jun Pan, Jiang Wang, "The Illiquidity of corporate bonds", *The Journal of Finance*, Vol. 66, No. 3, 2011.

Jacob Ejsing, Magdalena Grothe, Oliver Grothe, "Liquidity and credit premia in the yields of highly-rated sovereign bonds", *Journal of Empirical Finance*, Vol. 33, 2015.

Jae-Seung Baek, Jun-Koo Kang, Kyung Suh Park, "Corporate governance and firm value: Evidence from the Korean financial crisis", *Journal of Financial Economics*, Vol. 71, No. 2, 2004.

James A. Brickley, Ronald C. Lease, Clifford W. Smith Jr, "Ownership structure and voting on antitakeover amendments", *Journal of Financial Economics*, Vol. 20, 1988.

James Tobin, "A general equilibrium approach to monetary theory", *Journal of Money, Credit and Banking*, Vol. 1, No. 1, 1969.

Jan Bena, Miguel A. Ferreira, Pedro Matos, Pedro Pires, "Are foreign investors locusts? The long-term effects of foreign institutional ownership", *Journal of Financial Economics*, Vol. 126, No. 1, 2017.

Jan Ericsson and Olivier Renault, "Liquidity and credit risk", *The Journal of Finance*, Vol. 61, No. 5, 2006.

Jean Helwege, Jing-Zhi Huang, Yuan Wang, "Liquidity effects in corporate bond spreads", *Journal of Banking & Finance*, Vol. 45, 2014.

Jeff Fleming, Chris Kirby, Barbara Ostdiek, "Information and volatility linkages in the stock, bond, and money markets", *Journal of Financial Economics, Vol. 49, No. 1, 1998.

Jeffrey Bacidore, Robert H. Battalio, Robert H Jennings, "Depth improvement and adjusted price improvement on the New York stock exchange", *Journal of Financial Markets*, Vol. 5, No. 2, 2002.

Jeffrey Ng, "The effect of information quality on liquidity risk", *Journal of Accounting and Economics*, Vol. 52, No. 2-3, 2011.

Jens Dick-Nielsen, Peter Feldhütter, David Lando, "Corporate bond liquidity before and after the onset of the subprime crisis", *Journal of Financial Economics*, Vol. 103, No. 3, 2012.

Jeremy C. Stein, "Efficient capital markets, inefficient firms: A model of myopic corporate behavior", *The Quarterly Journal of Economics*, Vol. 104, No. 4, 1989.

Jin Hong, Bing Feng, Yanrui Wu, Liangbing Wang, "Do government grants promote innovation efficiency in China's high-tech industries?", *Technovation*, Vol. 57-58, 2016.

Jing Chi, Jing Liao, Jingjing Yang, "Institutional stock ownership and firm innovation: Evidence from China", *Journal of Multinational Financial management*, Vol. 50, 2019.

Jing-Zhi Huang and Ming Huang, "How much of the corporate-treasury yield spread is due to credit risk?", *Review of Asset Pricing Studies*, Vol. 2, No. 2, 2012.

Jing-Zhi Huang and Ming Huang, "How much of the corporate-treasury yield spread is due to credit risk?", *The Review of Asset Pricing Studies*, Vol. 2, No. 2, 2012.

Jing-Zhi Huang and Zhan Shi, "What do We Know about Corporate Bond Returns", *Annual Review of Financial Economics*, Vol. 13, 2021.

Jinglin Jiang, Vikram Nanda, Steven Chong Xiao, "Stock-market disruptions and corporate disclosure policies", *Journal of Corporate Finance*, Vol. 66, 2021.

Joel Hasbrouck and Duane J. Seppi, "Common factors in prices, order flows, and liquidity", *Journal of Financial Economics*, Vol. 59, No. 3, 2001.

Joel Hasbrouck and Robert A. Schwartz, "Liquidity and execution costs in equity markets", *Journal of Portfolio Management*, Vol. 14, No. 3, 1988.

Joel Hasbrouck, "Assessing the quality of a security market: A new approach to transaction-cost measurement", *Review of Financial Studies*, Vol. 6, No. 1, 1993.

Joel Hasbrouck, "Intraday price formation in U. S. equity index markets", *Journal of Finance*, Vol. 58, No. 6, 2003.

Joel Hasbrouck, "Measuring the information content of stock trades", *Journal of Finance*, Vol. 46, No. 1, 1991.

John J. McConnell and Chris J. Muscarella, "Corporate capital expenditure decisions and the market value of the firm", *Journal of Financial Economics*, Vol. 14, No. 3, 1985.

John Pound, "Proxy contests and the efficiency of shareholder oversight", *Journal of Financial Economics*, Vol. 20, 1988.

Jonathan Brogaard, Dan Li, Ying Xia, "Stock liquidity and default risk", *Journal of Financial Economics*, Vol. 124, No. 3, 2017.

Jonathan Eaton and Samuel Kortum, "Engines of growth: Domestic and foreign sources of innovation", *Japan and the World Economy*, Vol. 9, No. 2, 1997.

Jong-Min Kim, Dong H. Kim, Hojin Jung, "Modeling non-normal corporate bond yield spreads by copula", *The North American Journal of Economics and Finance*, Vol. 53, 2020.

Joost Driessen, "Is default event risk priced in corporate bonds?", *The Review of Financial Studies*, Vol. 18, No. 1, 2005.

João J. M. Ferreira, Cristina I. Fernandes, Fernando A. F. Ferreira, "To be or not to be digital, that is the question: firm innovation and performance", *Journal of Business Research*, Vol. 101, 2019.

Jun Wen, Gen-Fu Feng, Chun-Ping Chang, Zhao-Zhen Feng, "Stock liquidity and enterprise innovation: new evidence from China", *The European Journal of Finance*, Vol. 24, No. 9, 2018.

Junbo Wang and Chunchi Wu, "Liquidity, credit quality, and the relation between volatility and trading activity: Evidence from the corporate bond market", *Journal of Banking & Finance*, Vol. 50, 2015.

J. R. Hicks, "Liquidity", *Economic Journal*, Vol. 72, No. 288, 1962.

Kaijuan Gao, Hanxiao Shen, Xi Gao, Kam C. Chan, "The power of sharing: Evidence from institutional investor cross-ownership and corporate innovation", *International Review of Economics & Finance*, Vol. 63, 2019.

Karl V. Lins, "Equity ownership and firm value in emerging markets", *Journal of Financial and Quantitative Analysis*, Vol. 38, No. 1, 2003.

Karthik Balakrishnan, Mary Brooke Billings, Bryan Kelly, Alexander Ljungqvist, "Shaping liquidity: On the causal effects of voluntary disclosure", *The Journal of Finance*, Vol. 69, No. 5, 2014.

Kee H. Chung and Stephen W. Pruitt, "A simple approximation of Tobin's q", *Financial Management*, Vol. 23, No. 3, 1994.

Kee H. Chung, Junbo Wang, Chunchi Wu, "Volatility and the cross-section of corporate bond returns", *Journal of Financial Economics*, Vol. 133, No. 2, 2019.

Kenneth D. Garbade and William L. Silber, "Structural organization of secondary markets: Clearing frequency, dealer activity and liquidity risk", *Journal of Finance*, Vol. 34, No. 3, 1979.

Kenneth D. Garbade and William L. Silber, "The payment system and domestic exchange rates: Technological versus institutional change", *Journal of Monetary Economics*, Vol. 5, No. 1, 1979.

Kevin Zheng Zhou, Gerald Yong Gao, Hongxin Zhao, "State ownership and firm innovation in China: An integrated view of institutional and efficiency logics", *Administrative Science Quarterly*, Vol. 62, No. 2, 2017.

Kornelia Fabisik, Rüdiger Fahlenbrach, René M. Stulz, Jérôme P. Taillard, "Why are firms with more managerial ownership worth less?", *Journal of Financial Economics*, Vol. 140, No. 3, 2021.

Kuo-Feng Huang and Chwo-Ming Joseph Yu, "The effect of competitive and non-competitive R&D collaboration on firm innovation", *The Journal of Technology Transfer*, Vol. 36, 2011.

Kwanho Kim, "Liquidity basis between credit default swaps and corporate bonds markets", *International Review of Economics & Finance*, Vol. 48, 2017.

LaPorta, Rafael, Florencio Lopez-de-Silanes, Andrei Shleifer, Robert

W. Vishny, "Law and finance", *Journal of Political Economy*, Vol. 106, No. 6, 1998.

Lawrence E. Harris, "Minimum price variations, discrete bid-ask spreads, and quotation sizes", *Review of Financial Studies*, Vol. 7, No. 1, 1994.

Lawrence Fisher, "Determinants of risk premiums on corporate bonds", *Journal of Political Economy*, Vol. 67, No. 3, 1959.

Lawrence Harris, "Liquidity, trading rules, and electronic trading systems", *Southern California-School of Business Administration*, Vol. 91, 1989.

Leland E. Crabbe and Christopher M. Turner, "Does the liquidity of a debt issue increase with its size? Evidence from the corporate bond and medium-term note markets", *The Journal of Finance*, Vol. 50, No. 5, 1995.

Liang Tang, Zhen Gu, Qi Zhang, Jiali Liu, "The effect of firm size, industry type and ownership structure on the relationship between firms' sustainable innovation capability and stock liquidity", *Operations Management Research*, Vol. 15, No. 3-4, 2022.

Lijie Zhang, Yong Li, Zhuo Huang, Xinhan Chen, "Stock liquidity and firm value: evidence from China", *Applied Economics Letters*, Vol. 25, No. 1, 2018.

Lilian Ng, Fei Wu, Jing Yu, Bohui Zhang, "Foreign Investor Heterogeneity and Stock Liquidity around the World", *Review of Finance*, Vol. 20, No. 5, 2015.

Lin Hai, Junbo Wang, Chunchi Wu, "Liquidity risk and expected corporate bond returns", *Journal of Financial Economics*, Vol. 99, No. 3, 2011.

Liu Fan, Kaili Yang, Liping Liu, "New media environment, environmental information disclosure and firm valuation: Evidence from high-polluting enterprises in China", *Journal of Cleaner Production*, Vol. 277, 2020.

Lixu Li, "Digital transformation and sustainable performance: The moderating role of market turbulence", *Industrial Marketing Management*, Vol. 104, 2022.

Long Chen, David A. Lesmond, Jason Wei, "Corporate yield spreads and bond liquidity", *Journal of Finance*, Vol. 62, No. 1, 2007.

Longstaff Francis A., Sanjay Mithal, Eric Neis, "Corporate yield spreads:Default risk or liquidity? New evidence from the credit default swap market", *The Journal of Finance*, Vol. 60, No. 5, 2005.

Loriano Mancini, Angelo Ranaldo, Jan Wrampelmeyer, "Liquidity in the foreign exchange market: Measurement, commonality, and risk premiums", *Journal of Finance*, Vol. 68, No. 5, 2013.

Lucian A. Bebchuk, Alma Cohen, Scott Hirst, "The agency problems of institutional investors", *Journal of Economic Perspectives*, Vol. 31, No. 3, 2017.

L'uboš Pástor and Robert F. Stambaugh, "Liquidity risk and expected stock returns", *Journal of Political Economy*, Vol. 111, No. 3, 2003.

Madhu Kalimipalli and Subhankar Nayak, "Idiosyncratic volatility vs. liquidity? Evidence from the US corporate bond market", *Journal of Financial Intermediation*, Vol. 21, No. 2, 2012.

Mahyar Kargar, Benjamin Lester, David Lindsay, Shuo Liu, Pierre-Olivier Weill, Diego Zúñiga, "Corporate bond liquidity during the COVID-19 crisis", *The Review of Financial Studies*, Vol. 34, No. 11, 2021.

Manso G, "Motivating Innovation", *The Journal of Finance*, Vol. 66, No. 5, 2011.

Marc K. Chan and Simon Kwok, "Risk-sharing, market imperfections, asset prices: Evidence from China's stock market liberalization", *Journal of Banking & Finance*, Vol. 84, 2017.

Marcel N. Massimb and Bruce D. Phelps, "Electronic trading, market structure and liquidity", *Financial Analysts Journal*, Vol. 50, No. 1, 1994.

Marco Rossi, "Realized volatility, liquidity, and corporate yield spreads", *The Quarterly Journal of Finance*, Vol. 4, No. 1, 2014.

Mark Coppejans, "Effective nonparametric estimation in the case of severely discretized data", *Journal of Econometrics*, Vol. 117, No. 2, 2003.

Maureen O'Hara and George S. Oldfield, "The microeconomics of market making", *Journal of Financial & Quantitative Analysis*, Vol. 21, No. 4, 1986.

Michael A. Goldstein, Edith S. Hotchkiss, Erik R. Sirri, "Transparency and liquidity: A controlled experiment on corporate bonds", *Review of Financial Studies*, Vol. 20, No. 2, 2007.

Michael J. Brennan and Avanidhar Subrahmanyam, "Market microstructure and asset pricing: On the compensation for illiquidity in stock returns", *Journal of Financial Economics*, Vol. 41, No. 3, 1996.

Michael L. Lemmon and Karl V. Lins, "Ownership Structure, Corporate Governance and Firm Value: Evidence from the East Asia Financial Crisis", *Journal of Finance*, Vol. 58, No. 4, 2003.

Mitchell A. Petersen and David Fialkowski, "Posted versus effective spreads: Good prices or bad quotes?", *Journal of Financial Economics*, Vol. 35, No. 3, 1994.

Mohamed Aymen Ben Moussa, "The determinants of bank liquidity: Case of Tunisia", *International Journal of Economics & Financial Issues*, Vol. 5, No. 1, 2015.

Nan Jia, Kenneth G. Huang, Cyndi Man Zhang, "Public governance, corporate governance, and firm innovation: An examination of state-owned enterprises", *Academy of Management Journal*, Vol. 62, No. 1, 2019.

Nebojsa Dimic, Jarno Kiviaho, Vanja Piljak, Janne Äijö, "Impact of financial market uncertainty and macroeconomic factors on stock-bond correlation in emerging markets", *Research in International Business and Finance*, Vol. 36, 2016.

Nils Friewald, Rainer Jankowitsch, Marti G. Subrahmanyam, "Illiquidity or credit deterioration: A study of liquidity in the US corporate bond market during financial crises", *Journal of Financial Economics*, Vol. 105, No. 1, 2012.

Oded Sarig and Arthur Warga, "Bond price data and bond market liquidity", *The Journal of Financial and Quantitative Analysis*, Vol. 24, No. 3, 1989.

Ole-Kristian Hope, Wayne Thomas, Dushyantkumar Vyas, "Financial credibility, ownership, and financing constraints in private firms", *Journal of International Business Studies*, Vol. 42, 2011.

Oliver Kim and Robert E. Verrecchia, "The relation among disclosure, returns, and trading volume information", *The Accounting Review*, Vol. 76, No. 4, 2001.

Oriol Aspachs, Erlend W. Nier, Muriel Tiesset, "Liquidity, banking regulation and the macroeconomy: Evidence on bank liquidity holdings from a panel of UK-resident banks", *Social Science Electronic Publishing*, Vol. 90,

No. 3, 2005.

Patrick Bolton and Ernst-Ludwig Von Thadden, "Blocks, liquidity, and corporate control", *Journal of Finance*, Vol. 53, No. 1, 1998.

Patrick Houweling, Albert Mentink, Ton Vorst, "Comparing possible proxies of corporate bond liquidity", *Journal of Banking & Finance*, Vol. 29, No. 6, 2005.

Paul Brockman and Dennis Y. Chung, "Commonality in liquidity: Evidence from an order-driven market structure", *Journal of Financial Research*, Vol. 25, No. 4, 2002.

Paul Brockman, Dennis Y. Chung, Christophe Pérignon, "Commonality in liquidity: A global perspective", *Journal of Financial & Quantitative Analysis*, Vol. 44, No. 4, 2009.

Peter C. B. Phillips and Shuping Shi, "Detecting financial collapse and ballooning sovereign risk", *Oxford Bulletin of Economics and Statistics*, Vol. 81, No. 6, 2019.

Peter C. Verhoef, Thijs Broekhuizen, Yakov Bart, Abhi Bhattacharya, John Qi Dong, Nicolai Fabian, Michael Haenlein, "Digital transformation: A multidisciplinary reflection and research agenda", *Journal of Business Research*, Vol. 122, 2021.

Peter Feldhütter, "The same bond at different prices: Identifying search frictions and selling pressures", *The Review of Financial Studies*, Vol. 25, No. 4, 2011.

Philipp Sibbertsen, Christoph Wegener, Tobias Basse, "Testing for a break in the persistence in yield spreads of EMU government bonds", *Journal of Banking & Finance*, Vol. 41, No. 4, 2014.

Philippe Aghion, John Van Reenen, Luigi Zingales, "Innovation and institutional ownership", *American Economic Review*, Vol. 103, No. 1, 2013.

Pierre Collin-Dufresn, Robert S. Goldstein, J Spencer Martin, "The determinants of credit spread changes", *The Journal of Finance*, Vol. 56, No. 6, 2001.

Ping Li and Jing Song, "Pricing Chinese convertible bonds with dynamic credit risk", *Discrete Dynamics in Nature and Society*, Vol. 2014, 2014.

Ping Zhang, Jieying Gao, Xingchao Li, "Stock liquidity and firm value in the time of COVID-19 pandemic", *Emerging Markets Finance and Trade*, Vol. 57, No. 6, 2021.

Pingyang Gao, Xu Jiang, Gaoqing Zhang, "Firm value and market liquidity around the adoption of common accounting standards", *Journal of Accounting and Economics*, Vol. 68, No. 1, 2019.

Puneet Handa and Robert A. Schwartz, "Limit order trading", *Journal of Finance*, Vol. 51, No. 5, 1996.

Qixing Qu, Lin Wang, Liangjuan Qin, Xiaoye Zhao, Lijie Wang, "The impact of information disclosure on market liquidity: Evidence from firms' use of Twitter", *Physica A: Statistical Mechanics and its Applications*, Vol. 465, 2017.

Radhakrishnan Gopalan, Ohad Kadan, Mikhail Pevzner, "Asset liquidity and stock liquidity", *Journal of Financial and Quantitative Analysis*, Vol. 47, No. 2, 2012.

Ralph S. J. Koijen, Hanno Lustig, Stijn Van Nieuwerburgh, "The cross-section and time series of stock and bond returns", *Journal of Monetary Economics*, Vol. 88, 2017.

Randi Næs, Johannes A. Skjeltorp, Bernt Arne Ødegaard, "Stock market liquidity and the business cycle", *The Journal of Finance*, Vol. 66, No. 1, 2011.

Ravi Jagannathan and Zhenyu Wang, "An asymptotic theory for estimating beta-pricing models using cross-sectional regression", *Journal of Finance*, Vol. 53, No. 4, 1998.

Ravi Jagannathan and Zhenyu Wang, "Empirical evaluation of asset-pricing models: A comparison of the SDF and beta methods", *Journal of Finance*, Vol. 57, No. 5, 1989.

Ravi Jagannathan and Zhenyu Wang, "Empirical evaluation of asset-pricing models: a comparison of the SDF and beta methods", *The Journal of Finance*, Vol. 57, No. 5, 2002.

Raymond Kan and Guofu Zhou, "A critique of the stochastic discount factor methodology", *Journal of Finance*, Vol. 54, No. 4, 1999.

Reddi Kotha, Yanfeng Zheng, Gerard George, "Entry into new niches: The effects of firm age and the expansion of technological capabilities on innovative output and impact", *Strategic Management Journal*, Vol. 32, No. 9, 2011.

Riadh Manita, Najoua Elommal, Patricia Baudier, Lubica Hikkerova, "The digital transformation of external audit and its impact on corporate governance", *Technological Forecasting and Social Change*, Vol. 150, 2020.

Ricardo Lagos and Shengxing Zhang, "Turnover liquidity and the transmission of monetary policy", *American Economic Review*, Vol. 110, No. 6, 2020.

Richard Chung, Michael Firth, Jeong-Bon Kim, "Institutional monitoring and opportunistic earnings management", *Journal of Corporate Finance*, Vol. 8, No. 1, 2002.

Richard J. Boland Jr, Kalle Lyytinen, Youngjin Yoo, "Wakes of innovation in project networks: The case of digital 3-D representations in architecture, engineering, and construction", *Organization Science*, Vol. 18, No. 4, 2007.

Richard Roll, "A simple implicit measure of the effective bid-ask spread in an efficient market", *Journal of Finance*, Vol. 39, No. 4, 1984.

Robert A. Connolly, Chris Stivers, Licheng Sun, "Commonality in the time-variation of stock-stock and stock-bond return comovements", *Journal of Financial Markets*, Vol. 10, No. 2, 2007.

Robert A. Jarrow and Stuart M. Turnbull, "Pricing derivatives on financial securities subject to credit risk", *Journal of Finance*, Vol. 50, No. 1, 1995.

Robert A. Jarrow, and Philip Protter, "Liquidity risk and risk measure computation", *Review of Futures Markets*, Vol. 11, No. 1, 2005.

Robert A. Korajczyk and Ronnie Sadka, "Pricing the commonality across alternative measures of liquidity", *Journal of Financial Economics*, Vol. 87, No. 1, 2008.

Robert Connolly, Chris Stivers, Licheng Sun, "Stock market uncertainty and the stock-bond return relation", *Journal of Financial and Quantitative Analysis*, Vol. 40, No. 1, 2005.

Robert F. Engle and Joe Lange, "Forecasting the frequency of changes in quoted foreign exchange prices with the autoregressive conditional duration model", *Journal of Empirical Finance*, Vol. 4, No. 2-3, 1997.

Robert F. Engle and Joe Lange, "Measuring, forecasting and explaining time varying liquidity in the stock market", *National Bureau of Economic Research*, 1997.

Robert Jarrow, "Default parameter estimation using market prices", *Financial Analysts Journal*, Vol. 57, No. 5, 2001.

Roberto Fontana and Lionel Nesta, "Product innovation and survival in a high-tech industry", *Review of Industrial Organization*, Vol. 34, No. 4, 2009.

Roger D. Huang and Hans R. Stoll, "Competitive trading of NYSE listed stocks: Measurement and interpretation of trading costs", *Financial Markets Institutions & Instruments*, 1996.

Ronghua Luo, Senyang Zhao, Jing Zhou, "Information network, public disclosure and asset prices", *Pacific-Basin Finance Journal*, Vol. 77, 2023.

Ronnie Sadka, "Momentum and post-earnings-announcement drift anomalies: The role of liquidity risk", *Journal of Financial Economics*, Vol. 80, No. 2, 2006.

Ross Levine, "Stock markets, growth, and tax policy", *Journal of Finance*, Vol. 46, No. 4, 1991.

Rui Li, Jing Rao, Liangyong Wan, "The digital economy, enterprise digital transformation, and enterprise innovation", *Managerial and Decision Economics*, Vol. 43, No. 7, 2022.

Ruslan Y. Goyenko and Andrey D. Ukhov, "Stock and bond market liquidity: A long-run empirical analysis", *Journal of Financial and Quantitative Analysis*, Vol. 44, No. 1, 2009.

Ruslan Y. Goyenko, Craig W. Holden, Charles A. Trzcinka, "Do liquidity measures measure liquidity?", *Journal of Financial Economics*, Vol. 92, No. 2, 2009.

Ruslan Y. Goyenko, Craig W. Holden, Charles A. Trzcinka, "Do measures of liquidity measure liquidity?", *Social Science Electronic Publishing*, Vol. 92, No. 2, 2008.

Samet Gunay, "Seeking causality between liquidity risk and credit risk: TED-OIS spreads and CDS indexes", *Research in International Business and Finance*, Vol. 52, 2020.

Samuel B. Graves, "Institutional ownership and corporate R&D in the computer industry", *Academy of Management Journal*, Vol. 31, No. 2, 1988.

Sanford J. Grossman and Merton H. Miller, "Liquidity and market structure", *Journal of Finance*, Vol. 43, No. 3, 1988.

Sanford J. Grossman, "An analysis of the implications for stock and futures price volatility of program trading and dynamic hedging strategies", *The Journal of Business*, Vol. 61, No. 3, 1988.

Shane A. Corwin and Paul Schultz, "A simple way to estimate bid-ask spreads from daily high and low prices", *Journal of Finance*, Vol. 67, No. 2, 2012.

Shuming Liu, "Investor sentiment and stock market liquidity", *Journal of Behavioral Finance*, Vol. 16, No. 1, 2015.

Shyam S. Bhati and Anura De Zoysa, "An examination of factors affecting liquidity management in Indian financial system", *Faculty of Business-Papers*, 2012.

Simon Johnson, Peter Boone, Alasdair Breach, Eric Friedman, "Corporate governance in the Asian financial crisis", *Journal of Financial Economics*, Vol. 58, 2000.

Song Han and Hao Zhou, "Effects of liquidity on the non-default component of corporate yield spreads: Evidence from intraday transactions data", *Quarterly Journal of Finance*, Vol. 6, No. 3, 2016.

Soon-Ho Kim and Kuan-Hui Lee, "Pricing of liquidity risks: Evidence from multiple liquidity measures", *Journal of Empirical Finance*, Vol. 25, No. 2, 2014.

Sreedhar T. Bharath and Tyler Shumway, "Forecasting default with the Merton distance to default model", *Review of Financial Studies*, Vol. 21, No. 3, 2008.

Sreedhar T. Bharath and Tyler Shumway, "Forecasting default with the Merton distance to default model", *The Review of Financial Studies*, Vol. 21, No. 3, 2008.

Sreedhar T. Bharath, Sudarshan Jayaraman, Venky Nagar, "Exit as governance: An empirical analysis", *The Journal of Finance*, Vol. 68, No. 6, 2013.

Sriketan Mahanti, Amrut Nashikkar, Marti Subrahmanyam, George Chacko, Gaurav Mallik, "Latent liquidity: A new measure of liquidity, with an application to corporate bonds", *Journal of Financial Economics*, Vol. 88, No. 2, 2008.

Stephen Morris and Hyun Song Shin, "Illiquidity component of credit risk", *International Economic Review*, Vol. 57, No. 4, 2016.

Steven A. Lippman and John J. McCall, "An operational measure of liquidity", *American Economic Review*, Vol. 76, No. 1, 1984.

Stijn Claessens, Simeon Djankov, Joseph PH Fan, Larry HP Lang, "Disentangling the incentive and entrenchment effects of large shareholdings", *The Journal of Finance*, Vol. 57, No. 6, 2002.

Sudheer Chava and Michael R. Roberts, "How does financing impact investment? The role of debt covenants", *The Journal of Finance*, Vol. 63, No. 5, 2008.

Susumu Ogawa, "Does sticky information affect the locus of innovation? Evidence from the Japanese convenience-store industry", *Research Policy*, Vol. 26, No. 7-8, 1998.

Sydney C. Ludvigson and Serena Ng, "Macro factors in bond risk premia", *Review of Financial Studies*, Vol. 22, No. 12, 2009.

Tarun Chordia, Asani Sarkar, Avanidhar Subrahmanyam, "An empirical analysis of stock and bond market liquidity", *The Review of Financial Studies*, Vol. 18, No. 1, 2005.

Tarun Chordia, Richard Roll, Avanidhar Subrahmanyam, "Commonality in liquidity", *Journal of Financial Economics*, Vol. 56, No. 1, 2000.

Tarun Chordia, Richard Roll, Avanidhar Subrahmanyam, "Liquidity and market efficiency", *Journal of Financial Economics*, Vol. 87, No. 2, 2008.

Tarun Chordia, Richard Roll, Avanidhar Subrahmanyam, "Market liquidity and trading activity", *The Journal of Finance*, Vol. 56, No. 2, 2001.

Thayla Tavares Sousa-Zomer, Andy Neely, Veronica Martinez, "Digital transforming capability and performance: a microfoundational perspective", *International Journal of Operations & Production Management*, Vol. 40, No. 7-8, 2020.

Thierry Foucault, Ohad Kadan, Eugene Kandel, "Limit order book as a market for liquidity", *The Review of Financial Studies*, Vol. 18, No. 4, 2005.

Thomas E. Copeland and Dan Galai, "Information effects on the bid-ask spread", *The Journal of Finance*, Vol. 38, No. 5, 1983.

Thomas J. Chemmanur and Xuan Tian, "Do Antitakeover Provisions Spur Corporate Innovation? A Regression Discontinuity Analysis", *Journal of Financial and Quantitative Analysis*, Vol. 53, No. 3, 2018.

Thomas J. George, Gautam Kaul, M. Nimalendran, "Nimalendran M. Estimation of the bid-ask spread and its components: A new approach", *Review of Financial Studies*, Vol. 4, No. 4, 1991.

Todd Mitton, "A cross-firm analysis of the impact of corporate governance on the East Asian financial crisis", *Journal of Financial Economics*, Vol. 64, No. 2, 2002.

Tsung-Kang Chen, Hsien-Hsing Liao, Pei-Ling Tsai, "Internal liquidity risk in corporate bond yield spreads", *Journal of Banking & Finance*, Vol. 35, No. 4, 2011.

Ugur N. Küçük, "Non-Default Component of Sovereign Emerging Market Yield Spreads and Its Determinants: Evidence from the Credit Default Swap Market", *The Journal of Fixed Income*, Vol. 19, No. 4, 2010.

Valeriya Dinger, "Do foreign-owned banks affect banking system liquidity risk?", *Journal of Comparative Economics*, Vol. 37, No. 4, 2009.

Vanja Piljak, "Bond markets co-movement dynamics and macroeconomic factors: Evidence from emerging and frontier markets", *Emerging Markets Review*, Vol. 17, 2013.

Viany T. Datar, Narayan Y. Naik, Robert Radcliffe, "Liquidity and stock returns: An alternative test", *Journal of Financial Markets*, Vol. 1, No. 2, 1998.

Viral Acharya and Lasse Heje Pedersen, "Asset pricing with liquidity risk", *Journal of Financial Economics*, Vol. 77, No. 2, 2005.

Viral Acharya and Lasse Heje Pedersen, "Economics with market liquidity risk", *Critical Finance Review*, Forthcoming, 2019.

Viral Acharya, Yakov Amihud, Sreedhar Bharath, "Liquidity risk of corporate bond returns: Conditional approach", *Journal of Financial Economics*, Vol. 110, No. 2, 2013.

Vivian W. Fang, Xuan Tian, Sheri Tice, "Does stock liquidity enhance or impede firm innovation?", *The Journal of Finance*, Vol. 69, No. 5, 2014.

Walter Bagehot, "The only game in the town", *Financial Analysts Journal*, Vol. 27, No. 2, 1971.

Wang Fengrong, Mbanyele William, Muchenje Linda, "Economic policy uncertainty and stock liquidity: The mitigating effect of information disclosure", *Research in International Business and Finance*, Vol. 59, 2022.

Wang J. and Chen L., "Liquidity-adjusted conditional capital asset pricing model", *Economic Modelling*, Vol. 29, No. 2, 2012.

Wei-Xuan Li, Clara Chia-Sheng Chen, Joseph J. French, "The relationship between liquidity, corporate governance, and firm valuation: Evidence from Russia", *Emerging Markets Review*, Vol. 13, No. 4, 2012.

Weimin Liu, "A liquidity-augmented capital asset pricing model", *Journal of Financial Economics*, Vol. 82, No. 3, 2006.

Wenjin Kang and Huiping Zhang, "Measuring liquidity in emerging markets", *Pacific-Basin Finance Journal*, Vol. 27, 2014.

William J. Breen, Laurie Simon Hodrick, Robert A. Korajczyk, "Predicting equity liquidity", *Management Science*, Vol. 48, No. 4, 2002.

William Mingyan Cheung, Richard Chung, Scott Fung, "The effects of stock liquidity on firm value and corporate governance: Endogeneity and the REIT experiment", *Journal of Corporate Finance*, Vol. 35, 2015.

William R. Gebhardt, Soeren Hvidkjaer, Bhaskaran Swaminathan, "Stock and bond market interaction: Does momentum spill over?", *Journal of Financial Economics*, Vol. 75, No. 3, 2005.

Xiaoxia Lou and Tao Shu, "Price impact or trading volume: Why is the Amihud (2002) measure priced?", *The Review of Financial Studies*, Vol. 30, No. 12, 2017.

Xin Chang, Yangyang Chen, Leon Zolotoy, "Stock liquidity and stock price crash risk", *Journal of Financial and Quantitative Analysis*, Vol. 52, No. 4, 2017.

Xin Luo and Jinlin Zhang, "Pricing Chinese convertible bonds with default intensity by Monte Carlo method", *Discrete Dynamics in Nature and Society*, Vol. 2019.

Xinting Li, Baochen Yang, Yunpeng Su, Yunbi An, "Pricing Corporate Bonds with Credit Risk, Liquidity Risk, and Their Correlation", *Discrete Dynamics in Nature and Society*, Vol. 2021.

Xiting Wu, Haiyan Jiang, Hui Lin, Jiaxing You, "Why Muddy the Water? Short selling and the disclosure of proprietary information", *The British Accounting Review*, Vol. 55, No. 4, 2023.

Yakov Amihud and Haim Mendelson, "Asset pricing and the bid-ask spread", *Journal of Financial Economics*, Vol. 17, No. 2, 1986.

Yakov Amihud and Haim Mendelson, "Liquidity, maturity, and the yields on US Treasury securities", *The Journal of Finance*, Vol. 46, No. 4, 1991.

Yakov Amihud and Haim Mendelson, "Liquidity, the value of the firm, and corporate finance", *Journal of Applied Corporate Finance*, Vol. 20, No. 2, 2008.

Yakov Amihud and Haim Mendelson, "The effects of beta, bid-ask spread, residual risk, and size on stock returns", *The Journal of Finance*, Vol. 44, No. 2, 1989.

Yakov Amihud and Joonki Noh, "Illiquidity and stock returns II: Cross-section and time-series effects", *The Review of Financial Studies*, Vol. 34, No. 4, 2021.

Yakov Amihud and Shai Levi, "The effect of stock liquidity on the firm's investment and production", *The Review of Financial Studies*, Vol. 36, No. 3, 2023.

Yakov Amihud, "Illiquidity and stock returns: A revisit", *Critical Finance Review*, Forthcoming, 2018.

Yakov Amihud, "Illiquidity and stock returns: Cross-section and time-series effects", *Journal of Financial Markets*, Vol. 5, No. 1, 2002.

Yan Hu, Dexin Che, Fei Wu, Xi Chang, "Corporate maturity mismatch and enterprise digital transformation: Evidence from China", *Finance Research Letters*, Vol. 53, 2023.

Yang Zhao and Min-Teh Yu, "Measuring the liquidity impact on catastrophe bond spreads", *Pacific-Basin Finance Journal*, Vol. 56, 2019.

Yanqing Duan, John S. Edwards, Yogesh K. Dwivedi, "Artificial intelligence for decision making in the era of Big Data-evolution, challenges and research agenda", *International Journal of Information Management*, Vol. 48, 2019.

Yuhao Niu, Wen Wen, Sai Wang, Sifei Li, "Breaking barriers to innovation: The power of digital transformation", *Finance Research Letters*, Vol. 51, 2023.

Zhiguo He and Konstantin Milbradt, "Endogenous liquidity and defaultable bonds", *Econometrica*, Vol. 82, No. 4, 2014.

Zhiguo He and Wei Xiong, "Rollover risk and credit risk", *The Journal of Finance*, Vol. 67, No. 2, 2012.

Zhongfei Chen, Yu Xiao, Kangqi Jiang, "Corporate green innovation and stock liquidity in China", *Accounting & Finance*, Vol. 63, 2023.

Zoubin Ghahramani, "Probabilistic machine learning and artificial intelligence", *Nature*, Vol. 521, No. 7553, 2015.